Ces Chrétiens qui ne croyaient pas en Jésus-Christ

Un christianisme appelé « Géométrie » au Moyen Âge

P.I.E. Peter Lang

Bruxelles · Bern · Berlin · Frankfurt am Main · New York · Oxford · Wien

Jean-Pierre Van Halteren

Ces Chrétiens qui ne croyaient pas en Jésus-Christ

Un christianisme appelé « Géométrie » au Moyen Âge

Dieux, Hommes et Religions
Vol. 23

Illustration de couverture : image extraite de la bible moralisée de Saint Louis – vers 1250 – cathédrale Sainte Marie à Tolède.

Toute représentation ou reproduction intégrale ou partielle faite par quelque procédé que ce soit, sans le consentement de l'éditeur ou de ses ayants droit, est illicite. Tous droits réservés.

© P.I.E. PETER LANG s.a.
Éditions scientifiques internationales
Bruxelles, 2017
1 avenue Maurice, B-1050 Bruxelles, Belgique
www.peterlang.com ; brussels@peterlang.com

ISSN 1377-8323
ISBN 978-2-8076-0225-0
ePDF 978-2-8076-0238-0
ePUB 978-2-8076-0239-7
MOBI 978-2-8076-0240-3
DOI 10.3726/010737
D/2017/5678/21

Information bibliographique publiée par « Die Deutsche Bibliothek »
« Die Deutsche Bibliothek » répertorie cette publication dans la « Deutsche National-bibliografie » ; les données bibliographiques détaillées sont disponibles sur le site <http://dnb.ddb.de>.

Avant-propos

David Blume, pasteur protestant, était ami de mon père.
– Pierre, lui dit-il un jour, as-tu pensé à faire connaître la religion chrétienne à tes fils ?

Mon père, il me le raconta bien plus tard, tomba des nues.
– Mais David, tu me connais assez pour savoir que dans la famille nous ne sommes pas croyants.
– C'est la raison pour laquelle je t'en parle, Pierre… Si tu ne donnes pas à tes fils l'occasion de découvrir la religion, comment pourront-ils un jour faire le choix d'être ou de ne pas être croyant ?

C'est ainsi qu'il me fut proposé d'avoir avec David Blume des « entretiens sur la religion ». J'avais seize ans et la question m'intéressait. Mais David Blume était exigeant, et il avait de la suite dans les idées, de sorte que son enseignement hebdomadaire allait occuper une partie importante du peu de temps libre qu'allaient me laisser les cinq années suivantes de ma vie.

Pour David Blume tout athée est un croyant qui s'ignore, et pour réveiller la foi qui dort en chacun de nous, il considérait que son meilleur allié était la raison humaine. Cadeau à l'homme, la raison devait lui permettre de découvrir Dieu autant qu'à cheminer dans la vie. Nous lisions les évangiles, la raison toujours en éveil. David Blume n'aimait pas les miracles, il me montrait les pièges des traductions et la nécessité de retourner parfois au texte grec original (j'étudiais alors le grec à l'école). Ainsi, au fil des années, le Jésus des évangiles m'était devenu si proche, si humain, si familier, que si je l'avais rencontré dans la rue j'en aurais à peine été surpris.

Et puis un jour nous abordâmes les épîtres de Paul, et là je me sentis décrocher. Le Jésus de Paul, fils de Dieu envoyé par son Père pour sauver les hommes de je ne savais quel péché… n'avait rien à voir avec le Jésus des évangiles et m'était totalement étranger. Je n'étais pas fait pour être chrétien.

Un jour David Blume m'interrogea sur mes lectures. J'avais peut-être 18 ans et j'étais passionné par l'univers d'Einstein, je lui apportai mon livre de chevet : *Les conquêtes de la pensée scientifique*, édité chez Dunod. Il me regarda d'un air fatigué, « Jean-Pierre, me dit-il, ce que tu lis là, ce sont les lois de la matière…mais Dieu, c'est la Vie… ».

Il avait marqué un point. Bien plus tard je confiai à un ami biologiste que j'éprouvais quelque difficulté à croire que la vie, dans son infinie complexité, puisse être le fruit du seul hasard. Mon ami eut un cri d'horreur : « Mais Jean-Pierre, tu es créationniste ! ». Sans doute fallait-il bien que, de ces cinq années passées avec le pasteur Blume, il me restât ... quelque chose. Comme disait Julian Barnes, « I don't believe in God, but I miss Him ! ».[1]

Les années passèrent, la vie m'entraîna ... puis un jour ces souvenirs de jeunesse me rattrapèrent. C'était à Istanbul dans un hôtel d'une chaîne américaine, j'avais quelques heures à perdre en attendant un visiteur et la lecture me manquait. Je pris machinalement la bible qui, dans ces hôtels américains, se trouve souvent à côté du lit. Le hasard fit que je tombai sur une épître où le grand Saint Paul vitupérait contre les apôtres qui étaient venus perturber sa prédication en prêchant « un autre évangile » et « un autre Jésus ».[2]

Un autre Jésus ! Quel autre Jésus ?

Je repris alors la lecture du Nouveau Testament avec un certain plaisir, ces textes m'apparurent fort familiers. Je les lisais cependant avec un regard neuf et très vite des anomalies, pour ainsi dire me sautèrent à la figure.

Dès la première page le Nouveau Testament donne une généalogie de Jésus remontant au roi David, et Saint Paul lui-même commence sa célèbre Épître aux Romains par une invocation à Jésus qui, dit-il, est issu « selon la chair » de la lignée du roi David. Et c'est encore aux cris de « Hosanna au Fils de David » que la foule acclame Jésus.

Si Jésus était perçu par les hommes de son temps comme étant issu « selon la chair » de la lignée du roi David, il ne pouvait qu'être le fils, tout ce qu'il y a de plus légitime, de son père Joseph, que l'ange lui-même appelle « fils de David ». Dès lors, comment en était-on arrivé à faire de Jésus le fils de Dieu, fruit d'une conception miraculeuse par l'Esprit Saint ?

Plus loin, le récit de l'entrée de Jésus dans Jérusalem me surprit tout autant : Jésus, qui va toujours à pied, entre dans Jérusalem assis sur un âne qu'il a expressément fait amener par deux disciples. Il se conformait ainsi, nous dit très précisément l'Évangile, à une prophétie de Zacharie selon laquelle le roi des Juifs se présentera à son peuple « humble, monté sur un âne ».[3] Jésus avait-il le projet d'être plébiscité roi ?

Ces remarques et bien d'autres qui vont dans le même sens, soulèvent une question fondamentale : comment les hommes ont-ils pu créer le mythe d'un Jésus divin, jusqu'à lui donner un statut égal à celui de Dieu son Père, alors que les textes du Nouveau Testament n'indiquent rien de pareil ? Les fondations doctrinales de la religion chrétienne me parurent tout à coup bien fragiles.

---

[1] Julian Barnes, *Nothing to be frightened of.*
[2] Il s'agit de la 2ᵉ épître aux Corinthiens.
[3] Mt 21.

Dès lors ce livre a pour objet de mener une investigation sur ces chrétiens qui, tout au long des siècles, persistèrent à nier, ou minimiser, la divinité de Jésus-Christ, depuis la première communauté des apôtres dirigée par Jacques Le Juste, pour qui son frère Jésus ne présentait aucun caractère divin, jusqu'à, et c'est l'hypothèse proposée au lecteur, cet Ordre nouveau créé au 14e siècle qui se donna le nom de « Maçonnerie ».

En première partie sera passée en revue l'histoire de ce christianisme dissident, qui s'étend sur tout le premier millénaire, ainsi que les représentations symboliques qui lui sont liées.

Dans la deuxième partie on explorera l'hypothèse que cette dissidence chrétienne qui niait la divinité du Christ, serait réapparue bien vivace en Europe dès le début du deuxième millénaire, en particulier dans les milieux monastiques. Toutefois, pour des raisons bien compréhensibles cette hérésie se devait de rester très discrète, raison pour laquelle on ne peut espérer y avoir accès qu'à travers des textes et représentations à caractère ésotérique, dont la compréhension n'était accessible qu'à ceux qui en avaient reçu les clés.

C'est ainsi que nous proposons une nouvelle approche des manuscrits moyenâgeux qui se présentent comme les Constitutions fondatrices d'un Ordre nouveau appelé « Maçonnerie », des textes truffés d'invraisemblances qui n'ont jamais suscité beaucoup d'intérêt de la part des historiens. Il apparaîtra néanmoins que les faits rassemblés en première partie pourraient conduire à donner à ces Constitutions une interprétation nouvelle satisfaisante pour l'esprit.

Les invraisemblances manifestes qui jusqu'ici avaient détourné de ces manuscrits l'intérêt des chercheurs, prendront alors un sens bien précis qui témoignerait de l'existence en Europe dans les premiers siècles du deuxième millénaire d'une élite chrétienne qui se prévalait d'une lecture rationnelle et logique des Écritures Sacrées du christianisme pour rejeter la divinité de Jésus-Christ, une foi hérétique à laquelle ils donnèrent le nom surprenant de « Géométrie », à l'instar de ceux qui, au 4e siècle déjà, avaient utilisé ce nom pour désigner la même foi.

Finalement en troisième partie nous montrerons que l'hypothèse de l'existence d'une telle pensée dissidente au Moyen Âge, permettrait d'aborder sous un angle nouveau plusieurs autres questions auxquelles se heurte notre compréhension de cette époque. En particulier pourraient alors trouver des explications crédibles le rite a priori incompréhensible du crachat sur la croix chez les Templiers, comme aussi certaines représentations incompatibles avec l'orthodoxie que recèlent parfois nos cathédrales, ici la cathédrale Saint Servais à Maastricht.

Table des matières

Index des références bibliques 15

PREMIÈRE PARTIE
LA FACE CACHÉE DE L'ORTHODOXIE CHRÉTIENNE

Introduction 19

CHAPITRE 1
La vie de Jésus-Christ, ni mystère, ni miracle 21
   1.1   Qui était le père de Jésus ? 21
   1.2   La lignée du roi David : un atout politique essentiel 23
   1.3   Jésus, prophète… et candidat à la royauté sur Israël 24
   1.4   Le procès, Jésus sauvé par Pilate 28
   1.5   Le retour de Jésus 32

CHAPITRE 2
Jacques, frère de Jésus, un homme important 35
   2.1   Jacques et les apôtres montent à Jérusalem 35
   2.2   Jacques a-t-il joué un rôle politique ? 35
   2.3   La doctrine de Jacques, le Temple et le salut de l'âme 37
   2.4   La divinité de Jésus est rejetée par son propre frère 38
   2.5   Les destinées du christianisme de Jacques 39
   2.6   Les écrits qui s'inscrivent dans la tradition de Jacques 40

CHAPITRE 3
Paul et les excès de la nouvelle orthodoxie 45
   3.1   Un autre groupe de disciples 45
   3.2   La conversion de Paul 46
   3.3   Paul, le premier hérétique 48
   3.4   La colère de Jacques 50
   3.5   Le *judéo-christianisme*, un terme ambigu 51
   3.6   L'impossible tâche des rédacteurs des évangiles 51
   3.7   L'envol de la nouvelle orthodoxie 54
   3.8   Un dogme trop loin, l'identité de substance 56

Chapitre 4
La réaction, le christianisme de la « Géométrie » 59
   4.1 Le christianisme de la raison 59
   4.2 Arius et la crise « arienne » 61
   4.3 Le concile de Nicée 63
   4.4 Eusèbe de Césarée, un cheval de Troie dans la forteresse de l'orthodoxie 64
   4.5 L'hérésie d'Arius reçoit le nom de « Géométrie » 66
   4.6 Le christianisme au 4ᵉ siècle, entre l'Occident nicéen et l'Orient arien 68
   4.7 Le compromis de Chalcédoine : les deux natures de Jésus-Christ 70
   4.8 L'hérésie d'Arius se répand chez les Goths 71

Chapitre 5
L'exode des moines du désert 73
   5.1 Les conflits au sein du christianisme en Égypte 73
   5.2 L'exode des moines du désert 77

Chapitre 6
L'hérésie celtique, une des noix les plus dures que l'Église de Rome ait eu à croquer 79
   6.1 Pélage et la christianisation de l'Irlande, un problème pour Rome 79
   6.2 Le rejet par les Celtes du christianisme de Rome 83
   6.3 Les aspects judaïsants du christianisme celte 86
   6.4 Les deux colonnes de Würzburg 89
   6.5 Autres usages et croyances des peuples celtes 95
   6.6 Le roi de France Charles II, protecteur du christianisme celte 98
   6.7 Un lien entre le monachisme celte et le monachisme d'Égypte ? 100
   6.8 Les origines du christianisme celte 102
   6.9 La suite d'une longue histoire, le roi Athelstan bienfaiteur du christianisme celte 104
   6.10 La fin du christianisme celte 106
   6.11 Kilwinning, une ville d'Écosse pas comme les autres 108
   6.12 Une postérité pour le christianisme celte ? 110

Deuxième partie
Les origines hérétiques de la franc-maçonnerie médiévale

Introduction 113

Chapitre 7
Des manuscrits maçonniques qui posent question 117
   7.1   Londres 1717, naissance de la franc-maçonnerie
        « moderne » 117
   7.2   Écosse 1598, les premières loges historiques 119
   7.3   1390-1410, des « Constitutions » insolites 124
   7.4   Des textes peu compréhensibles 127
   7.5   Une clé pour comprendre ces manuscrits ? 134

Chapitre 8
Une postérité pour le christianisme celte 137
   8.1   Les francs-maçons, héritiers du christianisme celte ... 137
   8.2   Nécessité d'élargir le champ des recherches 140

Chapitre 9
La Géométrie hérétique des francs-maçons 141
   9.1   La géométrie d'Euclide, un aboutissement
        de la philosophie grecque 141
   9.2   Comment la Géométrie fit son entrée dans
        la religion chrétienne 145
   9.3   À propos de l'Art de Géométrie des Maçons 146
   9.4   La Géométrie, la mesure de la terre 148

Chapitre 10
Une hérésie venue de France ? 153
   10.1 La toute puissante abbaye de Cluny 153
   10.2 Naissance des compagnonnages français 158
   10.3 Les fraternités moyenâgeuses en Allemagne 161
   10.4 Naissance de la franc-maçonnerie 161
   10.5 Les maçons de métier … et les autres maçons 162

TROISIÈME PARTIE

SUITE À DONNER

Introduction 169

CHAPITRE 11
Le crachat sur la croix chez les Templiers, un défi pour l'histoire ... 171
    11.1 Un résumé de l'affaire 171
    11.2 Les Templiers ont-ils craché sur Jésus-Christ en croix ? 176
    11.3 Quelle origine pour ce rite impie ? 179
    11.4 Une postérité pour l'Ordre du Temple ? 185

CHAPITRE 12
Saint Servais, un évêque de Maastricht bien peu catholique 187
    12.1 Le labyrinthe de Saint Servais, un curieux portail 187
    12.2 Saint Servais, un évêque initié ? 191
    12.3 Saint Servais invoque Saint Jacques à Compostelle 192
    12.4 Quelle raison pour cette résurgence de la tradition
         judéo-chrétienne au 12e siècle à Maastricht ? 195

CHAPITRE 13
À propos des cathédrales dites « gothiques » 197
    13.1 Pourquoi deux tours à nos cathédrales ? 197
    13.2 À propos du nom de « gothique » 200

APPENDICE 1
Le christianisme celte : les vues de l'Église catholique 203

APPENDICE 2
**Une clé de voûte compagnonnique dans la cathédrale
des Saints Michel et Gudule à Bruxelles** 207

APPENDICE 3
**Le crachat sur la croix chez les Templiers, ce qu'en pensent
les historiens** 209

Liste des références citées 215

Liste des illustrations 219

Index des références bibliques

Ac	Livre des Actes des Apôtres
Am	Livre de Amos
Ap	Apocalypse
1 Co	1re Épître aux Corinthiens
2 Co	2e Épître aux Corinthiens
Dn	Livre de Daniel
Eph	Épître aux Éphésiens
Ga	Épître aux Galates
Gn	Genèse
Jc	Épître de Jacques
Jn	Évangile selon Jean
Jr	Livre de Jérémie
Lc	Évangile selon Luc
Mc	Évangile selon Marc
Mi	Livre de Michée
Mt	Évangile selon Matthieu
Os	Livre de Osée
Pr	Livre des Proverbes
Ps	Livre des Psaumes
1 R	1er Livre des Rois
2 R	2e Livre des Rois

Exemple : Mc 5.12 renvoie à l'Évangile selon Marc, chapitre 5 verset 12.

Les citations de l'Ancien Testament sont extraites de *La Bible, Ancien Testament, Traduction œcuménique*, 1975, en Livre de Poche.

Les citations du Nouveau Testament sont extraites de *Traduction œcuménique de la Bible*, Paris, Alliance Biblique Universelle, Éditions du Cerf, 1988.

Première partie

La face cachée de l'orthodoxie chrétienne

Introduction

La crédibilité du Nouveau Testament est mise à mal par le fait que les annales romaines et autres documents de l'époque de Jésus ne parlent pratiquement pas de lui, au point que certains auteurs ont mis en doute son existence même. Leur principal argument est tiré des *Antiquités Juives* de Flavius Josèphe, un historien juif du premier siècle, qui relate l'histoire du peuple juif jusqu'au soulèvement des années 66-70, époque qui recouvre précisément celle de l'apparition du christianisme. Les quelques lignes où cet auteur évoque la personne de Jésus-Christ, d'après la plupart des spécialistes, ne sont pas de sa main.

> En ce même temps était Jésus qui était un homme sage, si toutefois on doit le considérer simplement comme un homme, tant ses œuvres étaient admirables [...] Il enseignait ceux qui prenaient plaisir à être instruits de la vérité [...] C'était le Christ. Des principaux de notre nation l'ayant accusé devant Pilate, il le fit crucifier. Ceux qui l'avaient aimé durant sa vie ne l'abandonnèrent pas après sa mort. Il leur apparut vivant et ressuscité le troisième jour, comme les saints prophètes l'avaient prédit et qu'il ferait plusieurs autres miracles.[1]

Ce passage s'insère mal dans l'œuvre de Flavius Josèphe, et reflète à ce point la doctrine de la religion chrétienne qu'il y a une quasi unanimité pour en rejeter l'authenticité. On ne peut pour autant rejeter l'existence du Jésus historique car le nom de Jésus apparaît ailleurs dans l'œuvre de Flavius Josèphe, lorsque l'auteur raconte les circonstances de l'exécution par le grand prêtre Ananus de Jacques, « le frère de Jésus, nommé Christ ». Si Flavius Josèphe se réfère à Jésus quand il parle de son frère Jacques, il est pratiquement certain que la personne de Jésus avait déjà été introduite plus haut dans son ouvrage. Mais ce texte original où apparaissait la personne de Jésus a disparu, remplacé par le texte ci-dessus bien peu crédible. Sans doute le Jésus historique, tel qu'il était connu de Flavius Josèphe et des hommes de son temps, ne correspondait pas à l'image que voulut en donner l'orthodoxie chrétienne dans les siècles qui suivirent.

Si l'Église a pu corriger ainsi les *Antiquités Juives* de Flavius Josèphe, a fortiori que n'a-t-elle pas fait subir aux textes des évangiles qui eux, étaient porteurs du message même de Jésus ! Ces textes ne nous sont parvenus, au mieux, que dans la composition qui a été désignée au 4ᵉ siècle pour faire partie du canon de l'Église, de sorte que, sauf miracle, nous n'aurons

---

[1] Flavius Josèphe, *Antiquités Juives*, Livre XVIII, III, 3.

jamais accès aux étapes antérieures de la rédaction des évangiles. Pour celui qui cherche à retrouver les textes du Nouveau Testament tels qu'ils ont été rédigés à l'origine, il est donc nécessaire de faire la part entre les passages qui ont été écrits de première main, et ceux qui ont été ajoutés ou modifiés au fil de l'évolution de la doctrine de l'Église.

De manière surprenante une circonstance heureuse va nous guider : à côté des passages qui vont dans le sens de l'orthodoxie chrétienne, il est remarquable que certains versets du Nouveau Testament ne vont pas dans le sens de cette orthodoxie, voire la contredisent. Le caractère hétérodoxe de ces versets est évidemment une garantie de leur ancienneté et de leur authenticité, car on n'imagine pas qu'ils aient été ajoutés par la suite.

Dès lors, dans cette recherche sur les débuts du christianisme, nous accorderons une priorité toute particulière aux textes qui s'écartent de la doctrine de la religion chrétienne. Cette manière de procéder n'est pas celle que l'on trouve habituellement dans les études sur le christianisme. Les textes compatibles avec la doctrine de la *Grande Église*[2] reçoivent le plus souvent une priorité, ceux qui s'en écartent étant considérés comme des témoignages d'une pensée archaïque et éphémère, peu digne de l'intérêt de l'historien. Il doit être convenu que dans ce livre nous procéderons de manière inverse : les textes, documents ou parfois de simples indices, qui s'écartent du droit chemin des vues de l'orthodoxie chrétienne recevront une attention toute particulière, étant entendu toutefois que leur authenticité n'est aucunement une garantie de la réalité historique des faits qu'ils relatent.

Ceci dit, une mention particulière doit être accordée aux épîtres de Paul. Celles-ci ont été écrites 25 à 30 ans seulement après la mort de Jésus, bien avant les évangiles. Même si Paul n'a pas connu Jésus, il a fréquenté des hommes qui, eux, l'avaient connu. En outre, ses principales épîtres ne paraissent pas avoir été manipulées. Les quelques passages où Paul évoque les événements de la vie de Jésus ou ses premiers fidèles, peuvent donc être considérés comme des témoignages de quasi première main sur les débuts de la nouvelle religion.

---

[2] Par ce terme de Grande Église nous désignons aussi bien l'Église catholique que les Églises protestante, orthodoxe, copte, ou autres, dont la foi est conforme au credo du concile de Nicée, complété (sauf pour les coptes) par le concile de Chalcédoine. Ces Églises reconnaissent toutes la pleine divinité de Jésus-Christ ainsi que la soumission de l'homme au péché originel.

Chapitre 1

La vie de Jésus-Christ, ni mystère, ni miracle

1.1 Qui était le père de Jésus ?

C'est sur cette question importante que s'ouvre le Nouveau Testament. Les 17 premiers versets de l'Évangile de Matthieu donnent la généalogie de Jésus depuis Abraham, mais la partie intéressante commence à partir du Roi David :

6 David engendra Salomon, […]
7 Salomon engendra Roboam,
    Roboam engendra Abia,
    […]
    […]
16 Mathan engendra Jacob,
    Jacob engendra Joseph, *l'époux de Marie,*
    De laquelle est né Jésus, que l'on appelle Christ.
17 Le nombre total des générations est donc :
    quatorze d'Abraham à David,
    quatorze de David à la déportation à Babylone,
    quatorze de la déportation à Babylone au Christ. (Mt 1.6-17)

Seule l'ascendance mâle est prise en compte tout au long de cette généalogie, il ne fait donc aucun doute que tant la séquence des versets 6 à 16 que le verset 17, avaient pour but de montrer que Jésus et son père Joseph descendaient tous deux du prestigieux roi David. Et ce même si le verset 16 tente d'introduire un doute.

Dans sa très célèbre Épître aux Romains Saint Paul aussi est très clair : Jésus est, dit-il, « issu *selon la chair* de la lignée de David » (Rm 1.3), ou encore, « issu *selon la chair* […] des Israélites, à qui appartiennent l'adoption, la gloire […] et les Pères [de la nation juive] » (Rm 9.4). On retrouve le même discours lorsque Paul parle dans la synagogue à Antioche de Pisidie[1] ou dans les paroles de Pierre aux Israélites peu après la disparition de

---

[1] « […] Dieu leur a suscité David comme roi […]. C'est *de sa descendance* que Dieu, selon sa promesse, a fait sortir Jésus, le Sauveur d'Israël. » (Ac 13.23)

Jésus[2]. Ces discours de Paul et de Pierre destinés à un public juif, à Rome, à Antioche de Pisidie ou à Jérusalem, indiquent que Jésus était bien perçu chez ses contemporains Juifs comme descendant « selon la chair » du roi David ou encore des Pères de la nation juive, ce qui revient au même, et c'est un fait que l'appellation « fils de David » apparaît souvent dans le Nouveau Testament lorsque le peuple s'adresse à Jésus.[3]

Or cette croyance du peuple en la légitimité davidique de Jésus implique qu'il devait nécessairement être considéré comme le fils, tout ce qu'il y a de plus légitime, de son père Joseph, que l'ange lui-même appelle « fils de David ». À défaut d'être connu comme le fils légitime de son père Joseph Jésus n'aurait pas été considéré comme étant de la lignée du roi David.

Quant au verset 16 qui donne à entendre que Joseph ne serait *que* l'époux de Marie, et pas nécessairement le père *selon la chair* de Jésus, cette falsification était indispensable pour permettre l'introduction postérieure des versets suivants, d'une tout autre facture, où l'ange annonce à Joseph « fils de David » que le fils que Marie porte en elle a été engendré par l'Esprit Saint.[4] Ces versets contredisent tant la logique séquentielle des versets précédents que le témoignage de première main de Paul dans son Épître aux Romains. Ils sont donc forcément postérieurs à la fois à cette épître et aux 17 premiers versets de l'Évangile de Matthieu. Or Paul écrivait cette épître environ 27 ou 28 ans après la disparition de Jésus. Il faut en déduire que la rumeur d'une conception miraculeuse par l'Esprit Saint est largement postérieure aux événements de la vie de Jésus, et que l'auteur de ces 17 premiers versets n'est pas le même que l'auteur des versets suivants où l'ange annonce à Joseph la conception miraculeuse de l'enfant qui va naître. L'Évangile de Matthieu a donc connu des ajoutes successives à des époques différentes.

Cette paternité terrestre de Jésus va bien évidemment à l'encontre de la croyance centrale du christianisme, selon laquelle Jésus est le fils de Dieu, fruit d'une conception miraculeuse par l'Esprit Saint. Les auteurs chrétiens se devaient de trouver une solution à cette discordance : on dit que l'ascendance davidique de Jésus passait par sa mère Marie. Cette explication

---

[2] « Mais David […] savait que Dieu lui avait juré de faire asseoir sur son trône quelqu'un *de sa descendance*, issu de ses reins ; il a donc vu d'avance la résurrection du Christ […]. » (Ac 2.30-31)

[3] Bien entendu ces textes témoignent des croyances des contemporains de Jésus et ne préjugent aucunement de la vraisemblance d'une telle origine royale de Jésus qui n'apparaît dans aucun autre document et qui, à mille ans de distance, aurait été bien impossible à démontrer (statistiquement, il est même certain que tous les Juifs descendaient d'une manière ou d'une autre de David !).

[4] « Joseph, fils de David, ne crains pas de prendre chez toi Marie, ton épouse : ce qui a été engendré en elle vient de l'Esprit Saint, et elle enfantera un fils auquel tu donneras le nom de Jésus. » (Mt 1.20)

fallacieuse est toutefois rejetée par Eusèbe de Césarée, un Père de l'Église du 4ᵉ siècle. Dans ses *Questions Évangéliques*, Eusèbe aborde dès la première page cette contradiction fondamentale entre le Jésus d'ascendance divine de l'orthodoxie chrétienne et le Jésus d'ascendance davidique tel qu'il apparaît dans le Nouveau Testament. Son raisonnement part, comme il se doit, du discours de l'Église qui fait de Jésus le fils de Dieu et de Marie :

> Il aurait donc fallu dresser la généalogie de Marie, s'ils voulaient vraiment dresser la généalogie du Christ, et pas celle de Joseph avec lequel le Christ ne se trouve nullement apparenté selon la chair, puisqu'il n'a pas été engendré par lui. Or, s'il ne descend pas de lui [Joseph], mais de la seule Marie, il ne saurait descendre de David car *nul texte n'indique que Marie soit descendante de David*.⁵

Eusèbe réfute ainsi très clairement l'argument que l'ascendance davidique de Jésus passerait par sa mère, une explication qui, comme le dit Eusèbe, ne repose sur aucun texte, mais qui a néanmoins été avancée par plusieurs auteurs anciens, et qui a encore cours aujourd'hui.

La réfutation de l'ascendance davidique de Marie est suivie de plusieurs pages où Eusèbe essaie malgré tout de concilier l'ascendance davidique de Jésus et la croyance en sa conception par l'Esprit Saint, mais ses explications sont à ce point confuses et alambiquées, qu'elles donnent à penser que l'auteur lui-même ne croyait pas en la naissance divine de Jésus. L'explication avancée par Eusèbe est que Dieu aurait cherché à cacher l'origine divine de Jésus car ses contemporains ne l'auraient pas cru, un exemple d'interprétation *allégorique* dont il sera question plus loin.

1.2 La lignée du roi David : un atout politique essentiel

Selon plusieurs prophéties de l'Ancien Testament il y avait promesse de Dieu de donner à Israël un roi issu de la lignée de David :

> Le seigneur l'a juré à David :
> « C'est quelqu'un sorti de toi
> Que je mettrai sur ton trône »
> [...]
> Car le Seigneur a choisi Sion,
> Il l'a voulue pour résidence :
> « J'y résiderai. Je bénirai ses ressources,
> Je rassasierai de pain ses pauvres
> [...]
> Là, je ferai germer la vigueur de David,
> Et je préparerai une lampe pour *mon messie* » (Ps 132.11-18)

ou encore,

---

5   Eusèbe de Césarée, *Questions Évangéliques*, Première question, p. 81.

> J'ai juré à David mon serviteur
> J'établis ta dynastie pour toujours
> Je t'ai édifié un trône pour tous les siècles. (Ps 89.4-5)

Une ascendance davidique était donc une condition préalable et incontournable pour celui qui se présenterait comme le roi légitime d'Israël, celui qui « sauverait » le peuple juif et qui « relèverait la hutte croulante de David » selon la prophétie d'Amos.

> Ce jour-là, je relèverai la hutte croulante de David,
> J'en colmaterai les brèches,
> J'en relèverai les ruines,
> Je la dresserai comme aux jours d'autrefois. (Am 9.11)

En outre, selon une prophétie de Michée il fallait que le descendant de David qui occuperait le trône d'Israël naisse à Bethléem, le lieu de naissance du roi David.

> Et toi, Bethléem Ephrata, trop petite pour
> Compter parmi les clans de Juda,
> De toi sortira pour moi
> Celui qui doit gouverner Israël. (Mi 5.1)

Plus vraisemblablement Jésus qu'on appelait « le Galiléen », est né en Galilée, dans une famille suffisamment aisée pour lui donner une bonne éducation, et d'une crédibilité sociale suffisante pour qu'on puisse lui attribuer une ascendance remontant au roi David.

1.3 Jésus, prophète… et candidat à la royauté sur Israël

Après plusieurs années de préparation spirituelle, passées en partie dans l'entourage de Jean-Baptiste, Jésus se lance dans une vie de prédication. Jean-Baptiste appelait les Juifs à se préparer à la venue prochaine du règne de Dieu en menant une vie de repentance et de perfection morale… mais Jésus va dépasser son maître. Comme lui il appelle les Juifs à se préparer à la fin des temps toute proche, mais il y ajoute *l'heureuse nouvelle* de l'amour de Dieu pour tous les hommes y compris, et c'est là son génie, pour les plus déshérités. Ceux-ci vivaient en effet dans la crainte d'être oubliés de Dieu, car ils n'avaient pas la possibilité d'accomplir les mille et un rituels imposés par la loi juive telle que l'interprétaient les prêtres du Temple.

Il fait peu de doute que la prédication de Jésus a connu un grand succès populaire en Galilée, de sorte que sa renommée dut bientôt atteindre Jérusalem. Se pose ici une question fondamentale : porté par son succès,

Jésus a-t-il été entraîné à jouer un rôle politique ? Aurait-il été convaincu par des notables juifs que Dieu l'avait désigné pour diriger Son peuple ? Il semble en tout cas qu'à partir d'un certain moment, Jésus ait été attiré par la perspective de devenir roi.

Le pouvoir ultime était dans les mains des Romains, mais encore fallait-il à ceux-ci un pouvoir local en contact direct avec la population, une sorte de courroie de transmission. Ce pouvoir local avait longtemps été occupé par le roi Hérode le Grand (mort en l'an -4), fort apprécié des Romains. À sa mort son royaume fut réparti entre ses trois fils : Philippe, Antipas (qui reçut la Galilée) et son fils aîné Archélaüs, qui reçut la partie principale contenant entre autres la Judée et Jérusalem. Toutefois, la prestation d'Archélaüs déçut à ce point les Romains que l'empereur Auguste le destitua après seulement dix années de règne. Dans ses *Antiquités juives* Flavius Josèphe raconte en détail les luttes acharnées que se livraient tant les prétendants au pouvoir royal (la nombreuse descendance du roi Hérode le Grand) que les prétendants à la position de grand prêtre. C'est seulement en l'an 42 que les Romains trouveront un nouveau roi pour la Judée en la personne d'un petit fils d'Hérode Le Grand, Hérode Agrippa Ier, auquel succèdera son propre fils, Hérode Agrippa II.

Mais à l'époque de Jésus, en l'absence d'un roi, le pouvoir en Judée était détenu par Ponce Pilate (en place de 26 à 36), procurateur (ou préfet) de la Palestine. C'était toutefois le grand prêtre (on devrait plutôt l'appeler le grand sacrificateur) qui avait autorité directe sur le peuple juif comme chef du Sanhédrin, le conseil supérieur juif qui faisait aussi office de tribunal. Rien n'interdit cependant de penser que les Romains étaient prêts à déléguer le pouvoir à un roi, comme ils l'avaient fait avec Archélaüs et le feront plus tard avec Hérode Agrippa, pourvu que ce roi soit capable de faire régner l'ordre tel que eux-mêmes le concevaient.

Dès lors, il est permis d'envisager que certains notables juifs opposés à la puissance maladroite du grand prêtre, et confrontés au désarroi grandissant du peuple, auraient reconnu le pouvoir charismatique de Jésus. Ils auraient entrepris de convaincre Pilate que ce Jésus, qui savait parler au peuple et qui prêchait la non violence[6], pourrait faire un roi qui aiderait les Romains à diriger le pays, et ce d'autant plus qu'on se proposait de le doter de cette légitimité davidique si hautement valorisée par le peuple juif.

Ce ne serait pas chose nouvelle, d'autres hommes de Dieu avant Jésus avaient été sollicités pour appuyer l'un ou l'autre parti dans ses vues sur le pouvoir. Dans son livre *Comment Jésus est devenu Dieu*, Frédéric Lenoir

---

[6] Certains auteurs ont voulu faire de Jésus un chef rebelle et il est vrai que certaines paroles de Jésus avaient un accent belliqueux. Toutefois l'animosité de Jésus n'a jamais été dirigée contre le pouvoir en place, mais plutôt contre ceux dont le pouvoir s'opposait à ses propres vues du message de Dieu.

cite le nom d'un certain Honi, ou Onias, qui, « sollicité par un parti politique juif qui souhaitait utiliser ses dons contre des opposants, il refusa et fut exécuté », ainsi que celui d'un certain Hanina ben Dossa, autre saint personnage dont se servit le parti des pharisiens.[7] Pilate s'est-il laissé convaincre de ce que ce Jésus non violent pourrait faire un roi ? Dès son arrivée à Jérusalem, Jésus, qui avait dit « il est plus facile à un chameau de passer par le trou d'une aiguille qu'à un riche d'entrer dans le royaume de Dieu », se met pourtant à fréquenter de riches notables. Parmi ces notables on trouve :

- Lazare, ressuscité par Jésus dans des conditions qui paraissent bien surprenantes[8], et ses sœurs Marthe et Marie (parfois identifiée à Marie-Madeleine), qui participent à la cérémonie de l'onction,
- Simon le Lépreux, qui devait être riche et avoir une belle demeure puisque, selon Matthieu et Marc, c'est chez lui et certainement à ses frais qu'a lieu la cérémonie emblématique, mais très coûteuse, de l'onction royale de Jésus,
- Nicodème, un notable pharisien de haut rang qui prend le parti de Jésus devant le Sanhédrin[9] et qui participe à la descente de croix,
- Joseph d'Arimathée, un notable important qui a un accès direct à Pilate puisqu'il va en personne lui demander la permission de descendre Jésus de la croix[10],
- et aussi plusieurs femmes riches : « étaient avec lui aussi des femmes, [...] Jeanne, femme de Chouza, intendant d'Hérode, Suzanne et beaucoup d'autres qui les aidaient de leurs biens ». (Lc 8.2)

Le village de Béthanie où habitaient Lazare et Simon est le lieu de résidence de Jésus pendant son séjour à Jérusalem (Béthanie est à 3 km de Jérusalem). Jésus accepte donc à la fois l'hospitalité et une aide matérielle de ces riches notables.

Et lorsque Jésus, venant de Béthanie, fait son entrée triomphale dans Jérusalem, c'est incontestablement un acte politique qu'il pose. Jésus allait toujours à pied, pourtant lors de son entrée dans Jérusalem il charge deux disciples de lui amener un âne : « Allez au village qui est devant vous, vous

---

[7] Frédéric Lenoir, *Comment Jésus est devenu Dieu*, pp. 44 et 45. Gérald Messadié, dans *L'homme qui devint Dieu*, mentionne plusieurs autres noms.

[8] Jésus, apprenant que son ami Lazare est mort depuis deux jours et ne doutant apparemment pas de ses pouvoirs, laisse volontairement passer encore deux jours supplémentaires avant d'intervenir (Jn 11). Il est plausible que la prétendue résurrection de Lazare ait été une mise en scène qui avait pour but d'établir la renommée du *candidat* Jésus. « C'était bien, en effet, parce qu'elle avait appris qu'il avait opéré ce signe [la résurrection de Lazare] que la foule se portait à sa rencontre. » (Jn 12.18)

[9] Selon Jn 3 et Jn 7.50.

[10] Selon Mc 15.44.

trouverez aussitôt une ânesse attachée et un ânon avec elle ; détachez-la et amenez-lez-moi » (Mt 21.2). Jésus fait alors son entrée dans Jérusalem « assis sur un âne ». Les évangiles sont clairs sur les intentions de Jésus : « Cela est arrivé pour que s'accomplisse ce qu'a dit le prophète » dit Matthieu, qui cite la prophétie de Zacharie :

> « Dites à la fille de Sion : Voici que ton roi vient à toi, humble et monté sur une ânesse et sur un ânon, le petit d'une bête de somme. » (Mt 21.4-5)[11]

Le peuple acclame Jésus : « Hosanna au Fils de David ! Béni soit au nom du Seigneur Celui qui vient ! Hosanna au plus haut des cieux. » (Mt 21.9). Selon le Psaume 132 déjà cité, le roi légitime du peuple juif se devait d'être issu de la lignée de David. Même l'ovation de la foule « agitant des rameaux » fait référence à un passage de la Bible.[12]

Tout aussi remarquable est la cérémonie de l'onction de Jésus à Béthanie dans la maison de Simon le Lépreux :

> « Une femme s'approcha de lui avec un flacon d'albâtre contenant un parfum de grand prix ; elle le versa sur la tête de Jésus pendant qu'il était à table. » (Mt 26.6, Mc 14.3)

Verser du nard, un parfum rare et coûteux, sur la tête du futur roi, représentait chez les Juifs la consécration d'un pouvoir royal.[13] Jésus se prête à cette cérémonie qui, une fois encore, apparaît comme une mise en scène indispensable pour la crédibilité de celui qui devait apparaître comme le *roi-messie* annoncé dans le Psaume 132. Le mot hébreux « messie » signifie en effet « celui qui a reçu l'onction royale ». Les apôtres désapprouvent ce gaspillage inutile et coûteux, visiblement ils n'ont pas compris l'importance de l'onction *royale* de leur maître.

La signification emblématique de cette cérémonie conduit Paul Verhoeven, dans *Jésus de Nazareth*, à dire que Jésus « s'est conçu comme une figure messianique », et que lors de l'avènement du Royaume de Dieu qui

---

[11] Plus précisément, dans l'Ancien Testament la prophétie de Zacharie est la suivante :
Tressaille d'allégresse fille de Sion !
Pousse des acclamations, fille de Jérusalem !
Voici que ton Roi s'avance vers toi ;
Il est juste et victorieux,
Humble, monté sur un âne. (Za 9.9)

[12] Formez le cortège, rameaux en main,
Jusqu'aux cornes de l'autel. (Ps 118.27)

[13] « Tu prendras le flacon d'huile, tu le lui verseras sur la tête et tu diras : Ainsi parle le Seigneur : Par cette onction je te sacre roi sur Israël » (2 Rois 9.3, cité par Paul Verhoeven dans *Jésus de Nazareth*, p. 178), ou encore, « Au cours de l'onction des rois, la tête tout entière était recouverte d'huile ». (*Encyclopedia Judaica* vol III, p. 31, citée par Michael Baigent, Richard Leigh et Henri Lincoln dans *Le Message*, p. 358 note 7)

lui paraissait imminent, « il jouerait un rôle important, pour tout dire, le rôle principal ».[14] Paul Verhoeven en arrive donc à la même conclusion, qu'à partir d'un certain moment Jésus s'est vu destiné à devenir le roi légitime désigné par Dieu pour diriger le peuple d'Israël.

On lit parfois que Jésus voulut refuser qu'on fasse de lui un roi.[15] Il est possible que Jésus ait été parfois embarrassé devant le rôle politique qu'on voulait lui faire jouer, mais sa pleine acceptation de la cérémonie de l'onction, et son entrée dans Jérusalem calquée sur les prédictions *royales* de la Bible, laissent peu de doute sur le fait qu'il était prêt à rentrer dans ce rôle, et qu'il a utilisé dans ce but toutes les ressources que lui offraient la Bible juive et les prophètes.

Il faut dire que la démarche de Jésus tombait à un bon moment. La situation du peuple était mauvaise, la révolte contre les Romains commençait à gronder et les Juifs étaient dans l'attente de celui qui « sauverait » le peuple d'Israël. Certains en ont déduit que Jésus devait être une sorte de chef rebelle comme il y en eut plusieurs à l'époque. Cette hypothèse est peu vraisemblable : jamais Jésus ne fait un geste ou ne prononce une parole contre le pouvoir en place, et lorsqu'on lui demande s'il faut payer l'impôt aux Romains, il se fait apporter une pièce à l'effigie de César et prononce sa phrase célèbre : « Rendez à César ce qui est à César, et à Dieu ce qui est à Dieu » (Mt 22.21). Jésus montrait ainsi fort habilement qu'il fallait payer l'impôt aux Romains, ce qui en fait tout l'inverse d'un chef rebelle.

En réalité ce Jésus qui savait parler au peuple, qui prônait la sérénité pacifique vis-à-vis du pouvoir en place, et qui approuvait le payement de l'impôt, n'avait rien pour déplaire aux Romains qui, après avoir été obligés de destituer Archélaus, le fils de Hérode le Grand, ne devaient plus avoir en haute estime cette dynastie hérodienne maladroite et impopulaire car considérée comme illégitime. Il est dès lors possible qu'une démarche de notables juifs proposant Jésus comme roi ait pu intéresser Pilate.

1.4 Le procès, Jésus sauvé par Pilate

Le projet de Jésus se heurte cependant à l'opposition du grand prêtre Caïphe. En l'absence d'un roi, c'était le grand prêtre qui détenait le pouvoir sur le peuple, sous l'autorité des Romains bien entendu. Le grand prêtre n'était certainement pas disposé à céder le pouvoir, et d'autant moins à un homme qui avait du culte juif une toute autre idée que lui. Il

---

[14] Paul Verhoeven, *Jésus de Nazareth, op. cit.*, pp. 178-181.
[15] Mais Jésus, sachant qu'on allait venir l'enlever pour le faire roi, se retira à nouveau, seul, dans la montagne. (Jn 6.15)

fait arrêter Jésus qui est aussitôt condamné à mort par le Sanhédrin, mais seul Pilate avait le pouvoir de condamner à mort, Jésus est donc amené devant lui pour confirmation de la sentence. Il apparaît que Jésus dut plaire à Pilate car celui-ci fait tout ce qu'il peut pour le soustraire au châtiment réclamé par le grand prêtre : « Je ne trouve rien qui mérite condamnation en cet homme » (Lc 23.4, Jn 18.38). Pilate envoie Jésus devant Hérode Antipas, le tétrarque de Galilée qui était à Jérusalem pour la fête de la Pâque, mais celui-ci lui renvoie Jésus sans vouloir le juger. Pilate fait alors fouetter Jésus puis le présente à la foule qui, à l'occasion de la Pâque, avait le droit d'obtenir la grâce d'un condamné. Il tente de convaincre la foule de demander la grâce de Jésus :

> Lequel des deux voulez-vous que je vous relâche ? Ils répondirent « Barabbas ». Pilate leur demande « Que ferais-je donc de Jésus qu'on appelle Messie [...] Quel mal a-t-il donc fait ? ». (Mt 27.21)
>
> Voulez-vous que je vous relâche le roi des Juifs ? (Mc 15.9)
>
> Je n'ai rien trouvé en lui qui mérite la mort. (Lc 23.22)
>
> Pilate dit aux juifs : « Voici votre roi [...] Me faut-il crucifier votre roi ? ». (Jn 19.14)

N'ayant pu obtenir la grâce de Jésus, Pilate annonce alors la sentence de crucifixion devant la foule tout en se faisant apporter un bassin d'eau pour se laver les mains « du sang de ce juste ».

On ne détecte chez Pilate aucune animosité dirigée contre Jésus, mais plutôt un appui implicite à ses prétentions royales. Dès lors pourquoi Pilate s'est-il senti obligé de céder devant le grand prêtre Caïphe ? Est-ce l'effet des paroles menaçantes de ce dernier : « Si tu le relâchais, tu ne te conduirais pas comme l'ami de César car quiconque se fait roi, se déclare contre César » ? (Jn 19.12)

Expatrié loin de Rome, sans doute Pilate redoutait-il que l'on répande des rumeurs désobligeantes à son sujet dans la capitale où son avenir serait un jour décidé. Or les Juifs étaient nombreux à Rome, et le grand prêtre avait le pouvoir, du moins pouvait-il l'insinuer, de faire courir le bruit que Pilate était un homme faible prêt à plier devant le premier venu qui voudrait s'emparer de la royauté sur Israël. Le grand prêtre pouvait aussi alerter la famille d'Hérode qui, même provisoirement écartée du pouvoir, avait gardé des contacts à Rome, et qui avait tout intérêt à barrer la route à un rival et à dénigrer celui qui était prêt à lui donner le pouvoir royal. Il est donc permis de penser que Pilate courait un risque personnel important s'il s'attirait la colère du grand prêtre en ne condamnant pas Jésus.

Cette hypothèse est aussi celle qu'a retenue Gerald Messadié dans son livre *L'homme qui devint Dieu*.[16]

Par ailleurs, la crucifixion était un sort habituellement réservé aux grands criminels ou à ceux qui s'étaient rendus coupables de rébellion contre l'ordre des Romains. La condamnation de Jésus à ce supplice est parfois citée par ceux qui veulent faire de Jésus un chef rebelle. On peut penser au contraire qu'en le condamnant à la crucifixion Pilate voulait garder le sort de Jésus entre ses mains, car s'il l'avait livré aux autorités juives sa mort aurait été certaine. Et en effet les circonstances qui entourent la crucifixion de Jésus sont tout à fait particulières, à commencer par le fait que la crucifixion eut lieu un vendredi, quelques heures avant le début du sabbat. La coutume juive voulait qu'aucun supplice n'ait lieu pendant le sabbat, il fallait donc que les suppliciés soient descendus de la croix au plus tard au coucher du soleil (le sabbat commençait le vendredi au coucher du soleil). Dans ces circonstances et pressés par le temps, les bourreaux cassaient les tibias des suppliciés, ce qui provoquait une mort rapide par suffocation résultant de la traction des bras sur la cage thoracique. Mais l'Évangile de Jean, très précis sur ce genre de détail, dit clairement qu'après avoir cassé les tibias des deux larrons qui entouraient Jésus, les soldats, constatant que Jésus était déjà mort, « ne lui brisèrent pas les jambes » :

> Les Juifs, de crainte que les corps ne restent en croix durant le sabbat, demandèrent à Pilate de leur faire briser les jambes et de les faire enlever. Les soldats vinrent donc, ils brisèrent les jambes du premier, puis du second de ceux qui avaient été crucifiés avec lui. Arrivés à Jésus, ils constatèrent qu'il était déjà mort et *ils ne lui brisèrent pas les jambes*. (Jn 19.31-33)

Jésus était-il réellement mort si vite ? On peut en douter. La crucifixion est un supplice dont l'horreur résulte précisément de sa durée : la délivrance de la mort n'intervenait qu'après un long épuisement[17] qui pouvait durer 24 heures, voire plusieurs jours. Deux notables partisans de Jésus étaient présents lors de la crucifixion, Joseph d'Arimathée et Nicodème. Lorsque Joseph d'Arimathée va demander à Pilate l'autorisation de descendre le corps de Jésus de la croix, Pilate s'étonne d'une mort si rapide « Pilate s'étonna qu'il soit *déjà* mort » (Mc 15.44), mais donne cependant son accord après avoir fait venir le centurion en charge de la crucifixion. Ainsi, en permettant que Jésus soit détaché quelques heures seulement

---

[16] Nous te disons simplement que si l'accusé n'est pas crucifié dans les délais normaux, nous enverrons une délégation à Rome pour nous plaindre que tu as bafoué nos lois pour protéger un imposteur qui revendique une province impériale. Est-ce clair ? (Gerald Messadié, *L'homme qui devint Dieu*, p. 553)

[17] Les évangiles mentionnent le dernier cri de désespoir de Jésus, proféré « d'une voix forte ». La mort par crucifixion intervient par épuisement du supplicié, si Jésus était capable de crier « d'une voix forte » il n'était certainement pas sur le point d'expirer.

après le début de la crucifixion, sans exiger qu'on lui casse les tibias, et en donnant accès au lieu du supplice à de riches notables capables de soudoyer les centurions, Pilate laissait en réalité à Jésus de grandes chances de survie.

On peut aussi s'étonner de ce que Jésus ait été crucifié un vendredi, une circonstance décisive qui réduisait à quelques heures le temps qu'il passerait sur la croix. La tradition chrétienne veut que tous les événements de l'arrestation et du procès de Jésus se soient passés pendant les fêtes de la Pâque juive et que le vendredi de la crucifixion, le vendredi de Pâque, ait été déterminé par la suite normale des événements. Pourtant, si l'on s'en tient strictement au texte des évangiles, le repas pascal avec les apôtres aurait dû avoir lieu le vendredi même de Pâque, ce qui reporte nécessairement le procès de Jésus et la crucifixion de plusieurs jours après la fête de Pâque. En interprétant différemment les textes, les commentateurs en sont venus à plutôt situer au mercredi le repas pascal suivi de l'arrestation de Jésus et de sa comparution devant le Sanhédrin. Le jeudi aurait alors vu les événements du procès devant Pilate : l'interrogatoire et le refus de Pilate de reconnaître la culpabilité de Jésus, le transfert de Jésus vers Hérode Antipas, le renvoi de Jésus vers Pilate, la sentence de flagellation et son exécution, la présentation à la foule et le choix de celle-ci pour Barabbas, et finalement la célèbre séance où Pilate condamne Jésus tout en se déclarant innocent de son sang. Il est évident que la chronologie du procès devant Pilate, même interprétée et corrigée par les commentateurs, ne permet pas de loger tous ces événements dans la seule journée du jeudi. Une conclusion s'impose : quelle que soit l'interprétation que l'on donne aux textes des évangiles, la crucifixion ne peut avoir eu lieu le vendredi de la Pâque, mais bien un certain temps après la Pâque, et la circonstance très favorable pour Jésus que son supplice eut lieu un vendredi ne résulte pas de la suite normale des événements. Plus vraisemblablement, la crucifixion eut lieu après la fête de la Pâque. Dans ces conditions le choix du jour de la crucifixion de Jésus était bien du ressort de Pilate.

Pilate fait placer un écriteau sur la croix.

> Il portait cette inscription « Jésus le Nazôréen, roi des Juifs ». Cet écriteau bien des Juifs le lurent […] le texte était écrit en hébreu, en latin et en grec. (Jn 19.19-22)

L'Évangile de Jean rapporte la colère du grand prêtre : « N'écris pas *le roi des Juifs*, mais bien cet individu a prétendu qu'il était le roi des Juifs ». Pilate répond sèchement au grand prêtre : « Ce que j'ai écrit, je l'ai écrit ». Ainsi donc, si l'on en croit Jean, très précis sur ce genre de détails, Pilate assume pleinement le texte de l'écriteau. De tout ceci on déduit que le soutien bienveillant de Pilate est un élément essentiel pour comprendre les circonstances de la résurrection de Jésus. Dès lors le mystère qui entoure la résurrection de Jésus disparaît. Par contre beaucoup de questions se posent sur les événements qui font suite au retour de Jésus après la crucifixion.

1.5 Le retour de Jésus

Sur les événements de la réapparition de Jésus, le principal témoignage est celui, très rarement cité, que nous livre Paul[18] dans sa 1re Épître aux Corinthiens :

> Christ est mort pour nos péchés. Il a été enseveli, il est ressuscité le 3e jour.
> Il est apparu à Céphas [c'est-à-dire Pierre], puis aux *Douze*.
> Ensuite il est apparu à *plus de cinq cents frères à la fois* ;
> La plupart sont encore vivants et quelques uns sont morts.
> Ensuite il est apparu *à Jacques*, puis à tous les Apôtres. (1 Co 15.3-7)

Paul aurait pu ajouter « puis il disparut », car selon tous les évangiles c'est après sa rencontre avec les apôtres que Jésus « monte au ciel » et disparaît à jamais. Ce témoignage est de la plus grande importance pour comprendre ce qui s'est passé après la crucifixion, et il est pratiquement de première main car Paul a personnellement connu ceux dont il parle. Jésus est apparu, dit Paul, « à plus de cinq cents frères à la fois ». Même si le nombre de cinq cents ne doit pas être pris au pied de la lettre[19], il apparaît que Jésus *ressuscité* rassemblait une très grande foule autour de lui. Après la crucifixion, Jésus aurait donc mené une très active vie publique ! Et ces Douze dont parle Paul, qui sont-ils ? Certainement pas les apôtres, qui sont cités comme tels deux lignes plus bas, qui étaient pour la plupart retournés en Galilée (d'après l'Évangile de Matthieu) et qui n'étaient plus que onze. Jésus aurait donc formé un groupe de douze nouveaux disciples parmi les fidèles rassemblés autour de lui après la crucifixion, probablement s'agit-il des disciples que l'on retrouvera plus loin sous le nom de « Hellénistes ».

Mais Paul dit aussi que Jésus « est apparu à [son frère] Jacques » avant de disparaître à jamais. Tel que relaté par Paul, Jacques est donc le dernier homme à s'être entretenu seul à seul avec Jésus, un entretien qui est de toute première importance pour comprendre la genèse de la religion chrétienne.

---

[18] Paul, qui n'a pas connu Jésus, est cependant l'un de ses principaux disciples. Il a répandu la nouvelle religion dans le monde grec, on lui doit un grand nombre d'épîtres le plus souvent destinées aux groupes de fidèles qui s'étaient constitués dans les villes qu'il traversait.

[19] En grec, l'expression « plus de cinq cents » est utilisée pour désigner une grande multitude.

Il reste que ni les évangiles ni les épîtres de Paul ne donnent la moindre indication sur les causes qui ont conduit à la disparition définitive de Jésus. Dans ces conditions il est tentant de quitter le domaine des textes pour risquer une hypothèse qui aurait au moins le mérite de s'inscrire dans la logique des événements relatés ci-dessus. On peut imaginer sans peine la colère du grand prêtre découvrant non seulement qu'il a été berné par Pilate et que Jésus a survécu à la crucifixion, mais aussi que ses partisans sont chaque jour plus nombreux et, comme on le verra plus loin, qu'ils mettent publiquement en doute le caractère sacré du Temple qui représentait la raison d'être, l'autorité, et la principale source des revenus du grand prêtre.[20] Celui-ci dut se faire particulièrement menaçant : si Pilate ne faisait pas disparaître définitivement ce Jésus dont le prestige *royal* augmentait de jour en jour, il mettrait ses menaces à exécution, et la réputation de Pilate à Rome serait à jamais compromise.

Décidément, pour Pilate, ce Jésus qu'il avait soutenu devenait extrêmement gênant. La suite des événements pourrait être la suivante : Pilate aurait finalement décidé d'éliminer Jésus, mais pour y arriver il fallait d'abord l'éloigner de Jérusalem car le grand nombre de ses partisans rendait impossible une action directe des Romains. Pilate pouvait par exemple dire à Jésus qu'il avait le projet de le proposer comme roi des Juifs, mais qu'il fallait qu'il aille à Rome se présenter à ceux qui, en dernier ressort, devaient confirmer la décision. En variante Pilate pouvait aussi dire à Jésus qu'il fallait qu'il s'éloigne quelque temps de Jérusalem pour que se calme la colère du grand prêtre à son égard. En tout état de cause la décision de Pilate était prise : sitôt Jésus éloigné de Judée, sans doute sur un navire de l'armée romaine, il serait exécuté.

Pilate se serait donc finalement tiré de ce mauvais pas, mais on peut penser qu'il a tout fait pour étouffer cette malheureuse affaire de sorte qu'il ne faut pas s'étonner de ne trouver aucune mention de Jésus dans les annales romaines de l'époque.

---

[20] Étienne, un disciple de Jésus, dira devant ses juges « Le Très Haut n'habite pas des demeures construites par la main des hommes » (Ac 7.48), ce qui enlevait au Temple tout caractère sacré.

Chapitre 2

Jacques, frère de Jésus, un homme important

2.1 Jacques et les apôtres montent à Jérusalem

Dans le témoignage de Paul sur les événements qui suivent la crucifixion, il apparaît que Jésus rencontre son frère Jacques avant de faire ses adieux aux apôtres, puis de disparaître. Cette dernière entrevue avec Jacques est un élément essentiel pour comprendre la genèse de la religion chrétienne. Que se sont dit les deux frères ? On peut penser que Jésus a donné à Jacques quelques explications sur sa miraculeuse résurrection, ainsi que sur les raisons qui le poussaient à quitter le pays. Lui a-t-il annoncé qu'il reviendrait bientôt pour occuper le trône d'Israël ? A-t-il demandé à son frère de monter à Jérusalem avec les apôtres pour préparer son prochain retour royal ? Lui a-t-il dit, dans cette perspective, de ne rien faire qui pourrait indisposer le grand prêtre et les autorités juives ? On ne saura jamais ce que les deux frères se sont dits, mais c'est un fait que peu après la disparition de Jésus, un petit groupe formé essentiellement du frère de Jésus et des apôtres, monte à Jérusalem, apparemment pour préparer la voie de celui qui a été désigné par Dieu pour devenir le roi d'Israël. C'est en effet dans ce sens que l'apôtre Pierre s'adresse aux Israélites dans le Livre des *Actes des Apôtres*, qui prend la suite des quatre évangiles :

> Mais il [David] était prophète et savait que Dieu lui avait juré par serment de faire asseoir sur son trône *quelqu'un de sa descendance*, issu de ses reins. Il a donc vu d'avance la résurrection du Christ (Ac 2.30).

Il faut en déduire que la perspective d'un Jésus descendant du roi David et destiné à devenir roi d'Israël, était bien présente à l'esprit de la première communauté de ses fidèles.

2.2 Jacques a-t-il joué un rôle politique ?

Il se fait toutefois que l'absence de Jésus se prolonge, et que son frère Jacques, appelé « Le Juste », prend progressivement une place dominante dans cette première communauté de fidèles. La légitimité davidique de Jésus retombait en effet sur ses épaules. Jacques aurait-il alors imaginé devenir à son tour candidat à la royauté sur Israël ? Il semble en tout cas avoir été à l'époque un personnage important. Pendant une trentaine d'années il dirigea la première communauté chrétienne de Jérusalem, qui reçut plus tard le nom d'Église Primitive. Étant à la fois le frère de Jésus et le dernier à s'être entretenu seul à seul avec lui, il est incontestable que, jusqu'à sa mort, il représenta la principale autorité au sein de la religion naissante. Mais en l'an 62 il est assassiné par le grand prêtre Ananus lors d'un intervalle entre deux procurateurs romains. Flavius Josèphe, cet historien du 1er siècle déjà cité, raconte la colère du nouveau procurateur lorsqu'il apprend l'exécution de Jacques : il menace de châtiment le grand-prêtre, qui est aussitôt destitué par le roi Hérode Agrippa.[1]

Le procurateur aurait-il montré une telle colère si Jacques avait été un quelconque chef de secte au sein de la religion juive ? On doit penser au contraire que Jacques tenait une place importante à Jérusalem, sur le plan religieux mais aussi sur la scène politique. En outre la colère du nouveau procurateur montre qu'il était apprécié, si pas un protégé, du pouvoir romain.

La légitimité *royale* de la famille de Jésus apparaît encore lorsque Eusèbe de Césarée, citant l'historien Hégésippe (115-180), rapporte que l'empereur Domitien (règne de 81 à 96), voulant éliminer tous les candidats à une éventuelle hégémonie sur le peuple juif toujours prêt à se révolter, fit arrêter les petits fils de Jude, le quatrième frère de Jésus, « [...] comme étant de la race de David, et appartenant à la parenté du Christ lui-même ».[2] Le fait que les petits fils de Jude aient été considérés comme descendants du roi David et donc comme candidats potentiels à une hégémonie sur le peuple juif, implique que bien avant eux, leur grand oncle Jacques et aussi forcément Jésus, avaient été gratifiés de la même légitimité.

---

[1] Le texte de Flavius Josèphe est le suivant : « Festus étant mort, Néron donna le gouvernement de la Judée à Albinus, et le roi Agrippa ôta la grande sacrificature à Joseph pour la donner à Ananus, [...]. [Ananus] prit le temps de la mort de Festus et qu'Albinus n'était pas encore arrivé pour assembler un conseil devant lequel *il fit venir Jacques, frère de Jésus, nommé Christ*, et quelques autres, les accusa d'avoir contrevenu à la loi, et les fit condamner à être lapidés. Cette action déplut extrêmement à tous ceux des habitants de Jérusalem qui avaient de la piété et un véritable amour pour l'observation de nos lois [...]. Quelques-uns d'eux allèrent au devant d'Albinus, qui était alors parti d'Alexandrie, pour l'informer de ce qui s'était passé, et lui représenter qu'Ananus n'avait pu, ni dû assembler ce conseil sans sa permission. Il entra dans ce sentiment, et écrivit à Ananus avec colère et avec menaces de le faire châtier. Agrippa le voyant si irrité contre lui, lui ôta la grande sacrificature qu'il n'avait exercée que quatre mois, et la donna à Jésus, fils de Damnéus. » (Flavius Josèphe, *Antiquités Juives*, Livre XX,IX,1)

[2] Eusèbe de Césarée, *Histoire Ecclésiastique, op. cit.*, Livre III.19, p. 157.

2.3 La doctrine de Jacques, le Temple et le salut de l'âme

Lorsque Jacques s'installe à Jérusalem avec les apôtres, il porte une attention particulière à suivre scrupuleusement les impératifs de la religion juive, soit par conviction personnelle, soit que Jésus le lui ait conseillé lors de leur dernière entrevue. Le Temple joue un rôle de premier plan dans la vie quotidienne de sa communauté :

> Unanimes ils se rendaient chaque jour assidûment au Temple. (Ac 2.46)
>
> Pierre et Jean montaient au Temple pour la prière de l'après-midi. (Ac 3.1)
>
> Ils se tiennent dans le Temple et ils instruisent le peuple. (Ac 5.25)

Et c'est encore sur les marches du Temple que Pierre fait sa première guérison miraculeuse. Il apparaît donc que le Temple de Jérusalem, l'antique Temple de Salomon, fut un lieu d'assemblement, d'enseignement et de culte pour la première communauté chrétienne de Jérusalem, ce qui donnera à ce Temple un statut emblématique pour les chrétiens qui s'inscriront plus tard dans la tradition de cette première communauté du frère de Jésus.

Une autre exigence de Jacques est la perfection morale dans le respect de la Loi juive. Pour Jacques, comme pour Jésus, chacun est libre de faire le bien ou le mal mais, devant la fin du monde qui est annoncée, seuls ceux qui font le bien seront sauvés, chacun étant directement responsable de ses actes devant Dieu.[3] Cette doctrine du salut, qui implique la liberté et la responsabilité de l'homme, est une caractéristique essentielle de la tradition de Jacques.

Jacques a aussi une vision très claire de ce qu'il entend par « faire le bien ». La perfection morale n'est accessible, dit-il, qu'à ceux qui rejettent les richesses et qui s'éloignent du *monde* : « Votre richesse est pourrie ; votre or et votre argent serviront contre vous de témoignage et dévoreront vos chairs comme un feu » (Jc 5.2), « Il faut se garder du monde pour ne pas se souiller » (Jc 1.27), ou encore, « Celui qui est l'ami du monde se fait ennemi de Dieu ». (Jc 4.4)

Mais cet idéal de perfection morale dans le mépris des richesses et à l'écart du monde, nous le connaissons bien, c'est l'idéal de vie des moines. C'est ainsi que, dans l'antiquité et peut-être aussi au Moyen Âge, les moines se considéreront comme les héritiers de cette première communauté de Jérusalem et de celui qui la dirigeait, Jacques le frère de Jésus.

---

[3] Chacun est tenté par sa propre convoitise qui l'entraîne et le séduit [...]. (Jc 1.14)

2.4 La divinité de Jésus est rejetée par son propre frère

Pourtant, les vraies difficultés de la Grande Église avec Jacques ne se situent pas au niveau de sa morale ni de sa judaïcité mais bien dans la perception qu'il avait de la personne de Jésus. D'après une majorité d'auteurs, Jacques n'accordait aucun caractère miraculeux à la réapparition de Jésus après la crucifixion et le considérait comme un homme ordinaire.

C'est dans les épîtres de Paul que Jésus apparaît, pour la première fois, comme le fils de Dieu. Or dans ces mêmes épîtres Paul fait état de désaccords répétés envers ceux qu'il appelle « Hébreux » ou encore « super-apôtres », qui sont venus perturber sa prédication en l'accusant d'enseigner « un autre Jésus » et « un autre évangile ».[4] À l'époque ces « super-apôtres » perturbateurs ne pouvaient provenir que de la communauté de Jacques.

Plusieurs auteurs anciens témoignent en effet de l'existence d'une tradition judéo-chrétienne vivement opposée à la divinité de Jésus. Irénée de Lyon (130-172), l'un des premiers Pères de l'Église, mentionne l'existence de communautés appelées « Ébionites » : « [...] les Ébionites, qui disent Jésus né de Joseph ».[5] Or, selon Pierre-Antoine Bernheim, « ces communautés attribuaient généralement à Jacques un statut très élevé »[6]. Elles apparaissent comme les héritières de l'Église Primitive en ce qu'elles respectent les impératifs de la religion juive et qu'elles rejettent avec la plus grande énergie la prédication de Paul, appelé « l'homme ennemi ». On retrouve le même rejet de la divinité de Jésus dans *Les Homélies Clémentines*, un livre datant du 4ᵉ siècle qui peut être considéré comme une sorte de « bible » du judéo-christianisme, où Jacques est considéré comme seul gardien de la vérité.

Dès lors, pour une majorité d'auteurs il fait peu de doute que la tradition qui ne reconnaît ni la divinité de Jésus ni le miracle de la résurrection, trouve son origine dans la première communauté des apôtres dirigée par Jacques Le Juste. Dès le 2ᵉ siècle l'Église gomme totalement l'existence du frère de Jésus et rejette comme hérétique l'idée même que Jésus ait pu avoir des frères.[7] Elle introduira la confusion avec les deux apôtres qui portent le même nom que lui : Jacques dit *Le Majeur*, fils de Zébédée et frère de Jean, et Jacques dit *Le Mineur*, fils d'Alphée. Jacques Le Majeur ayant été très tôt assassiné, Saint Jérôme (347-420) identifiera le chef de la première communauté chrétienne de Jérusalem comme

---

[4] 2 Cor 11.4.
[5] Irénée de Lyon, *Contre les hérésies*, III.21, p. 375.
  Le nom d' « Ébionites » signifie « les pauvres » en araméen. Ce nom provient sans doute du choix de vie dans la pauvreté propre aux communautés issues de celle de Jacques.
[6] Pierre-Antoine Bernheim, *Jacques, Frère de Jésus*, p. 350.
[7] Les noms des quatre frères de Jésus sont donnés dans Mt 13.55 et Mc 6.3.

étant l'apôtre Jacques le Mineur. Il en résulte qu'encore aujourd'hui un grand nombre de chrétiens ignorent l'existence de ce frère de Jésus, le confondant avec l'apôtre Jacques Le Mineur, ou parfois aussi avec un cousin de Jésus. En araméen le même mot désigne frère et cousin.

Pourtant Jacques, le premier patriarche de l'Église Primitive, apparaît sans équivoque possible comme étant bien le frère de Jésus. C'est en cette qualité que Flavius Josèphe cite son nom : « Jacques, le frère de Jésus nommé Christ ».[8] Et Paul dans son Épître aux Galates, fait également de Jacques « le frère du Seigneur ».[9] Or, tant Paul que Flavius Josèphe écrivaient en grec et utilisaient pour désigner Jacques le mot « adelphos » qui en grec a la même signification que le mot frère en français, sans confusion possible avec le mot cousin qui se dit en grec « anepsios ». Le nom des deux autres « Jacques » est toujours accompagné d'un mot ou d'une périphrase qui le désigne spécifiquement, alors que le frère de Jésus est le plus souvent appelé « Jacques », sans plus.

2.5 Les destinées du christianisme de Jacques

Cette première communauté des apôtres à Jérusalem subira deux importants revers. Le premier est la disparition de Jacques en l'an 62 assassiné par le grand prêtre Ananus comme relaté ci-dessus. Cet assassinat de Jacques laissa un souvenir particulièrement amer au sein des communautés qui le vénéraient. Eusèbe de Césarée donne une relation longue et détaillée des circonstances de sa mort : « il fut jeté du pinacle du Temple, et fut frappé à mort à coups de bâton ».[10] C'est alors un cousin de Jésus qui succède au frère de Jésus. Celui-ci prit la décision de quitter Jérusalem pour installer sa communauté à Pella en Décapole (à 120 km au nord-est de Jérusalem). Ce fut une sage décision car peu après, en l'an 66, le peuple de Jérusalem se révoltait contre Rome et subissait un impitoyable châtiment. Ce départ de Jérusalem mettra la communauté de Jacques à l'abri de ces événements funestes, mais il n'en reste pas moins que la disparition du frère de Jésus lui fera perdre l'autorité doctrinale dont elle avait joui jusqu'alors au sein de la chrétienté naissante.

Un autre revers pour l'Église Primitive survient lorsque le judaïsme renaît de ses cendres après la catastrophique révolte contre les Romains et la destruction du Temple qui s'en est suivi. Ce nouveau judaïsme, né

---

[8] Voir ci-dessus en 2.2.
[9] Ensuite, trois ans après, je suis monté à Jérusalem pour faire la connaissance de Céphas [c'est-à-dire Pierre] et je suis resté quinze jours auprès de lui sans voir cependant aucun autre apôtre, mais seulement *Jacques, le frère du Seigneur.* (Ga 1.19)
[10] Eusèbe de Césarée, *Histoire Ecclésiastique*, Livre II, 23, p. 121.

des réunions de Jamnia vers l'an 80, rejette la responsabilité des malheurs du peuple juif, et de la colère de Dieu à son égard, sur les diverses sectes qui gravitaient autour du judaïsme, et en particulier sur celle qui suivait l'enseignement de Jésus. Les chrétiens se verront ainsi progressivement refuser l'accès aux synagogues.

En quelques années donc, les chrétiens issus de la communauté de Jacques perdront à la fois leurs liens avec le monde juif, et leur autorité doctrinale chez ceux qui se prévalaient du message de Jésus. Pire encore, ils seront rejetés comme hérétiques par les chrétiens du monde grec qui occuperont bientôt une position dominante au sein de la nouvelle religion. Dès lors, les informations concernant le destin des communautés issues de celle de Jacques sont peu nombreuses. Le livre de Simon Claude Mimouni, *Les chrétiens d'origine juive dans l'antiquité*, donne une bonne idée de la question. Des communautés issues de celle de Jacques subsisteront dans le monde antique, essentiellement sous le nom d'Ébionites. Elles continueront à respecter certaines prescriptions de la religion juive et à rejeter la naissance divine de Jésus qui, pour ces communautés, n'est rien d'autre que le fils de Joseph et de Marie. Au fil des siècles certaines de ces communautés émigreront. On les retrouvera en Perse, sous le nom d'Elkasaïtes, où elles donneront naissance au manichéisme (dont l'hérésie cathare est un lointain descendant), et en Arabie où, bien plus tard, elles donneront naissance à l'Islam.

Toutefois les destinées de la doctrine de Jacques sont bien plus larges que celles de ces communautés, car la religion de l'Église Primitive avait atteint aussi des non Juifs. Son héritage se retrouvera plutôt dans les provinces éloignées de la Méditerranée, là où la culture grecque était moins répandue : le long de l'Euphrate, en Syrie profonde, autour de la mer Noire, en Haute Égypte (en particulier chez les moines), etc. L'enseignement de Jacques constituera ainsi une référence morale et doctrinale qui subsistera longtemps au sein de la religion chrétienne.

2.6 Les écrits qui s'inscrivent dans la tradition de Jacques

L'Évangile de Matthieu

Les communautés ébionites possédaient un évangile qui, d'après Simon Claude Mimouni, avait nom « Évangile des 12 apôtres » ou « Évangile des Hébreux », mais cet évangile a disparu. Épiphane de Salamine (hérésiologue, ~315-403) nous dit cependant que cet évangile des origines était proche de celui de Matthieu. Irénée de Lyon va dans le même sens : « les Ébionites se servent du seul évangile selon Matthieu ». Cet auteur déconseille même la lecture de l'Évangile de Matthieu qui, dit-il, entraîne ceux qui le lisent « à ne pas penser correctement au sujet du Seigneur ».[11] Il est vrai que l'Évangile de Matthieu contient de nombreux passages tout à fait incompatibles avec la doctrine de la naissance divine de Jésus. Il en va ainsi,

- de la liste des ancêtres de Jésus remontant au roi David (Mt 1.1-17),
- de l'adoration des rois mages qui, arrivant en Palestine, questionnent le peuple : « Où est le *roi des Juifs* qui vient de naître ? » (Mt 2.2),
- du récit de l'entrée *royale* de Jésus dans Jérusalem, sur le dos d'un âne : « Cela est arrivé pour que s'accomplisse ce qu'a dit le prophète : Dites à la fille de Sion – voici que ton *roi* vient à toi, humble et monté sur une ânesse » (Mt 21),
- du massacre des enfants de Bethléem ordonné par le roi Hérode qui, averti de la naissance du *roi Jésus*, « va rechercher l'enfant pour le faire périr » (Mt 2.16-19),
- de la fuite en Égypte des parents de Jésus, pour échapper à la colère d'Hérode,
- de l'onction *royale* à Béthanie (Mt 26),
- de la liste des frères de Jésus (Mt 13.55), etc.

Bien que l'Évangile de Matthieu ait été l'objet de nombreuses ajoutes et corrections, il est cependant très probable que l'essentiel de ces évangiles perdus s'y retrouve, notamment les thèmes chers à Jacques comme ceux qui célèbrent les origines davidiques de Jésus (et donc les siennes), les prophéties qui font de Jésus le roi légitime du peuple juif, ou celles qui donnent à entendre que la royauté de Jésus avait été annoncée dès sa naissance. De tels versets qui célèbrent une royauté toute terrestre de Jésus n'ont certainement pas été ajoutés au cours des siècles, leur antiquité et leur authenticité sont donc certaines (sans préjuger bien entendu de la véracité historique d'une ascendance davidique de la famille de Jésus, qui ne repose sur rien).

L'Épître de Jacques

Cette épître, qui fait partie du Nouveau Testament, est considérée comme reflétant les idées du frère de Jésus même s'il n'en est pas lui-même l'auteur. Les extraits déjà cités évoquent la perfection morale qu'il exigeait de sa communauté : liberté mais aussi responsabilité de chacun devant Dieu, rejet des richesses, isolement du monde et de ses perversions, toutes règles de vie qui seront adoptées plus tard par le monde monastique.

---

[11] Irénée de Lyon, *Contre les Hérésies*, III.11, p. 313.

Outre cette exigence morale, cette épître fait aussi apparaître la critique acerbe de Jacques vis-à-vis de ceux qui enseignent à tort et à travers, une désapprobation à peine voilée vis-à-vis des discours de Paul.[12] Enfin, il est révélateur que le nom de Jésus-Christ n'apparaît pas dans cette épître, mises à part deux très brèves invocations. On comprend que Jacques ne considérait pas son frère comme très important. Il s'en est fallu de peu que cette épître ne fasse pas partie du Nouveau Testament.

L'Évangile de Thomas

L'Évangile de Thomas, retrouvé en 1945 à Nag Hammadi en Haute Égypte, est le seul document où Jésus désigne explicitement son frère Jacques Le Juste comme devant lui succéder,[13] c'est aussi le seul qui mentionne l'importance du respect du « Shabbat ».[14]

Les Homélies Clémentines, Les Reconnaissances

Enfin, un important ensemble d'écrits émanant de cette même veine judéo-chrétienne ont subsisté sous le nom de roman pseudo-clémentin. Il s'agit de deux livres assez semblables : les *Homélies Clémentines* et les *Reconnaissances*, qui relatent des entretiens et des discussions à caractère théologique et polémique que Pierre, sentant sa fin proche, transmet à son successeur Clément pour être envoyés à Jacques. Ces écrits datent du 4ᵉ siècle mais ils rassemblent plusieurs textes antérieurs qui auraient autrement disparu. Vu leur caractère totalement étranger à l'orthodoxie chrétienne, la préservation de ces textes est un véritable miracle. Les *Homélies Clémentines* commencent d'ailleurs par une adjuration de Pierre à Jacques insistant sur les précautions à prendre pour que son livre ne tombe dans des mains indiscrètes ou malveillantes.[15]

---

[12] Ne vous mettez pas tous à enseigner, mes frères [...] La langue, nul homme ne peut la dompter : fléau fluctuant, plein de poison mortel. (Jc 3.1-8)

[13] Les disciples dirent à Jésus :
Nous savons que tu nous quitteras ;
Qui se fera grand sur nous ?
Jésus leur dit : au point ou vous en serez, vous irez vers Jacques Le Juste,
Ce qui concerne le ciel et la terre lui revient. (Jean-Yves Leloup, *Évangile selon Thomas*, logon 12)

[14] Si vous ne célébrez pas le Shabbat comme un Shabbat,
Vous ne verrez pas le Père. (*Idem*, logon 27)
À noter cependant que dans le logon 53 Jésus prend ses distances vis à vis de la circoncision, les destinataires de cet évangile n'étaient donc pas Juifs.

[15] Je crois devoir te prier de ne communiquer les livres de ma prédication, que je t'envoie, à aucun homme de la gentilité [ce terme désigne les chrétiens qui ne sont pas d'ori-

Le profil doctrinal de ces livres est le suivant :
- Il n'y est jamais question de la crucifixion.
- Le péché originel n'est cité nulle part, la rédemption s'opère par la connaissance de la vérité. Jésus y apparaît comme prophète « illuminateur » mais non « rédempteur ».[16]
- Pierre se lamente et met Jacques en garde car il sent déjà qu'il sera *récupéré* par l'orthodoxie de Rome.[17]
- Jacques apparaît comme l'arbitre : il faut fuir les prédications qui ne lui ont pas été préalablement soumises.[18]
- La divinité de Jésus-Christ est très clairement niée :

Notre Seigneur [Jésus-Christ], répondit Pierre, n'a jamais dit qu'il existât des dieux en dehors du créateur de toutes choses, ni ne s'est lui-même proclamé Dieu.[19]

Suit une démonstration rigoureuse de l'impossibilité *logique* de l'existence d'une trinité divine dans laquelle Jésus-Christ serait l'égal de Dieu en toutes choses :

Dieu, n'étant borné d'aucun côté, à cause de cela il est dit infini ; et il est absolument impossible que le qualificatif d'infini ne lui appartienne pas en propre [...] puisqu'aucun autre être ne peut exister sans bornes comme lui. [...] *car il ne peut coexister deux êtres sans limites d'aucun côté, puisque l'un serait borné par l'autre.*[20]

On est stupéfait de la rigueur logique de ce raisonnement qui fait appel à la définition de l'infini telle qu'enseignée aujourd'hui à l'université. Dieu est infini, Son étendue et Son pouvoir ne connaissent aucune limite, aucune borne. Si Jésus était comme le proclame l'orthodoxie, « de même substance que Lui » et « Son égal en toutes choses », lui non plus ne connaîtrait aucune limite. On devrait alors logiquement en déduire que Dieu et Jésus-Christ sont confondus, « car il ne peut coexister deux êtres sans limites d'aucun côté ».

---

gine juive], ni à aucun homme de notre race avant de l'avoir éprouvé. (*Les Homélies Clémentines*, Lettre de Pierre à Jacques, p. 69)
Il doit être soumis à une épreuve de six ans au moins. (*Idem*, Engagement solennel, p. 73)

[16] *Les Homélies Clémentines*, Introduction, p. 56.
[17] [...] certains, venant de la gentilité, ont dénaturé le sens de mes paroles en vue de l'abolition de la Loi [...] pour adopter l'enseignement de l'homme ennemi [Paul] et ses bavardages. (*Les Homélies Clémentines*, Lettre de Pierre à Jacques, p. 70)
[18] Souvenez-vous de fuir tout apôtre, docteur ou prophète, qui n'aura pas auparavant soumis exactement sa prédication à Jacques. (Homélie XI, 35)
[19] *Les Homélies Clémentines*, Homélie XVI, 15-16.
[20] *Les Homélies Clémentines*, Homélie XVI, 17.

Mais en dehors de ces quelques écrits, et de ceux des hérésiologues (dont le principal est Épiphane de Salamine), il y a peu d'écrits reflétant la doctrine de l'Église Primitive et des églises qui lui ont succédé. Leur incompatibilité avec la toute puissante orthodoxie les désignait pour être systématiquement oubliés ou détruits.

Chapitre 3

Paul et les excès de la nouvelle orthodoxie

3.1 Un autre groupe de disciples

À côté de la communauté de Jacques qui voyait en Jésus un homme ordinaire apparaît très tôt un autre groupe de partisans de Jésus souvent appelés *Nazoréens* : des Juifs ayant interprété la réapparition de Jésus après la crucifixion comme un miracle qui était l'expression d'une faveur divine toute particulière, en quelque sorte une confirmation de tous les efforts que Jésus avait faits pour convaincre le peuple qu'il était le roi-messie qui sauverait le peuple juif, comme annoncé par les prophètes. C'est vraisemblablement parmi ces Nazoréens que devaient se trouver ceux que le livre des Actes des Apôtres désigne sous le nom d'Hellénistes, des Juifs de culture grecque. Il est surprenant que ces Hellénistes, bien que fervents disciples de Jésus, n'apparaissent nulle part dans les évangiles. Ce silence conduit à les situer parmi les disciples que Jésus a rassemblés autour de lui après la crucifixion, ces « plus de cinq cents frères à la fois »[1] cités par Paul dans sa 1re Épître aux Corinthiens.

L'entente des Hellénistes avec le groupe de Jacques est mauvaise : « Les Hellénistes se mirent à récriminer contre les Hébreux »[2] dit le Livre des Actes des Apôtres à propos d'une dispute sur le service à table, mais l'incompatibilité entre les deux groupes va beaucoup plus loin que le service à table. Chose très grave, les Hellénistes ne montrent aucune considération pour le Temple. Étienne, l'un de leurs chefs, conduit devant le tribunal qui doit le juger pour impiété, dit à ses juges à propos du Temple : « Le Très-Haut n'habite pas des demeures construites par la main des hommes » (Ac 7.48). Autrement dit, votre Temple est vide et n'est qu'un édifice de pierres sans signification.

Ainsi le Temple de Jérusalem, le Temple de Salomon, apparaît dès les tout débuts du christianisme comme un objet de désaccord irréconciliable entre les deux premiers groupes de chrétiens. Pour la communauté de

---

[1] 1 Co 15.4-7. Voir le chapitre 1.5.
[2] Ac 6.1. Ce terme de « Hébreux » sera souvent utilisé pour désigner les Juifs qui ont reçu l'enseignement de Jacques Le Juste ou de ses successeurs.

Jacques, on l'a vu, le Temple est un lieu de ralliement et de culte à caractère sacré, tandis qu'il est sans signification pour les émules des Hellénistes.

Comment les Hellénistes en sont-ils venus à rejeter le caractère sacré du Temple ? Il est facile d'imaginer que Jésus, dans ses discours à la foule après la crucifixion, n'ait pas ménagé le grand prêtre, responsable de son supplice et principal obstacle à son accession à la royauté. Or le Temple représentait toute la légitimité et l'autorité du grand prêtre et de la caste des Saducéens qui l'entouraient, ainsi que la principale source de leurs revenus. Alors que Jésus, avant la crucifixion, défendait le caractère sacré du Temple (il en chassait les marchands installés sur le parvis), après la crucifixion le rejet du Temple manifesté par les Hellénistes montre que Jésus avait probablement changé de discours.

Est alors désigné pour poursuivre ces chrétiens blasphémateurs un certain Saül de Tarse : « Saül ravageait l'Église ; il pénétrait dans les maisons, en arrachait hommes et femmes et les jetait en prison » (Ac 8.3). La persécution de Saül ne pouvait toutefois concerner que les émules des Hellénistes et certainement pas la communauté de Jacques qui, au contraire des Hellénistes, était très respectueuse du Temple et des impératifs de la religion juive, le clergé juif ne pouvait pas lui reprocher grand-chose.

Cependant, à force de harceler et d'interroger ces Hellénistes blasphémateurs, Saül est bientôt converti par eux.

3.2 La conversion de Paul

Saül a une vision de Jésus sur le chemin de Damas :

Saül, Saül, pourquoi me persécutes-tu ? […]
Je suis Jésus, c'est moi que tu persécutes. (Ac 9.4-5)

C'est ainsi que Saül, sous le nom de Paul, plus tard Saint Paul, se consacrera désormais à propager un discours qui deviendra la base de la doctrine chrétienne des siècles futurs. Les circonstances de la gestation de la nouvelle religion telle que la concevra Paul sont relatées dans son épître aux Galates :

[…] aussitôt, loin de recourir à aucun conseil humain, ou de monter à Jérusalem auprès de ceux qui étaient apôtres avant moi, je suis parti pour l'Arabie, puis je suis revenu à Damas. Ensuite, trois ans après, je suis monté à Jérusalem […]. (Ga 1.16-18)

Paul dit lui-même que, pendant trois ans, la gestation de la nouvelle religion s'est faite sans recours à aucun conseil humain ni même à celui des apôtres. La seule source dont disposait Paul était ce qu'il avait retenu des dires de ceux qu'il avait poursuivis et interrogés : ces habitants de Jérusalem qui avaient assisté à la réapparition de Jésus après la crucifixion.

Paul construit alors sa propre vision de la nouvelle religion : le péché d'Adam qui a conduit à sa chute, s'est reporté sur toute sa descendance. Quoiqu'ils fassent, le péché originel voue les hommes au mal et à la damnation éternelle. Mais Dieu a eu pitié des hommes et leur a envoyé Son fils Jésus porteur du message qui doit sauver l'humanité : seront sauvés ceux qui trouveront la foi en Jésus-Christ. Ces thèmes, inconnus de Jacques et des apôtres, formeront la base de la religion chrétienne dans les siècles futurs, de sorte qu'il ne faut pas s'étonner du fossé qui sépare la doctrine de l'orthodoxie chrétienne de la doctrine originelle de l'Église Primitive.

Après ces trois années de gestation, Paul décide de s'en aller prêcher *son* christianisme dans le monde grec, laissant la prédication chez les Juifs à Jacques et aux apôtres. C'était incontestablement le bon choix : la prédication de Paul connut immédiatement un grand succès chez les Grecs qui, à l'époque, dominaient culturellement et socialement tout l'Orient. Des années de prédication de Paul il nous reste essentiellement ses épîtres, aux Romains, aux Corinthiens, aux Galates, aux Ephésiens, etc., et le Livre des Actes des Apôtres rédigé plus tard par l'un de ses proches.

Quant aux relations de Paul avec Jacques et sa première communauté de Jérusalem, elles furent rares et courtes, la dernière lui fut même fatale. Selon ses dires, Paul ne rencontra Jacques et les apôtres que lors de trois courts séjours. Le premier, relaté dans son Épître aux Galates, fait état d'un séjour de quinze jours à Jérusalem où Paul ne rencontra que Pierre et Jacques, qu'il appelle *le frère du Seigneur*.[3] Le second séjour avait pour objet la solution du différend qui était intervenu au sujet des païens convertis par Paul : fallait-il leur imposer la circoncision ? Selon Paul, Jacques aurait alors décidé de n'imposer aucune condition autre que de « se souvenir des pauvres » (les pauvres étant les membres de l'Église de Jérusalem).[4]

Lors de son troisième séjour à Jérusalem, Paul tente de rassurer la communauté de Jacques sur son respect pour la religion juive, mais il semble qu'il n'y soit pas parvenu. Des Juifs, peut-être même issus de la communauté de Jacques, le dénoncent pour impiété et Paul est arrêté, mais comme il est citoyen romain il obtient d'être transféré à Rome pour y être jugé. Il vivra encore plusieurs années dans cette ville, répandant chez les Romains sa conception de la nouvelle religion qui fera dès lors des progrès rapides dans la capitale de l'Empire.

---

[3] Ensuite, trois ans après je suis monté à Jérusalem pour faire la connaissance de Céphas [Pierre] et je suis resté quinze jours auprès de lui sans voir cependant aucun autre apôtre, mais seulement Jacques, le frère du Seigneur. (Ga 1.18-19)

[4] Ga 2. Les mêmes circonstances font l'objet du chapitre 15 du Livre des Actes des Apôtres, la décision de Jacques y est un peu différente.

3.3 Paul, le premier hérétique

Mais à l'époque, face à l'autorité reconnue du frère de Jésus parmi les premiers chrétiens, il est incontestable que Paul fut le premier hérétique de l'histoire du christianisme ! Paul pousse en effet l'impiété bien plus loin que ne l'avaient fait les Hellénistes : alors que ceux-ci rejetaient la valeur emblématique du Temple, c'est la légitimité même de la Loi juive que conteste Paul. Soumis au péché originel, l'homme est incapable de sauver son âme par lui-même. Même une vie de perfection morale selon la Loi juive ne peut rien pour lui. Dans la nouvelle religion de Paul seule la foi en Jésus-Christ peut sauver l'homme : « hors de l'Église pas de salut » dira-t-on plus tard. Pire encore, Paul va jusqu'à dire que la foi en Jésus-Christ rend la Loi juive obsolète, il dissuade ses fidèles de suivre la Loi des Juifs :

> Nous savons que l'homme n'est pas justifié par les œuvres de la Loi, mais seulement par la foi en Jésus-Christ. (Ga 2,16)

> Nous estimons que l'homme est justifié par la foi, indépendamment des œuvres de la Loi. (Rm 3,28)

> Si vous vous faites circoncire, Christ ne vous servira plus de rien [...], vous avez rompu avec Christ, si vous placez votre justice dans la Loi. (Ga 5.2-4)

Jacques rentre alors dans une grande colère. Il ne comprend pas le sens que donne Paul à « la foi en Jésus-Christ ». Jacques ne peut imaginer qu'une *foi* en son frère puisse avoir plus de poids qu'une vie de perfection morale selon la Loi. Jacques perçoit le discours de Paul comme une grave déviation du message de Jésus.

> À quoi bon, mes frères, dire qu'on a la foi, si l'on n'a pas [la pureté dans] les actes. [...] De même la foi qui n'aurait pas d'œuvres [qui ne serait pas accompagnée par la pureté des actes] est morte dans son isolement. [...] La foi est inopérante sans [la pureté dans] les actes. Etc. (Jc 2.14-20)

Paul a aussi une autre vision du rapport avec les pauvres. Alors que Jacques tient un long discours (en Jc 2.1-13) pour défendre la dignité des pauvres, qui ont droit au même respect que n'en reçoivent les riches, Paul ne parle pratiquement pas des pauvres[5]. Cela ne témoigne aucunement d'un mépris pour eux, simplement, n'ayant jamais connu Jésus, et très peu les apôtres, cet aspect du discours de Jésus ne lui est pas parvenu.

Toutefois, le principal désaccord entre Paul et Jacques a trait à la personne même de Jésus. Comme on l'a vu, Jacques considérait son frère Jésus comme simplement un homme. Il en va tout différemment pour Paul.

---

[5] Dans le discours de Paul les pauvres sont ou bien les fidèles de la communauté de Jacques à Jérusalem, ou parfois aussi ceux qui sont « pauvres dans la foi ».

Paul fait de Jésus le « fils de Dieu » dont le sacrifice sur la croix a racheté le péché originel qui afflige tous les hommes. La filiation divine de Jésus devient alors le fondement de la nouvelle religion prêchée par Paul.

Mais qu'entend Paul par « fils de Dieu » ? À plusieurs reprises, comme vu plus haut, il fait descendre Jésus « par la chair » de la lignée du roi David[6], ce qui implique bien évidemment que Paul considérait Jésus comme le fils « par la chair » de son père Joseph, qui était considéré lui aussi comme étant d'ascendance davidique. Sans doute faut-il trouver l'explication de cette contradiction dans un autre extrait de l'Épître aux Romains : « Ceux-là sont fils de Dieu qui sont conduits par l'Esprit de Dieu » (Rm 8.14). Pour Paul, la filiation divine de Jésus-Christ serait donc d'ordre spirituel, et le miracle de sa résurrection correspondrait à une sorte « d'adoption »[7] par Dieu, en signe de mansuétude vis-à-vis de l'humanité pécheresse. Les hommes recevront le pardon du péché originel qui les accable depuis la chute d'Adam, à condition qu'ils reconnaissent et honorent Son fils Jésus, et qu'ils acceptent le message qu'Il lui a confié. La présence sur terre du « fils de Dieu » est la bonne nouvelle (traduction du mot évangile) que Paul annonce à tous mais qu'il va en priorité porter chez les Gentils, c'est-à-dire chez les non Juifs. Apparaît alors la rumeur d'un Jésus qui serait à proprement parler le fils de Dieu, dans toute l'acceptation du terme.

Que s'est-il passé ? Comment le Jésus de Paul, issu « par la chair » de la lignée du roi David, s'est-il transformé en un véritable « fils de Dieu », fruit d'une conception miraculeuse par l'Esprit Saint ? Il se fait que Paul ne présente pas toujours Jésus de la même manière. Lorsqu'il s'adresse à des Juifs, dans son Épître aux Romains ou à Antioche de Pisidie, Paul donne à Jésus une légitimité davidique acquise « par la chair », ce qui implique que Jésus soit le fils de Joseph. Mais il en va tout autrement dans les épîtres où Paul s'adresse à ses catéchumènes non Juifs : aux Corinthiens, aux Galates, aux Ephésiens, etc., en majorité de culture grecque. Aux non Juifs Paul présente Jésus comme le fils de Dieu … sans plus. Il ne dit pas un mot de la lignée du roi David.

Dès lors un doute apparaît : Paul s'est-il donné la peine d'expliquer à son public de culture grecque la promesse de Dieu, et le rôle du *roi-messie* tel qu'annoncé dans la Bible juive ? Leur a-t-il parlé des ancêtres *par la chair* de Jésus ? Il est permis de penser que Paul ne s'est pas donné cette peine. On peut le comprendre, ces prophéties bibliques juives n'avaient pour les Grecs aucun sens. Ces Grecs devaient avoir aussi quelque difficulté à pénétrer le sens d'une filiation divine limitée au domaine spirituel, alors que dans leurs propres mythes les histoires abondent où les Dieux

---

[6] Voir ci-dessus au chapitre 1.1.
[7] D'où le nom « d'adoptianisme » donné à cette foi qui est devenue par la suite une grave hérésie.

concevaient *selon la chair* des fils avec des mortelles. Quoiqu'il en soit, chez les nouveaux chrétiens de culture grecque apparaît bientôt la croyance en la naissance véritablement divine de Jésus, dont Dieu serait ainsi le père *biologique*.

3.4 La colère de Jacques

L'idée que son frère Jésus puisse être considéré comme divin et, pire encore, comme le *fils de Dieu*, quelle que soit la signification que l'on donne à ce terme, est tout à fait inacceptable pour Jacques qui envoie ses apôtres sur les traces de Paul pour corriger sa prédication. Paul en éprouve à son tour une grande colère dont on trouve les échos dans plusieurs de ses épîtres : il compare ces perturbateurs à Satan, il les traite de faux apôtres ou, par dérision, de super apôtres, il les accuse de prêcher *un autre Jésus*, un *autre évangile*, etc. :

> Si le premier venu vous prêche un autre Jésus que celui que nous avons prêché, [...] ou un autre évangile [...], vous le supportez fort bien. J'estime pourtant n'avoir rien de moins que ces super-apôtres. (2 Cor 11.4)

> Ces gens là sont de faux apôtres, des faussaires camouflés en apôtres du Christ. Satan lui-même se camoufle en ange de lumière. (2 Cor 11.13)

> J'admire avec quelle rapidité vous vous détournez de celui qui vous a appelés par la grâce du Christ, pour passer à un autre évangile. Non pas qu'il y en ait un autre, il y a seulement des gens qui jettent le trouble parmi vous et qui veulent renverser l'Évangile du Christ. (Ga 1.6-7)

> Etc.[8]

Paul se sentait sans doute en état d'infériorité vis-à-vis des apôtres de la communauté de Jacques dans la mesure où lui-même n'avait jamais connu Jésus, et qu'il avait dans le passé persécuté des chrétiens. Dès lors le terme de « super-apôtres » dans la bouche de Paul exprime de la dérision, mais sans doute aussi un certain dépit vis-à-vis des *vrais apôtres* de la communauté de

---

[8] Car nous n'avons pas l'audace de nous égaler ou de nous comparer à certaines gens qui se recommandent eux-mêmes ; en se prenant eux-mêmes comme unité de mesure ou de comparaison, ils perdent la tête. (2 Cor 10.12)
Ils sont Hébreux ? moi aussi ! Israélites ? moi aussi ! [...] Ministres du Christ ? Je vais dire une folie, moi bien plus. (2 Cor 11.22)
Car je n'ai rien eu de moins que ces super-apôtres, bien que je ne sois rien. (2 Cor 12.11)
L'empressement qu'on vous témoigne n'est pas de bon aloi ; ils veulent seulement vous détacher de moi pour devenir eux-mêmes l'objet de votre empressement. (Ga 4.17)
Si pour d'autres, je ne suis pas apôtre, pour vous au moins je le suis. (1 Cor 9,2)

Jacques. Ce conflit entre Paul et les apôtres gêne l'Église. La *Traduction Oecuménique de la Bible*, dans son introduction à la 2e Épître aux Corinthiens, laisse entendre que ces perturbateurs ne viendraient pas de la communauté des apôtres. Pourtant, une vingtaine d'années seulement après la disparition de Jésus, il ne peut y avoir de doute : les termes utilisés par Paul, de « Hébreux » ou de « super-apôtres », ne pouvaient désigner que les apôtres de la communauté de Jacques, ou leurs envoyés.

3.5 Le *judéo-christianisme*, un terme ambigu

L'Église n'a jamais cherché à clarifier ce terme qui évoque les premières croyances du christianisme naissant, auxquelles l'orthodoxie chrétienne devra faire face tout au long de son histoire. Parfois le mot « judéo-christianisme » désigne spécifiquement la foi des chrétiens qualifiés de Hébreux, qui ont reçu l'enseignement du frère de Jésus, parfois il désigne la foi de l'ensemble des chrétiens d'origine juive, et ce en dépit des grandes différences doctrinales qui les séparent. Et l'ambiguïté de ce terme sera encore amplifiée par le fait que les différentes doctrines judéo-chrétiennes seront enseignées à des non Juifs qui, faute d'une dénomination adéquate, seront aussi qualifiés de « judéo-chrétiens », bien qu'ils ne soient pas d'origine juive.

Toutefois, parmi tous ces judéo-chrétiens, ceux qui acceptent le miracle de la résurrection de Jésus, souvent appelés « Nazoréens », proches des Hellénistes ou de Paul, seront bien plus enclins à accepter la nouvelle orthodoxie des Grecs et plus tard de Rome, que les judéo-chrétiens proches de l'Église Primitive du frère de Jésus, que l'on pourrait qualifier de « radicaux » et qui resteront à jamais opposés à l'orthodoxie de la Grande Église, en particulier à la filiation divine de Jésus-Christ.

3.6 L'impossible tâche des rédacteurs des évangiles

Ce nouveau christianisme qui s'est développé dans le monde grec ne pouvait cependant pas se passer de ses origines juives. Dans ces temps-là les mérites d'une religion étaient à la mesure de son antiquité. À défaut de pouvoir faire état de racines plongeant dans la vénérable religion juive, la nouvelle religion chrétienne aurait été comptée parmi les nombreux cultes plus ou moins éphémères qui fleurissaient dans le monde gréco-romain. Il était donc indispensable d'ancrer le christianisme dans la Bible juive, qui reçut le nom d'Ancien Testament. Mais le principal, si pas le seul lien avec la Bible juive est l'ascendance davidique de Jésus, assortie des prophéties bibliques annonçant la venue d'un roi-messie issu de la lignée du roi David, qui « sauverait » le peuple juif. Dès lors, la tâche des rédacteurs des évangiles devenait un véritable tour de force. Il était indispensable de conserver les témoignages d'un Jésus roi des Juifs descendant légitime du roi David, mais il fallait aussi rendre ce Jésus-là compatible avec le Jésus des Grecs, fils de Dieu, fruit d'une naissance divine miraculeuse, non plus seulement sauveur *politique* du peuple juif mais sauveur *moral* de l'humanité toute entière confrontée au péché originel.

Il fallait donc conserver l'essentiel de la version originelle de l'Évangile de Matthieu qui, comme on l'a vu, plongeait ses racines dans les évangiles issus de la tradition de Jacques : la généalogie davidique de Jésus, la naissance de Jésus à Bethléem, l'adoration des rois mages, la panique du roi Hérode et le massacre des innocents, la prophétie liée à l'entrée triomphale de Jésus *monté sur un âne*, la cérémonie de l'onction royale, etc. Mais il fallait aussi corriger ce même évangile en y introduisant les fondements de l'orthodoxie gréco-romaine : l'annonce faite à Joseph de la naissance divine de Jésus, la résurrection de Jésus, l'annonce des pouvoirs divins de Jésus, et la transmission de ces pouvoirs divins aux apôtres et en particulier à Pierre, la culpabilité éternelle du peuple juif[9], etc. Il n'est donc pas étonnant que l'Évangile de Matthieu, le premier évangile, apparaisse comme un véritable patchwork dépourvu de toute cohérence doctrinale.

L'Évangile de Marc est plus cohérent. Très prudemment cet évangile ne parle pas de l'origine ni de la naissance de Jésus, et pose donc moins de problèmes de compatibilité avec l'orthodoxie future.

Quant à l'Évangile de Luc, qui était un proche de Paul, il n'élude pas les difficultés inhérentes à l'ascendance davidique de Jésus ni celles de sa vocation *royale*, mais il a apparemment pour objectif d'introduire la confusion en discréditant les éléments apportés par l'Évangile de Matthieu. Luc donne une généalogie de Jésus depuis le roi David, résolument différente de celle de Matthieu, tant par le nombre des ancêtres que par leurs noms. Chez Matthieu les rois mages viennent rendre hommage « au roi des Juifs qui vient de naître ». Chez Luc cette scène se transforme en une simple adoration par de pauvres bergers qui reçoivent de l'ange l'annonce de la naissance « d'un Sauveur qui est le Christ Seigneur ». Il n'est plus question « du roi des Juifs qui vient de naître ». Le massacre des innocents, qui témoigne de la peur du roi Hérode devant la naissance d'un futur roi des Juifs, est absent de l'Évangile de Luc. Lors de l'entrée triomphale de Jésus dans Jérusalem, assis sur un âne, Luc s'abstient de citer les versets de Zacharie qui sont présents chez Matthieu (« fille de Sion, ton roi vient à toi, humble, monté sur un âne »). Chez Luc cette

---

[9] Nous prenons son sang sur nous et nos enfants. (Mt 27.25)

entrée triomphale de Jésus perd ainsi tout caractère royal. Quant à la cérémonie de l'onction *royale* de Jésus qui chez Matthieu et Marc est entourée d'une certaine solennité, elle se trouve chez Luc transformée en un simple lavage de pieds.[10] Matthieu et Marc citent aussi les noms des frères de Jésus alors que Luc s'en abstient.

Ces trois premiers évangiles, de Matthieu, Marc et Luc, forment néanmoins un ensemble relativement homogène, on les appelle évangiles synoptiques. Le cas du quatrième évangile est différent. Attribué à l'apôtre Jean, il est tardif et daterait au plus tôt de la fin du 1er siècle, soit au moins 30 ans après la première rédaction des autres évangiles.

Dans cet évangile Jésus n'est plus le Jésus des débuts, sa divinité est clairement affirmée ainsi que son rôle de *Sauveur du monde*[11], bien différent de celui de *Sauveur de son peuple* [juif] que lui donnait l'Évangile de Matthieu. Il n'est fait aucune mention de son statut royal ni de son ascendance davidique.

Alors que dans les trois évangiles synoptiques la prédication de Jésus s'inscrit à l'intérieur de la religion juive, dans l'Évangile de Jean Jésus ne se considère plus comme Juif et n'est plus considéré comme tel : le peuple juif le rejette lui et ses disciples. Mais surtout la prédication de Jésus donne lieu à de longs discours où transparaît déjà la *nouvelle orthodoxie* des Grecs issue de la prédication de Paul : Jésus se présente comme « le fils unique de Dieu » (sans toutefois préciser ce qu'il entend par ces mots), il a reçu de son Père le pouvoir de juger les hommes et celui qui croit en lui recevra la vie éternelle. « Moi et le Père nous sommes Un » dit encore Jésus, paroles qui annoncent déjà la doctrine de l'identité de substance, qui fera polémique deux siècles plus tard.

On trouve aussi chez Jean que Jésus existait avant Abraham, ce qui fait de lui un être deux fois supra-humain : non seulement il est le fils de Dieu mais il existait déjà avant sa conception par l'Esprit Saint, une idée nouvelle. Ces longs discours attribués à Jésus dans cet évangile annoncent les traités d'apologétique des premiers pères de l'Église, qui apparaîtront cinquante ans plus tard. De ce point de vue on ne peut pas considérer l'Évangile de Jean comme un évangile des débuts.

Pourtant, en dépit de ces profondes différences avec les évangiles synoptiques, l'Évangile de Jean donne des détails particulièrement précis et crédibles sur les événements qui ont entouré la prédication, le procès et la crucifixion de Jésus, détails qui ne peuvent avoir été introduits que par un témoin direct des événements.

---

[10] Apportant un flacon de parfum en albâtre [...] elle se mit à baigner ses pieds de larmes [...] et répandait sur eux du parfum. (Lc 7.37-38).

[11] Jn 4.42, à comparer à Mt 1.21.

Certaines circonstances relatées par l'Évangile de Jean sont ainsi d'une importance capitale pour expliquer la résurrection de Jésus et pour montrer l'intérêt que portait Pilate à sa destinée royale, élément clé de sa survie. Seul l'Évangile de Jean mentionne le fait essentiel que les soldats n'ont pas cassé les tibias de Jésus.[12] L'Évangile de Jean fait dire à Pilate, face à la foule : « voici votre roi, [...] Me faut-il crucifier votre roi ? ». Ces paroles témoignent de l'intérêt que portait Pilate à préserver la vie de Jésus tout en le présentant comme un possible futur roi[13]. Seul l'Évangile de Jean mentionne la colère du grand prêtre devant le texte du panneau « Jésus de Nazareth roi des juifs », écrit en latin, grec et araméen, et placé sur la croix par Pilate. Le grand prêtre se fâche : « N'écris pas – le roi des Juifs –, mais bien – cet individu a prétendu qu'il était le roi des Juifs », et Pilate lui répond sèchement « Ce que j'ai écrit, je l'ai écrit ».[14] Pilate montrait ainsi au grand prêtre qu'il envisageait favorablement la royauté de Jésus.

Cet évangile est donc difficile à classer : selon la lecture que l'on en fait, il peut être considéré comme le premier écrit apologétique de la future orthodoxie, ou au contraire comme l'évangile qui contient les éléments conduisant à mettre en doute les fondements mêmes de cette orthodoxie. Il est probable qu'un témoin direct des événements, peut-être l'apôtre Jean lui-même ou un autre membre de la première communauté des apôtres, ait contribué à une première version de cet évangile, qui aurait été par la suite substantiellement transformé pour correspondre à la nouvelle orthodoxie née dans le monde grec au tournant du 2e siècle.

3.7 L'envol de la nouvelle orthodoxie

Après la mort de Jacques sa communauté quitte Jérusalem pour s'installer à Pella. Ce départ mettait ses fidèles à l'abri de la répression des Romains, mais laissait la place libre aux rumeurs d'un Jésus divin portées par les émules des Hellénistes et par les *Gentils* (c'est-à-dire les non Juifs ayant reçu l'enseignement de Paul). Forte de la suprématie sociale et culturelle du monde gréco-romain, cette nouvelle compréhension du message et de la personne de Jésus deviendra rapidement majoritaire au sein de la

---

[12] Dans Jn 19.33. Voir le chapitre 1.4.
[13] Jn 19.13-14. L'Évangile de Marc va dans le même sens mais les paroles de Pilate sont moins directes : il présente Jésus comme « celui que vous appelez le roi des Juifs ».
[14] Voir le chapitre 1.4.

nouvelle religion. La doctrine qui en sera issue formera ce qu'on appellera désormais *l'orthodoxie*.[15]

Mais celle-ci se lancera bientôt dans une spéculation théologique qui l'éloignera encore de ses origines juives. Sans doute les chrétiens grecs ont-ils très tôt senti la nécessité d'élever la divinité de Jésus au-dessus de celle, par exemple d'un Apollon qui, lui aussi, était « fils de Dieu » (fils de Zeus et de Leto). On dira que Jésus, engendré par l'Esprit Saint, existait déjà avant sa conception, qu'il fut le premier être créé par Dieu, avant même la création du monde puis, de fil en aiguille, qu'il n'a pas été créé du tout et qu'il existait de toute éternité comme Dieu son Père. Quant aux prophéties de l'Ancien Testament, annonçant la naissance d'un roi issu de la lignée de David, elles seront transformées par les théologiens. On parlera désormais du « projet de Dieu » d'envoyer sur terre Son fils pour racheter par son sacrifice le péché originel des hommes qui auront foi en lui et en son message. Le mot « messie », littéralement « celui qui a reçu l'onction royale », désignera désormais « l'envoyé de Dieu ». Dès le 2e siècle la majorité des textes qui nous sont parvenus montrent que la doctrine d'un Jésus fils de Dieu était répandue, sous une forme ou une autre, dans la plupart des communautés chrétiennes appartenant au monde culturel grec et bientôt romain.

On peut cependant mettre en doute la pénétration réelle de cette doctrine dans la mesure où, au 4e siècle, une partie importante des élites chrétiennes d'Orient n'aura aucune difficulté à revenir à une conception bien plus « humaine » de Jésus et donc proche de la doctrine primitive. Un doute subsiste également sur la pénétration de la nouvelle orthodoxie dans les provinces éloignées des rives de la Méditerranée, là où la culture grecque avait moins pénétré : en Haute Égypte, en Syrie et sur les rives de l'Euphrate, le long du Danube, en Perse, etc.

Quoiqu'il en soit, au 3e siècle, la spéculation théologique sur la divinité de Jésus atteindra de nouveaux sommets. Même éternel et incréé, Jésus devait encore se contenter d'un strapontin à la droite de Dieu d'où il pouvait tout au plus intercéder pour les malheureux pécheurs que nous sommes. Or, selon la doctrine du péché originel, Jésus-Christ est le « Sauveur » qui a le pouvoir d'accorder la vie éternelle à ceux qui croient en lui. Ce statut était peu compatible avec la subordination de Jésus à son Père. On attribua dès lors à Jésus tous les pouvoirs de Dieu, ce qui se traduisit par l'introduction dans l'Évangile de Matthieu d'une parole de Jésus qui

---

[15] Le mot *orthodoxie* fait ici référence à l'ensemble des doctrines des Églises chrétiennes telles qu'elles existent aujourd'hui. Il n'a ici, ni plus loin dans ce livre, aucun rapport avec le nom d'orthodoxe que se donne le christianisme aujourd'hui pratiqué en Grèce, en Russie et dans d'autres pays d'Europe orientale. Il faut remarquer cependant que la doctrine dont ces Églises dites orthodoxes se prévalent est en réalité très proche, voir pratiquement la même, que celle des Églises catholique et protestantes.

manque singulièrement d'humilité : « Tout pouvoir m'a été donné, au ciel comme sur la terre ». (Mt 28.18)

Restait pour l'Église de Rome à récupérer à son profit ces pouvoirs divins de Jésus-Christ. On fit en sorte qu'avant de disparaître, Jésus transmette ses pouvoirs aux apôtres. Cette cérémonie de passation de pouvoir est présente dans tous les évangiles. C'est ainsi qu'on trouve dans l'Évangile de Matthieu la phrase célèbre par laquelle Pierre hérite de tous les pouvoirs de Jésus-Christ, et donc de ceux de Dieu lui-même :

> Tu es Pierre et sur cette Pierre je bâtirai mon église [...]. Je te donnerai les clefs du royaume des cieux ; tout ce que tu lieras sur la terre sera lié aux cieux, et tout ce que tu délieras sur la terre sera délié aux cieux. (Mt 16.18-19)

À l'origine la présence de Pierre à Rome avait été revendiquée par les judéo-chrétiens de cette ville, peut-être dans le but de donner à leur communauté un fondateur de poids équivalent à celui de Paul.[16] Mais ce mythe fut ensuite récupéré par l'Église, ce qui lui permettra dorénavant de dire que l'évêque de Rome a hérité à travers Pierre de tous les pouvoirs de Jésus-Christ, et donc de ceux de Dieu lui-même, avec à la clé le pouvoir de désigner ceux qui auront accès au royaume de Dieu et surtout, car c'est là l'important, de désigner ceux qui n'y auront pas accès.

Cette récupération de Pierre par l'orthodoxie laissera toutefois un souvenir amer chez les chrétiens proches de l'ancienne foi. Divers textes font état des frustrations des judéo-chrétiens de Rome à ce sujet.[17]

3.8 Un dogme trop loin, l'identité de substance

Le 3ᵉ siècle avait vu les chrétiens subir des persécutions encore pires que celles du siècle précédent. Les persécutions des empereurs Dèce entre 249 et 251, et Valérien entre 253 et 260 avaient fait un grand nombre de malheureuses victimes, mais le revirement en faveur des chrétiens de la part de Gallien, fils et successeur de Valérien, avait montré une fois de plus que les persécutions n'entravaient en rien les progrès de la nouvelle religion. Bien au contraire, elles provoquaient dans le peuple un sentiment

---

[16] Cette présence de Pierre à Rome est très peu probable (le Livre des Actes n'en dit pas un mot). Néanmoins ce mythe est à la base du livre des Homélies Clémentines. (Voir le chapitre 2.6)

[17] Ainsi ce passage des Homélies Clémentines déjà cité où Pierre se lamente car ses paroles sont travesties (voir le chapitre 2.5) : « Et c'est de mon vivant même que quelques-uns ont tenté [...] de dénaturer le sens de mes paroles en vue de l'abolition de la Loi [...]. Si donc de mon vivant, on ose proférer de tels mensonges, combien plus oseront entreprendre ceux qui viendront après moi. » (*Homélies Clémentines*, Lettre de Pierre à Jacques, p. 70)

d'admiration et de respect qui remplaçait peu à peu le sentiment de rejet qu'avaient longtemps inspiré ces gens bizarres qui se distinguaient du reste de la société. C'est alors que l'évêque de Rome prend une importance croissante qui fera bientôt de Rome la première capitale du christianisme, dépassant ainsi Alexandrie et Antioche qui, jusqu'alors, s'étaient disputées la prééminence.

Pourtant la divinité de Jésus laissait un problème important à résoudre : le christianisme était-il encore une religion monothéiste ? Jésus, éternel et incréé, ayant reçu les mêmes pouvoirs que Dieu, et s'étant affranchi de toute subordination à Son égard, devenait en effet Son égal en toutes choses. Certains dirent que Dieu et Jésus-Christ étaient en réalité une seule et même personne, que Dieu avait habité le corps de Jésus-Christ pour transmettre aux hommes Son message. L'idée que les hommes auraient crucifié Dieu en personne parut inacceptable à la majorité et l'Église fit un petit pas en arrière. On dit que Dieu et Jésus-Christ étaient deux personnes différentes, mais de « même substance ». Cette théologie *de l'identité de substance* fait rapidement son chemin au sein de l'orthodoxie romaine. Pourtant son succès est plus fragile qu'il n'y paraît, et le christianisme se dirige vers la plus grande crise qu'il ait connue au premier millénaire qui, cette fois, ne proviendra pas de forces ni de dangers extérieurs, mais bien d'irréconciliables dissensions internes au sujet de la divinité de Jésus-Christ.

CHAPITRE 4

La réaction, le christianisme de la « Géométrie »

4.1 Le christianisme de la raison

La doctrine de l'identité de substance, qui donne à Jésus-Christ un statut égal à celui de Dieu son Père, ne fait pas l'unanimité, y compris au sein même de l'orthodoxie, car en élevant Jésus-Christ au niveau de Dieu on ne pouvait éviter de rabaisser Dieu au niveau de Jésus-Christ, et le statut de monarque unique dont jouissait le Dieu de l'Ancien Testament en sortait fortement diminué. Naît alors le besoin d'un retour aux sources.

La première faille dans l'orthodoxie apparaît lors d'un retournement politique qui touche la Syrie dans la 2e moitié du 3e siècle. Au centre de la Syrie le royaume de Palmyre, colonie romaine depuis les conquêtes de Pompée, sut toujours maintenir une certaine indépendance vis-à-vis de Rome. Vers l'an 260, par une suite de circonstances, le roi de Palmyre se trouva en position de défier Rome et de proclamer son indépendance. C'est ainsi que la ville d'Antioche, l'une des deux capitales du christianisme à l'époque, tomba sous le pouvoir du roi de Palmyre puis sous celui de la reine Zénobie qui avait succédé à son mari. En 261, le roi de Palmyre fait élire Paul de Samosate comme évêque à Antioche. Samosate était une ville de culture araméenne située sur l'Euphrate où était sans doute resté vivace, à l'écart des doctrines hellénisantes, le message originel du christianisme. Paul de Samosate proclame que Jésus-Christ n'est pas divin. Ses opposants décident aussitôt de réunir à Antioche un synode qui jugera cet évêque, mais les tensions devaient être vives, car ce n'est que 7 années plus tard en 268, que Paul de Samosate fut finalement condamné. Il resta néanmoins en place jusqu'en 272, date de la reconquête par les Romains.

Mais son départ ne mit pas fin aux difficultés de l'orthodoxie à Antioche. Quelques années plus tard un théologien d'envergure, du nom de Lucien d'Antioche (240-312), met en question la méthode même sur laquelle s'était bâtie l'orthodoxie. L'élaboration de la doctrine chrétienne s'était en effet appuyée sur une lecture dite « allégorique » du Nouveau Testament, qui consistait à rechercher dans les textes sacrés le message *caché* que Dieu avait voulu y introduire.¹ Cette approche allégorique, privilégiée à Alexandrie, permettait d'attribuer aux mots le *sens caché* qui convenait le mieux à l'orthodoxie, ce qui lui permettait de s'éloigner sensiblement de la lettre des textes sacrés et d'éluder les difficiles problèmes que posaient les contradictions entre sa doctrine et le Nouveau Testament.²

Lucien d'Antioche proclame au contraire que le Nouveau Testament représente l'expression *littérale* du message divin, et que ce message doit être lu tel qu'il a été écrit. En conséquence, dit Lucien, le message porté par les Écritures devient accessible à tout homme, sans l'aide de l'Église, avec comme principaux outils pour l'interpréter, la *raison humaine* et sa fille, la simple *logique*. La priorité donnée par l'école d'Antioche à la raison et à la logique lui a valu le qualificatif de « aristotélicienne » (Aristote est le fondateur de la logique rationnelle), alors que l'idéalisme de Platon, qui mettait le raisonnement philosophique au service d'un monde transcendant religieux, était privilégié par l'école rivale d'Alexandrie et par l'orthodoxie romaine. Jacques Zeiller, un spécialiste de l'histoire du christianisme dans l'antiquité, décrit la doctrine de Lucien d'Antioche comme exprimant une théologie rationaliste visant à la rigueur logique :

> Toute la divinité est dans le Père, lui seul est vraiment Dieu […]. Seulement, dit encore Jacques Zeiller, rejeter la divinité absolue du Verbe [c'est-à-dire de Jésus-Christ], c'était faire disparaître la croyance centrale du christianisme.³

On comprend dès lors la raison d'être du dogme : si comme le laisse entendre Jacques Zeiller, la raison et la logique sont incompatibles avec la croyance centrale du christianisme, Rome a forcément été amenée à s'en remettre au dogme et à se retrancher derrière ce qu'on appellera désormais les « mystères de la foi ». Cette attitude permettait aux affirmations de l'orthodoxie d'échapper au raisonnement logique et philosophique.

Cette école d'Antioche fut immédiatement perçue par l'orthodoxie comme particulièrement dangereuse. En donnant à chacun la liberté de lire les textes sacrés selon sa propre raison, elle retirait en effet à l'Église la

---

[1] Pour le théologien alexandrin, la Bible est tout entière inspirée par Dieu. Le moindre mot, le moindre récit figurant dans un texte répond à une intention divine, qu'il s'agisse d'une parole du Christ ou d'une généalogie. Ligne après ligne, l'interprète cherchera à découvrir le sens que Dieu a assigné au texte. Et ce sens devra être de bout en bout digne de Dieu, puisque c'est lui qui a inspiré l'Écriture. (*Aux Origines du Christianisme*, chapitre 58, p. 500)

[2] Un exemple de cette méthode allégorique est donné au chapitre 1.1. Pour expliquer la contradiction entre les textes qui font descendre Jésus du roi David et la doctrine qui fait de Jésus le fils de Dieu, Eusèbe de Césarée dans ses *Questions Évangéliques* donne l'explication que Dieu avait voulu *cacher* aux hommes la vraie nature de Jésus car ceux-ci ne l'auraient pas cru.

[3] Jacques Zeiller, *Les origines chrétiennes dans les provinces danubiennes de l'Empire romain, p. 223-224.*

prérogative d'interpréter ces textes à sa manière et donc de juger si la foi d'un chrétien était *conforme*, avec à la clé le pouvoir sur le salut de son âme.

Mais une autre raison était tout aussi grave car, disait Lucien d'Antioche, l'exégèse rigoureuse des textes sacrés conduisait à devoir rejeter la divinité de Jésus-Christ.[4] Ainsi, ce *christianisme de la raison* mettait à mal tout l'édifice de l'orthodoxie que la réflexion théologique avait mis deux siècles à construire. Dès lors l'Église de Rome, faisant usage des pouvoirs que les empereurs Constantin, puis Théodose, allaient lui apporter, fit en sorte que disparaissent pratiquement tous les écrits de cette école. L'Église refusa aussi à Lucien d'Antioche, malgré sa mort en martyre, le privilège de figurer sur la liste des *Pères de l'Église*, avec pour conséquence qu'il fut, et est toujours, pratiquement ignoré par les auteurs chrétiens.[5]

Pourtant, à l'époque, cette théologie de Lucien d'Antioche connut un succès immédiat en Orient, car elle reposait à la fois sur une connaissance approfondie des Écritures, et sur la pensée rationnelle et le positivisme chers à la philosophie grecque dont les élites d'Orient étaient encore imprégnées.[6] Ainsi, en ce début de 4e siècle, entre l'Occident romain, qui proclamait l'identité de substance entre Dieu et Jésus-Christ, et l'Orient où de nombreux et importants évêques y étaient résolument opposés, le conflit devenait inévitable.

4.2 Arius et la crise « arienne »

La crise éclate à Alexandrie. L'Égypte, dont l'antique religion était à bout de souffle, fut d'emblée le pays le plus réceptif au christianisme. L'évangile lui fut apporté par des chrétiens Juifs venus de la Jérusalem toute

---

[4] Sa théologie semble avoir comporté une théologie restrictive où la divinité du Christ n'était pas admise. (*Histoire des Religions II – Le christianisme jusque 325*, Etienne Trocmé, p. 325)

[5] Pour être reconnu comme Père de l'Église il fallait satisfaire à 4 critères :
– doctrina orthodoxa
– approbatio ecclesiae
– sanctitas vitae
– antiquitas.
Seuls les auteurs qui y satisfaisaient avaient droit à l'intérêt des historiens et à ce que leurs œuvres soient conservées. Du fait de sa mort en martyre Lucien d'Antioche satisfaisait largement aux deux derniers critères, mais l'Église de Rome, considérant que sa doctrine n'était pas « orthodoxa », ne lui donna jamais son indispensable « approbatio ecclesiae ».

[6] Lucien d'Antioche eut des élèves nombreux et distingués, qui occupèrent à la fin du 3e et au début du 4e siècle des postes ecclésiastiques de premier plan dans tout l'Orient. Les sièges épiscopaux de Nicomédie, la capitale impériale, de Chalcédoine, de Nicée, de Tarse, d'Antioche et de la plupart de ceux de Palestine, comptèrent des disciples de Lucien parmi leurs principaux titulaires à cette époque. (*Histoire des Religions II – Le christianisme jusque 325*, Etienne Trocmé, p. 325)

proche et donc encore tout imprégnés de la foi judéo-chrétienne des débuts. Paul n'est jamais allé en Égypte.

Toutefois, avec quelques décennies de retard, la nouvelle orthodoxie apportée par Paul chez les Grecs aborda l'Égypte et connut immédiatement un grand succès chez les habitants d'Alexandrie de culture gréco-romaine. Longtemps écartelé entre deux conceptions inconciliables de la religion chrétienne, l'évêque d'Alexandrie devait faire un choix. Au début du 4ᵉ siècle il tranche et se range aux côtés de Rome. Il choisit comme seule et unique doctrine admise en Égypte celle de *l'identité de substance* qui donne à Dieu et à Jésus-Christ le même statut, égaux en toutes choses. Cet évêque est bien décidé à extirper d'Égypte les croyances héritées du judéo-christianisme primitif, si nécessaire par la manière forte. C'est ainsi qu'il oblige l'un de ses prêtres du nom d'Arius à s'aligner sur cette doctrine de l'identité de substance, nous sommes en l'an 318.

Arius s'y refuse catégoriquement : pour lui Jésus-Christ est « étranger et dissemblable en tout à l'égard de la nature et de la singularité du Père », une doctrine tout à l'opposé de celle de l'identité de substance. Dans un des rares écrits de lui qui subsistent, Arius, s'adressant à l'évêque Eusèbe de Nicomédie qui le soutenait, utilise le terme de « syllukianistes », qui peut se traduire par « ensembles, disciples de Lucien ». Arius se présente donc comme un disciple de Lucien d'Antioche, et sa doctrine, qui reçut le nom de « arianisme » et le qualificatif de « arienne », apparaît donc comme une expression de la doctrine de Lucien d'Antioche.[7] Confronté à l'intransigeance de son évêque, Arius quitte Alexandrie et trouve refuge chez son ami Eusèbe, évêque de Césarée, la capitale de la Palestine toute proche.

Les auteurs chrétiens ont toujours voulu minimiser l'hérésie d'Arius. Il est vrai qu'approchant des 80 ans et conduit en 336 devant le synode réuni pour le réhabiliter, Arius présenta une profession de foi de compromis qui pouvait être acceptée par ceux qui allaient le juger : Jésus est pleinement divin mais *subordonné* à la volonté de Dieu. On peut mettre en doute que ce compromis forcé représente réellement la pensée d'Arius, mais de nombreux auteurs utiliseront l'argument de cette profession de foi adoucie pour assimiler son hérésie à un simple *subordinatianisme*.[8] On comprend dès lors qu'il y ait une certaine imprécision dans l'usage qui est

---

[7] Selon Jacques Zeiller, « Les tendances qui caractérisent Lucien se retrouvent généralement chez les écrivains du parti arien : une méthode dialectique qui rappelle le positivisme aristotélicien et une recherche systématique du sens littéral […]. La difficulté philosophique étant éliminée, la raison pouvait se déclarer satisfaite ; et tel est bien le caractère de l'arianisme : il exprime une théologie rationaliste de même qu'il s'appuie sur une exégèse dont la littéralité vise à la rigueur logique ». (Jacques Zeiller, *Les origines chrétiennes dans les provinces danubiennes de l'Empire romain*, p. 224.)

[8] Le subordinatianisme est une doctrine dans laquelle le Fils (Jésus-Christ) est « subordonné » à la volonté de Dieu.

fait du mot « arien » qui qualifie l'hérésie d'Arius. On y logera pêle-mêle toutes les doctrines opposées à la complète égalité entre Jésus et Dieu son Père, aussi bien les doctrines peu éloignées de l'orthodoxie (doctrines *homoiousiennes, subordinatianistes*) que celles qui y sont tout à fait opposées (doctrines *anhoméennes* : Jésus-Christ est étranger et dissemblable en tout à l'égard de Dieu, Jésus-Christ est un pur homme, etc.).

Mais surtout, l'Église proclamera que l'hérésie d'Arius est toute nouvelle, comme si cette hérésie qui nie ou minimise la divinité du Christ était sortie du cerveau du seul Arius. Il était en effet de première importance pour l'Église de gommer toute relation possible entre la doctrine d'Arius et l'ancienne tradition judéo-chrétienne de l'Église Primitive. L'orthodoxie s'était appropriée l'héritage spirituel des apôtres, et ne pouvait pas courir le risque que cet héritage glisse chez les partisans d'Arius. Pourtant les chrétiens qui, comme Arius, niaient ou minimisaient la divinité du Christ ne manqueront jamais de proclamer que les *apôtres et les anciens* enseignaient une foi identique à la leur. On constate en effet que les traditions issues de l'arianisme se trouvent souvent associées aux traditions issues du judéo-christianisme, en particulier du judéo-christianisme *radical* de Jacques et des apôtres.

Une autre caractéristique intéressante de la vie d'Arius est qu'il soutenait sa doctrine par des chansons populaires. Certains en Europe auraient-ils eu, bien plus tard, la même idée ? On pense à cette ancienne chanson populaire qui, très curieusement, existe en au moins six langues européennes et qui évoque le *réveil* de *Frère Jacques*. Qui est ce Frère Jacques, de qui est-il le frère ?

4.3 Le concile de Nicée

Lorsqu'en 318 la crise éclate à Alexandrie, Arius reçoit immédiatement un appui très large des principaux évêques d'Orient, dont notamment celui de deux évêques très influents : son ami Eusèbe évêque de Césarée, la capitale romaine de la Palestine, et l'autre Eusèbe, évêque de Nicomédie, alors la capitale de l'Empire d'Orient. Le conflit résiste aux tentatives de compromis et embrase bientôt tout le monde chrétien, de sorte qu'en 324, alors qu'il vient à peine de débarquer en Orient après avoir éliminé son rival Licinius, l'empereur Constantin, le premier empereur chrétien, se trouve déjà obligé de réaliser un grand arbitrage. Il réunit en 325 un concile à Nicée, où son directeur de conscience originaire d'Occident, Ossius de Cordoue, est bien décidé à faire accepter par ces Orientaux récalcitrants la doctrine de l'identité de substance. Au bout d'un mois cependant aucun accord n'est en vue. Constantin intervient alors personnellement pour forcer l'accord sur la formule avancée par Ossius de Cordoue, et menace de graves sanctions ceux qui s'y opposeraient. Les évêques d'Orient ne pouvaient rien refuser à Constantin qui les traitait comme des rois alors que l'année précédente encore ils subissaient les vexations et persécutions de son rival Licinius. Passant outre le refus de quelques évêques, le concile finit par approuver le célèbre credo de Nicée qui consacrera pour toujours la doctrine de l'identité de substance, avec à la clé une complète égalité de pouvoir et de statut entre Jésus-Christ et Dieu son Père.[9]

Le concile règle aussi la question de la date de Pâques qui constituait un autre sujet de mésentente : l'Orient sera désormais obligé d'abandonner la tradition qui faisait référence à la Pâque juive, et de placer la fête chrétienne de Pâques à une date fixée par Rome, qui n'avait plus aucun rapport avec le calendrier juif.

Mais sur la question de la divinité de Jésus-Christ, le concile de Nicée n'avait rien résolu au niveau des consciences et l'opposition restait vive en Orient. À peine le concile terminé, plusieurs évêques écrivirent à Constantin pour se rétracter, acceptant ainsi les sévères punitions d'exil promises aux évêques récalcitrants.

4.4 Eusèbe de Césarée, un cheval de Troie dans la forteresse de l'orthodoxie

Constantin se sent attiré par l'Orient. Il établit bientôt sa résidence principale à Byzance qui deviendra Constantinople. Son directeur de conscience Ossius de Cordoue tombe en disgrâce et Constantin, sous l'influence de sa sœur Constantia[10], s'entoure désormais d'évêques orien-

---

[9] « Nous croyons en un seul Dieu, Père tout puissant créateur des choses visibles et invisibles, et en un seul Seigneur, Jésus-Christ, Fils de Dieu, seul engendré du Père, c'est-à-dire *de la substance du Père*, Dieu de Dieu, lumière de lumière, vrai Dieu de vrai Dieu, engendré non créé, *de la même substance que le Père*, par qui tout a été créé dans le ciel et sur la terre, qui est descendu du ciel pour nous les hommes et pour notre salut, est descendu, s'est incarné, s'est fait homme, a souffert, est ressuscité le troisième jour, est monté aux cieux et viendra juger les vivants et les morts. Et en l'Esprit saint. [...] Ceux qui disent – il y eut un temps où il n'était pas – et – il n'était pas avant d'avoir été engendré –, – il a été créé du néant –, ou qui soutiennent qu'il est d'une autre hypostase ou d'une autre substance que le Père, ou que le Fils de Dieu est créé, qu'il n'est pas immuable, qu'il est soumis au changement, l'Église catholique et apostolique les anathémise. » (Hubertus R. Drobner, *Les Pères de l'Église*, p. 264)

[10] Constantia, demi-sœur de Constantin, fut donnée en mariage par ce dernier à Licinius, son rival et empereur d'Orient. Elle s'installa à Nicomédie, alors la capitale de l'Empire d'Orient, et désira se convertir à la religion chrétienne. Elle prit comme directeur de conscience l'évêque de cette ville, Eusèbe de Nicomédie qui, comme on l'a vu, était

taux acquis à la foi d'Arius. Lorsque Constantin se fera baptiser sur son lit de mort en 337, ce sera paradoxalement par le même Eusèbe de Nicomédie qu'il avait dû punir pour s'être rétracté peu après le concile de Nicée. Toutefois, malgré l'importance de cette pensée arienne dans l'histoire du christianisme, son incompatibilité avec l'orthodoxie eut pour effet que pratiquement tous les écrits la concernant ont disparu.

Il reste cependant qu'Eusèbe de Césarée (265-339), cet ami chez qui Arius avait trouvé refuge, se trouve être aussi le principal historien des débuts de la religion chrétienne. Dans son *Histoire Ecclésiastique* qui relate l'histoire des trois premiers siècles du christianisme, Eusèbe nous a laissé de précieux renseignements sur la dissidence d'Arius. La position d'Eusèbe est on ne peut plus ambigüe : d'une part il fustige sans ménagement ceux dont les croyances s'écartent de la stricte orthodoxie romaine, mais d'autre part son œuvre contient de nombreuses informations que l'Église de Rome s'efforçait à l'époque de faire oublier. Il mentionne ainsi l'ascendance davidique de Jésus-Christ, il mentionne l'existence de son frère Jacques[11] et la place importante occupée par cet « homme saint » au sein de la nouvelle religion[12], il rappelle le respect dû à Lucien d'Antioche[13], le père spirituel d'Arius, mais il consacre aussi plusieurs pages de son *Histoire Ecclésiastique* à ceux qui voyaient en Jésus-Christ « simplement un homme ».

Dès lors, de quel bord était Eusèbe de Césarée ? Les historiens du christianisme le considèrent comme étant de foi *subordinatianiste*, une croyance qui était tolérée par l'orthodoxie, mais par ailleurs Eusèbe fut toujours un ami fidèle d'Arius, de sorte qu'on peut le soupçonner d'être, en conscience, bien plus proche des idées de son ami que de celles de l'orthodoxie. Sans doute Eusèbe était-il avant tout un courtisan du nouvel empereur, et ne

---

un disciple de Lucien d'Antioche et donc acquis à l'arianisme. À la suite de la défaite de Licinius Constantia retourna chez son frère Constantin et s'activa pour obtenir la rentrée en grâce des évêques ariens.

[11] Dans le livre II.1 de son *Histoire Ecclésiastique*, Eusèbe cite Ga 1.19, le seul verset du Nouveau Testament où il est fait explicitement et de manière indéniable mention de l'existence de Jacques comme étant véritablement le *frère* de Jésus. Dans le livre II.23, Eusèbe cite également le passage de Flavius Josèphe où il est fait mention de Jacques : « Il fit venir Jacques, frère de Jésus nommé Christ ».

[12] Eusèbe mentionne ce qu'il appelle le *trône* de Jacques « qui, dit-il, le premier, reçut du Sauveur et des apôtres l'épiscopat de l'Église de Jérusalem et que les divines Écritures désignent comme le frère du Christ. Les frères de ce pays, continue-t-il, ont successivement entouré de soins ce trône, montrant ainsi leur vénération *pour les hommes saints* ». (*Histoire Ecclésiastique*, livre VII.19)

[13] Eusèbe fait un vibrant éloge de Lucien d'Antioche : « un prêtre excellent par sa vie entière, qui, à Nicomédie, en présence de l'empereur, prêcha le royaume céleste du Christ […] » (*Histoire Ecclésiastique*, livre VIII.13). Toutefois, fort prudemment, il ne dit pas un mot de sa doctrine.

voulait-il en aucun cas courir le risque d'être accusé d'une quelconque froideur vis à vis de la formule de Nicée.

En tout état de cause, vraie ou simulée, cette apparente soumission à l'orthodoxie romaine valut à cet ami d'Arius d'être considéré comme un quasi Père de l'Église, avec l'heureuse conséquence que ses écrits ont toujours figuré en très bonne place dans les bibliothèques chrétiennes à toutes les époques, y compris au Moyen Âge, écrits qui ont laissé à la postérité certaines informations sur l'hérésie d'Arius qui auraient autrement disparu.

4.5 L'hérésie d'Arius reçoit le nom de « Géométrie »

Que Eusèbe de Césarée ait été considéré comme un quasi Père de l'Église, et que ses œuvres aient ainsi pu traverser les siècles, est une aubaine pour les historiens. En particulier, dans le livre V chapitre 28 de son *Histoire Ecclésiastique*, Eusèbe donne de précieux détails sur ces « mauvais chrétiens » qui, dit-il, osaient affirmer « que le Sauveur est *simplement un homme* » (littéralement « un ami homme »[14]). Il ne trouve pas de mots assez sévères pour désigner cette affreuse hérésie, il la traite de mensongère et de blasphématoire, contredite par les écritures divines, d'apostasie négatrice de Dieu (c'est-à-dire négatrice du Jésus-Christ divin), d'ignominie, d'insanité, de foi démoniaque, etc., mais aussi et surtout, il livre sur ces « mauvais chrétiens » de précieuses informations qui parviendront à traverser les siècles sans altération :

> [...] ce qu'eux affirment à présent, [que le Christ est simplement un homme], ils prétendent que tous les anciens et même les apôtres l'ont reçu et enseigné.[15]

Nous apprenons ainsi que ces « mauvais chrétiens » qui voyaient en Jésus-Christ un pur homme, se prévalaient des « anciens » et des apôtres, c'est-à-dire de la première communauté chrétienne de Jérusalem qui était dirigée par le frère de Jésus. Apparaît ici le lien étroit qui existait entre l'hérésie d'Arius et la doctrine de la première communauté des apôtres, contrairement aux dires de l'Église, pour qui le refus de croire en la divinité de Jésus-Christ était une hérésie toute nouvelle apportée par Arius.

---

[14] Le terme exact utilisé par Eusèbe est « φιλον ανθρωπον », « un ami homme », autrement dit pour les chrétiens dont parle Eusèbe, Jésus est un homme comme vous et moi.

[15] Cette citation et celles qui suivent sont extraites de *l'Histoire Ecclésiastique* d'Eusèbe de Césarée, traduction de Gustave Bardy, pp. 306 à 308.

Eusèbe dit encore que ces mêmes « mauvais chrétiens », dans leurs controverses théologiques, faisaient un large usage des syllogismes[16] de la Logique d'Aristote.

Ils s'exercent à découvrir quelle figure de syllogisme pourrait établir leur athéisme.[17] Et si on leur objecte une parole de l'Écriture divine, ils demandent si l'on peut en faire un syllogisme conjonctif ou disjonctif [...]. Aristote et Théophraste sont les objets de leur admiration ; Galien est même presque adoré par quelques uns d'entre eux.[18]

Ainsi, Eusèbe établit un rapport entre le rejet de la divinité de Jésus et la Logique d'Aristote. Sans trop craindre de se tromper, on peut reprendre le raisonnement qui a déjà été exposé à maintes reprises : si Jésus est issu « selon la chair » de la lignée de David, et si l'on accepte la prémisse de simple bon sens que tout homme ne peut avoir qu'un et un seul père biologique, on en déduit que Jésus doit nécessairement être considéré comme le fils « selon la chair » de son père Joseph. On doit en déduire que le rejet de la filiation divine de Jésus n'est pas une question de foi : tout homme qui a reçu de Dieu le don de raison, ne peut accepter le dogme de la conception divine de Jésus-Christ, puisque le Nouveau Testament dit en plusieurs endroits justement le contraire.

Enfin, autre information importante livrée par Eusèbe, il apparaît que ces « mauvais chrétiens » désignaient leur foi hérétique par un nom surprenant mais particulièrement significatif : ils disaient « s'appliquer à la Géométrie ».

Laissant de côté les saintes écritures de Dieu, ils *s'appliquent à la géométrie* [...[19]]. Euclide en vérité géométrise activement[20] chez certains d'entre eux.

Ce terme de « Géométrie » a de quoi surprendre. Les *Éléments* [de géométrie] écrits par Euclide vers l'an -300, est l'un des ouvrages les plus célèbres de l'antiquité grecque. Il présente les propriétés des figures géométriques sous une forme qui fait appel au raisonnement logique tel qu'ensei-

---

[16] Un exemple de syllogisme : « Si les Grecs sont des hommes et si tous les hommes sont mortels, alors les Grecs sont mortels. »
[17] Le rejet de la divinité de Jésus-Christ était considéré comme de l'athéisme.
[18] Théophraste était un disciple d'Aristote, et Galien, à côté de ses célèbres ouvrages de médecine, est aussi l'auteur d'une *Introductio Logica*.
[19] Prend place ici une phrase peu compréhensible en français où l'auteur joue sur l'étymologie du mot géométrie (en grec la « mesure de la terre ») : « car ils sont de la terre, ils parlent de la terre, et ignorent celui qui vient d'en haut ».
[20] Dans sa traduction de l'*Histoire Ecclésiastique*, Gustave Bardy traduit le mot grec φιλοπονως, littéralement « qui aime la peine », par le mot « laborieusement ». Cette traduction peut avoir en français une nuance péjorative qui n'existe pas en grec, il est sans doute préférable d'utiliser le mot « activement » qui ne comporte aucune nuance péjorative.

gné par Aristote : chaque propriété est démontrée à partir de propriétés qui ont elles-mêmes été préalablement démontrées, l'ensemble reposant au départ sur des affirmations appelées « postulats », similaires aux « prémisses » de la Logique d'Aristote et suffisamment évidentes pour ne pas devoir être démontrées.

La Logique d'Aristote était en quelque sorte la trame sur laquelle Euclide avait construit sa Géométrie, de sorte que la référence à la « Géométrie d'Euclide » apportait à ces « mauvais » chrétiens une manière parfaitement discrète d'évoquer la « logique » sur laquelle reposait leur foi jugée hérétique par l'orthodoxie.

On en déduit que la *Géométrie d'Euclide* aura désormais deux significations : l'une, exotérique, évoque les propriétés des corps dans le plan et dans l'espace, l'autre, ésotérique, évoque la foi hérétique des chrétiens qui considéraient Jésus-Christ comme « simplement un homme ».

4.6 Le christianisme au 4ᵉ siècle, entre l'Occident nicéen et l'Orient arien

Le retournement favorable à l'arianisme dans l'entourage de Constantin amena les fils de Constantin et leurs successeurs à s'éloigner de la voie tracée à Nicée dans leur recherche d'un compromis entre l'Occident nicéen et l'Orient arien. Constance II, d'abord en charge de l'Empire d'Orient, régna entre 353 et 361 sur l'ensemble de l'Empire et déploya une énergie remarquable pour apporter une solution aux conflits au sein de la chrétienté. Il réunit plusieurs conciles à Sirmium, Séleucie, Rimini et finalement Constantinople dans l'espoir de trouver un compromis sur la base d'une formule sensiblement adoucie par rapport à la formule de Nicée. Constance proposait avec toute son autorité, de remplacer le mot *homoousios* désignant l'identité de substance, qui était au centre du conflit, par le mot *homoios* selon lequel Dieu et Jésus-Christ étaient simplement « semblables ». Ce mot avait un sens très large qui permettait un grand nombre d'interprétations, de sorte qu'il était accepté par les ariens modérés :

> Le terme d'ousia [substance] qui [...] provoque du scandale parce que les Écritures ne le contiennent pas, il a été décidé de le supprimer et qu'il ne soit plus fait mention à l'avenir d'ousia à propos de Dieu parce que nulle part les divines Écritures ne font mention d'ousia à propos du Père et du Fils. Nous disons le fils semblable [homoios] au Père en toutes choses, comme les divines Écritures le disent et l'enseignent.[21]

---

[21] Socrate de Constantinople, *Histoire Ecclésiastique*, Livre II, XXXVII. 23, p. 169. Ce texte est celui du « credo daté » qui porte la date précise du 22 mai 359. On reconnaît

Telle est la formule qui fut présentée en 359 à Rimini en Italie aux évêques d'Occident, après avoir été présentée peu auparavant aux évêques d'Orient. Mais Rome s'accrocha à la formule de Nicée et, de son côté, la partie orientale de l'Empire resta très divisée. À côté des partisans de la formule *homéenne* proposée par l'empereur, il y avait les *homo-i-ousiens* qui, sans être favorables à Nicée, trouvaient que la formule homéenne s'en écartait trop et il y en avait d'autres qui considéraient au contraire que cette formule ne s'en écartait pas assez. Ces derniers, appelés *anhoméens*, prônaient l'absolue dissemblance entre Dieu et Jésus-Christ, suivant en cela la doctrine d'Arius et celle de l'Église Primitive de Jacques. Une conséquence importante de ces conciles réunis par Constance fut que pour la première fois des évêques d'Occident furent mis en contact avec la doctrine d'Arius (à Nicée seuls les évêques d'Orient étaient présents).[22] C'est à cette époque que la doctrine d'Arius se répandit en Occident.

Cette absence de consensus finit par lasser les dirigeants de l'Empire. L'empereur Théodose mit fin à la recherche d'un compromis. Il réunit en 381 le concile de Constantinople à la suite duquel l'orthodoxie de Nicée, complétée par le dogme de la trinité, fut inscrite dans la loi romaine. Ce dogme rendait à la religion chrétienne l'apparence d'un monothéisme, la divinité suprême étant une en trois personnes de même niveau, Dieu Le Père, le Fils et le Saint Esprit. Tous les chrétiens devaient s'y soumettre ainsi que les non chrétiens (hormis les Juifs), qui se trouvèrent dans l'obligation de se convertir dans cette foi. Les chrétiens opposés à l'égalité complète de statut entre Jésus-Christ et Dieu son Père, n'avaient plus leur place à Rome ni ailleurs dans l'Empire.

Cette réconciliation forcée est le sujet d'une mosaïque dans l'église Sainte Sabine à Rome, qui fut consacrée en 432. Cette mosaïque célèbre la réunion, sous la bénédiction de Jésus-Christ, de « l'Ecclesia ex Circumcisione » (les chrétiens d'origine juive), et de « l'Ecclesia ex Gentibus » (les chrétiens « gentils », c'est-à-dire gréco-romains non juifs), chaque Église étant représentée par une matrone romaine. Ces mosaïques ont été très endommagées dans les derniers siècles, toutefois, dit Simon Claude Mimouni,

> on sait d'après un dessin du XVIIe siècle qu'au dessus des deux figures féminines se trouvaient, avant leur disparition, les saints Pierre et Paul [...]. Pierre

---

dans cette formule la marque de l'école de Lucien d'Antioche qui n'admettait pas que l'Église introduise dans sa doctrine des concepts qui n'existaient pas dans les Écritures Sacrées du Nouveau Testament.

[22] Il faut noter que les conciles réunis par Constance ne reçurent jamais de la part de l'Église le label d'« eucuméniques » alors qu'ils l'étaient tout autant que le concile de Nicée dont étaient absents les évêques d'Occident.

se tenait au-dessus de l'Ecclesia ex circumcisione et Paul au-dessus de l'Ecclesia ex gentibus.[23]

Conséquence importante : on déduit du dessin original de cette mosaïque que Pierre était encore au début du 5ᵉ siècle considéré comme le premier évêque emblématique des judéo-chrétiens de Rome, et pas encore comme le premier évêque de l'Église catholique. Sans doute est-ce la raison pour laquelle cette représentation de Pierre, plutôt gênante pour l'Église, a été effacée.

4.7 Le compromis de Chalcédoine : les deux natures de Jésus-Christ

En dépit de cette réconciliation forcée, quarante ans plus tard la formule de Nicée est à nouveau confrontée à des difficultés, et une fois de plus au départ d'Antioche. Un évêque de cette ville, Nestorius, répand la doctrine selon laquelle Jésus-Christ possède deux natures bien distinctes, l'une divine, l'autre humaine. Par la suite, nommé patriarche de Constantinople, Nestorius s'oppose au nom de Théotokos (mère de Dieu) donné à la mère de Jésus car, dit-il, « le Christ n'est pas Dieu ». Le discours de Nestorius, rejeté par Alexandrie, divise une nouvelle fois l'Orient. Le premier concile d'Éphèse en 431, largement manipulé par les Alexandrins, condamne et excommunie Nestorius, mais donne lieu à des confrontations d'une violence extrême : on en vient aux mains sur le parvis des églises et les brutalités conduisent à de nombreux blessés. Une fois de plus on trouvait d'un côté la ville d'Antioche, représentée par son évêque Jean et par les partisans de Nestorius, plutôt opposés à Nicée, et de l'autre la ville d'Alexandrie et son évêque Cyrille, au contraire farouches partisans de Nicée.

Devant de tels excès les deux évêques admettent qu'il est indispensable de trouver un compromis. En échange du bannissement définitif de Nestorius par l'évêque d'Antioche, l'évêque Cyrille d'Alexandrie accepte une formule « d'union des deux natures ».[24] Cette formule de compromis, appelée « Acte d'Union de 433 » fait son chemin grâce à l'appui du pape Léon Iᵉʳ et du patriarche de Constantinople Flavien. Jugée néanmoins trop proche de la doctrine de Nestorius, la formule indispose Alexandrie qui obtient l'appui de l'empereur Théodose II pour la tenue en 449 du deuxième concile d'Éphèse qui condamne une nouvelle fois la formule « des deux natures ».

---

[23] Simon Claude Mimouni, *Le judéo-christianisme ancien*, p. 27.
[24] Le récit de ces événements est extrait du livre de Frédéric Lenoir, *Comment Jésus est devenu Dieu*, pp. 269 à 296.

Mais, coup de théâtre, en 450 l'empereur Théodose II meurt dans un accident. Sa disparition remet en selle les partisans de la formule « des deux natures » et un très large concile est convoqué à Chalcédoine en 451. Une lettre du pape Léon Ier est lue à l'assemblée : appelée *Tome à Flavien*, cette lettre vient à l'appui de la formule des deux natures qui parvient à réunir une quasi unanimité. Cette formule, aussitôt confirmée par Rome et par Constantinople, constituera la base doctrinale de la plupart des Églises chrétiennes pendant les siècles qui suivirent et encore de nos jours.[25]

Pourtant, cette formule très ambiguë est loin de régler de manière définitive la question de la divinité du Christ. Elle sera rejetée par la faction dure d'Alexandrie, qui maintiendra une position strictement nicéenne, selon laquelle le Christ n'a qu'une seule et unique nature « de même substance que le Père ». Cette doctrine *monophysite*, littéralement « de nature unique », deviendra la doctrine centrale du christianisme copte, qui est encore bien vivant aujourd'hui.

Quant à l'Église de Rome, elle interprètera la formule de Chalcédoine en donnant à la nature divine de Jésus-Christ un poids bien plus grand qu'à sa nature humaine, ce qui correspondait pratiquement à un retour à la foi de Nicée.

4.8 L'hérésie d'Arius se répand chez les Goths

Les conciles de Constance II, au milieu du 4e siècle, portèrent au devant de la scène un personnage qui eut une importance capitale dans l'histoire du christianisme. Il s'agit de Ulfila, l'évangélisateur des Goths. Les Goths occupaient les rives du Danube et leurs relations avec l'Empire romain étaient mouvementées : parfois dangereux ennemis, ils furent aussi de précieux alliés dans la défense des frontières de l'Empire. Le Goth Ulfila (v.311-383) était partiellement d'origine grecque ce qui le fit désigner comme ambassadeur des Goths chez les Grecs à Nicomédie, qui fut longtemps la capitale de l'Empire d'Orient. C'est dans cette ville qu'il fit la connaissance de l'évêque Eusèbe de Nicomédie qui était, comme on l'a vu, partisan et ami d'Arius. Cet évêque le convertit au christianisme arien et le consacra évêque en 341. Ulfila se distingua particulièrement dans ses fonctions de *lecteur*, qui lui firent traduire et commenter le Nouveau Testament en langue gothique dont il inventa l'écriture. Il acquit ainsi une connaissance approfondie des textes sacrés, ce qui en fit un partisan d'une lecture littérale des Écritures, en

---

[25] Un seul et même Christ, vraiment Dieu et vraiment homme, [...] reconnu comme étant en deux natures sans confusion, sans changement, sans division, sans séparation, [...].

ligne avec l'école de Lucien d'Antioche et avec les thèses d'Arius.[26] Son action évangélisatrice chez les Goths fut déterminante car ceux-ci adoptèrent une foi chrétienne, proche de celle d'Arius, entraînant dans la même foi tous les peuples du Danube et de l'Est de l'Europe.

Cette situation eut de graves conséquences pour l'Église de Rome car les peuples du Danube, terrorisés par l'arrivée des Huns de Attila, envahirent l'Empire romain d'Occident au début du 5e siècle. En l'an 410 les Ostrogoths d'Alaric entrèrent dans Rome, de sorte qu'à partir de cette date les maîtres de l'Empire d'Occident furent ariens. Cette irruption des Goths ariens et des autres peuples d'Europe centrale, les Alains, les Suèves, les Vandales, les Burgondes, et plus tard les Lombards, tous progressivement acquis au christianisme d'Arius, provoqua en Europe occidentale un bouleversement religieux qui dura deux siècles.

Le compromis de Chalcédoine n'eut aucun effet sur les peuples ariens qui dominaient l'Empire, et le fossé apparemment irréconciliable subsista entre les chrétiens ariens et les chrétiens acquis à l'orthodoxie de Nicée, même revue et corrigée par le compromis de Chalcédoine. Ainsi, sous l'autorité du grand roi goth Théodoric, le pape Jean Ier dut se rendre en 525 à Constantinople pour obtenir de l'empereur Justin le report de certaines mesures vexatoires et discriminatoires prises contre les chrétiens ariens. Un comble donc : un pape catholique prend la défense des hérétiques ariens !

Cependant les Goths ariens laissèrent toujours en place l'organisation de l'Église de Rome, de sorte que celle-ci parvint à se maintenir à travers tous ces bouleversements. Et finalement, attirés par l'aura culturelle de Rome, les rois Goths se convertirent peu à peu au catholicisme dans la dernière partie du 6e siècle, mais cette conversion se fit en douceur : la plupart des évêques et des prêtres ariens furent maintenus en place pour autant qu'ils acceptassent de changer de foi. On peut imaginer que cette conversion artificielle de ces prêtres ariens fut lente et molle, et que des poches de foi arianisante subsistèrent, notamment dans l'Espagne wisigothique.

Ces presque deux siècles de suprématie des Goths ariens laissèrent des traces. Ainsi, dans les matières touchant à la religion, le mot « gothique » devint synonyme du mot « arien », qui lui-même évoque la foi judéo-chrétienne des premiers chrétiens qui niaient, ou minimisaient, la divinité de Jésus-Christ.

---

[26] Jacques Zeiller, déjà cité, commente ainsi l'arianisme de Ulfila : « […] mais aux Nicéens […], ce dont Ulfila faisait surtout grief, plus encore que de leur théologie, c'était d'être des contempteurs des Livres Saints. Grand prédicateur et traducteur de l'Évangile, l'argument scripturaire l'impressionnait plus que n'importe quel autre. Pour lui, tout ce qui intéressait la foi était déjà dans l'Écriture, clairement exprimé, et sur ces textes reçus tels quels comme l'expression adéquate de la vérité absolue, il n'y avait plus qu'à construire un système rationnel et logique ». (Jacques Zeiller, *Les origines chrétiennes dans les provinces danubiennes de l'Empire romain*.)

CHAPITRE 5

L'exode des moines du désert

5.1 Les conflits au sein du christianisme en Égypte

Située à peu de distance de Jérusalem, l'Égypte fut le premier pays où le christianisme connut un grand succès : à la fin du 3ᵉ siècle on considère que les chrétiens y étaient déjà quasi majoritaires. Nous disposons toutefois de très peu de renseignements sur les premiers temps du christianisme dans ce pays. Pierre-Antoine Bernheim s'en émeut : « L'origine de la communauté chrétienne d'Égypte constitue l'un des plus grands mystères de l'histoire du christianisme primitif ».[1] Marcel Simon et André Benoit s'étonnent également de l'absence de documents concernant les débuts du christianisme en Égypte : « Le silence de nos sources sur ce point est surprenant » disent-ils, tout en accusant à demi-mots la *Grande Église* d'avoir fait disparaître les traces du christianisme primitif en Égypte car son apparition s'y serait faite « sous des formes qui, jugées selon les critères de la Grande Église, étaient hérétiques et sur lesquelles on préféra faire silence ».[2]

L'évidence conduit en effet à admettre que le christianisme aborda l'Égypte sous une forme essentiellement judéo-chrétienne. D'une part les écrits de Philon d'Alexandrie[3] avaient préparé l'importante communauté juive de cette ville à une compréhension nouvelle du judaïsme, mais surtout il n'y avait à l'époque pas d'autre entrée possible pour la nouvelle religion en Égypte que les prédications apportées depuis la Palestine toute proche, tant par les envoyés de l'Église Primitive de Jacques que par les émules des Hellénistes. Paul n'est jamais venu en Égypte. Il y a donc peu de doute : l'Égypte chrétienne des premiers siècles était essentiellement d'obédience judéo-chrétienne.

---

[1] Pierre-Antoine Bernheim, *Jacques, frère de Jésus*, p. 345.
[2] Marcel Simon et André Benoit, *Le Judaïsme et le Christianisme antique d'Antiochus Épiphane à Constantin*, p. 109.
[3] Philon d'Alexandrie (20 avant J.C.- 45 de notre ère) est un philosophe juif contemporain de Jésus qui vécut à Alexandrie. Profondément hellénisé, sa compréhension *allégorique* de la Bible juive visait à rendre compatible les dires de la Bible avec un certain idéalisme puisé dans la philosophie grecque.

Il est probable [...] que l'Église d'Alexandrie, majoritairement judéo-chrétienne, dépendait étroitement de Jérusalem. C'est peut-être la raison pour laquelle cette région n'a jamais figuré dans les plans missionnaires de Paul.[4]

Mais là comme ailleurs sur les rives de la Méditerranée, la nouvelle orthodoxie[5] née en Grèce sur les traces de la prédication de Paul, finit par atteindre la ville d'Alexandrie. C'est ainsi que fut fondée dans cette ville vers l'an 180 le Didascalée, une école de théologie qui, portée par de grands noms comme Clément d'Alexandrie et Origène, devint célèbre et eut une influence déterminante sur la formulation de l'orthodoxie chrétienne.

Or il n'y avait à Alexandrie qu'un seul évêque, à la différence par exemple d'Antioche, l'autre capitale du christianisme à l'époque, où les factions chrétiennes rivales avaient chacune une organisation épiscopale qui leur était propre. À Alexandrie par contre, l'unique évêque se trouvait confronté à deux conceptions de la religion chrétienne tout à fait inconciliables : la foi primitive d'origine judéo-chrétienne et la nouvelle orthodoxie venue du monde gréco-romain.

En 312 l'évêque Alexandre tranche, et prend une décision qui scellera la foi chrétienne en Égypte pour les siècles, voire les millénaires, à venir : il rejette les fois d'obédience judéo-chrétienne et fixe comme seule et unique doctrine admise en Égypte, l'orthodoxie telle que la concevait l'Église de Rome et qui sera confirmée lors du Concile de Nicée. Commence alors la grande entreprise de *redressement* de la foi chrétienne en Égypte, qui s'étendra sur plus d'un siècle.

Athanase (298-373), l'évêque d'Alexandrie qui succéda à Alexandre, poursuivit cette œuvre purificatrice avec grande rudesse, ce qui lui valut plusieurs punitions d'exil de la part des successeurs de Constantin qui étaient plutôt favorables à l'arianisme et donc enclins à laisser en paix les chrétiens de foi judéo-chrétienne. Mais à la suite de l'arrivée au pouvoir de l'empereur Théodose qui donna force de loi au credo de Nicée, les évêques d'Alexandrie ne trouvèrent plus aucune entrave dans leur projet de conversion de l'Égypte vers le christianisme de Rome.

Dignes successeurs d'Athanase, les évêques Théophile (en fonction de 384 à 412) et Cyrille (en fonction de 412 à 444) firent usage de moyens de persuasion d'une grande violence. Théophile est responsable d'avoir excité les foules et provoqué à Alexandrie de véritables émeutes au cours desquelles fut pillé et incendié le Serapeum (temple dédié au dieu Sérapis) ainsi que ses annexes où était logée la partie la plus récente de la célèbre

---

[4] Pierre-Antoine Bernheim, *Jacques frère de Jésus*, p. 345.
[5] Il convient sans doute de préciser à nouveau que, dans ce livre, le terme « orthodoxie » ne se rapporte aucunement à l'Église dite « orthodoxe », mais à l'ensemble des doctrines de l'Église catholique romaine, telles qu'elles ont été établies dans les premiers siècles sur la base de la prédication de Saint Paul.

bibliothèque des Ptolémées.⁶ Quant à Cyrille, tout aussi brutal, ses exactions vis-à-vis de ceux qu'il considérait comme hérétiques laissèrent des souvenirs indignés.

« Il anéantira par ses persécutions la communauté juive de sa ville et s'en prendra de la même manière aux autres communautés chrétiennes, à ses yeux hérétiques »⁷

Il lui est reproché d'avoir fomenté dans des conditions particulièrement horribles, l'assassinat d'Hypatie, la fille du directeur de la bibliothèque d'Alexandrie qui, nous dit-on, « dispensait à tous ceux qui voulaient l'entendre les sagesses dont la bibliothèque était la gardienne depuis des siècles ». Le témoignage de Socrate de Constantinople, un père de l'Église, est révélateur des brutalités dont les émules de l'évêque Cyrille étaient capables et de son indignation de ce qu'un évêque catholique ait pu susciter de telles actions.⁸

Ces émeutes, l'incendie de la bibliothèque et le meurtre de la fille de son directeur, sont le plus souvent présentés comme une conséquence malheureuse de troubles sanglants entre chrétiens et païens ou entre chrétiens de différents bords. Il est néanmoins certain que la disparition de la bibliothèque, et de ceux comme Hypatie qui l'avaient trop bien connue, arrangeait fort bien l'Église. Le Sérapeum devait abriter bon nombre de documents qui gênaient considérablement l'orthodoxie : des ouvrages de l'époque de

---

6   La partie la plus ancienne de la bibliothèque, logée dans le quartier du Bruchium près du port, avait été détruite en -48 lors de l'incendie de la flotte de Jules César, le Serapeum abritait donc des ouvrages plutôt relativement récents. Malgré ces destructions successives, la bibliothèque d'Alexandrie fut toujours autant que possible reconstituée. Les historiens attribuent sa disparition définitive non pas au premier conquérant arabe Amrou, mais « à une mort lente par l'oubli, le délaissement, les désastres publics ou la conquête d'Alexandrie par les Turcs en 868 ».
7   Frédéric Lenoir, *Comment Jésus est devenu Dieu*, p. 263.
8   Il y avait à Alexandrie une femme du nom d'Hypatie ; c'était la fille du philosophe Théon [le directeur de la bibliothèque d'Alexandrie] ; elle était parvenue à un tel degré de culture qu'elle surpassait sur ce point les philosophes [...] et qu'elle dispensait toutes les connaissances philosophiques à qui voulait [...]. La fière franchise qu'elle avait en outre du fait de son éducation faisait qu'elle affrontait en face à face avec sang-froid même les gouvernants. Et elle n'avait pas la moindre honte à se trouver au milieu des hommes car du fait de sa maîtrise supérieure, c'étaient plutôt eux qui étaient saisis de honte et de crainte face à elle [...]. Contre elle alors s'arma la jalousie [...]. Des hommes excités, à la tête desquels se trouvait un certain Pierre le Lecteur, montent un complot contre elle [...] ils la traînent à l'église qu'on appelait le Cesareum et, l'ayant dépouillée de son vêtement, ils la frappèrent à coups de tessons ; l'ayant systématiquement mise en pièce, ils chargèrent ses membres jusqu'en haut du Cinarôn et les anéantirent par le feu. Ce qui ne fut pas sans porter atteinte à l'image de Cyrille et de l'Église d'Alexandrie, car c'était tout à fait gênant, de la part de ceux qui se réclamaient du Christ que des meurtres, des bagarres et autres actes semblables soient cautionnés par le patriarche. (Socrate de Constantinople, *Histoire Ecclésiastique*, Livre VII.XV.)

Jésus dans leur version originale non corrigée par l'Église, sans doute les tout premiers évangiles issus de l'Église Primitive (l'Évangile des 12 apôtres et l'Évangile des Hébreux, aujourd'hui disparus), voire même les œuvres archi-hérétiques d'un Lucien d'Antioche, ou d'un Arius. Dès lors l'incendie de la bibliothèque abritée dans le Serapeum et la disparition d'Hypatie qui en était la mémoire, ne furent sans doute pas l'effet d'un malheureux concours de circonstances comme on le dit.

Avec de telles méthodes on peut penser que la ville d'Alexandrie et la Basse Égypte furent assez rapidement acquises à la nouvelle orthodoxie. En Haute Égypte par contre, du fait d'une présence grecque sans doute moins affirmée, cette action purificatrice se heurta à de vives oppositions. Ainsi à Lycopolis, une ville importante de Haute Égypte (aujourd'hui Asyut à mi-chemin entre Le Caire et Louxor), l'évêque Melitios (mort en 326) se distança d'Alexandrie et fut accusé d'être favorable à Arius. Ses fidèles, appelés Mélitiens, forts de leur intransigeance morale (un héritage caractéristique de la communauté judéo-chrétienne de Jacques), s'opposèrent pendant près d'un siècle à l'autorité de l'évêque d'Alexandrie sur la Haute Égypte et donc aussi à la nouvelle orthodoxie qu'on voulait leur imposer.[9]

Comme disent Pierre-Antoine Bernheim, Marcel Simon et André Benoit, il n'y a pratiquement pas de documents témoignant de la foi originelle des chrétiens d'Égypte. Pourtant dans l'évangile de Thomas, retrouvé en 1949 à Nag Hammadi (ville de Haute Égypte située à proximité de Louksor), Jésus apparaît comme une sorte de *prophète-gourou* faisant l'instruction de ses disciples, sans qu'à aucun moment il n'apparaisse comme étant d'essence divine. Comme vu plus haut, dans le logon 12 les disciples demandent à Jésus qui les dirigera quand il les aura quittés : « Au point où vous en serez, leur dit Jésus, vous irez vers Jacques Le Juste : ce qui concerne le ciel et la terre lui revient. »[10] Cet évangile venu de Haute Égypte est le seul écrit qui ait subsisté où Jésus désigne explicitement son frère Jacques comme devant lui succéder. Et dans le logon 27 Jésus évoque le *Shabbat* : « Si vous ne célébrez pas le Shabbat comme un Shabbat, vous ne verrez pas le Père. » L'origine judéo-chrétienne de l'évangile de Thomas fait donc peu de doute.

Un autre indice de l'origine judéo-chrétienne du christianisme en Égypte provient d'Abyssinie, l'ancien nom de la province d'Afrique Orientale qui touchait à la Haute Égypte ancienne. Une lettre écrite à son père par Henry de Monfreid, un aventurier français de bonne famille qui parcourait cette région au début du 20ᵉ siècle, est révélatrice du caractère judaïsant du christianisme que pratiquaient encore à cette époque les chrétiens d'Abyssinie :

---

[9] En particulier les Mélitiens s'opposèrent à la réintégration dans l'Église de ceux qui avaient abjuré leur foi lors des persécutions.

[10] Jean-Yves Leloup, *L'évangile selon Thomas*, logon 12.

Pour les vrais Abyssins comme ceux que je vois ici, nous ne sommes pas des chrétiens mais des sortes de païens. Leur religion d'ailleurs est très près de la religion juive. C'est même exactement la même, plus le Christ qui est venu sur terre faire une petite visite mais qui n'a rien changé à l'Ancien Testament [...].[11]

Protégés par leur relatif isolement, les peuples chrétiens de ces régions d'Afrique qui étaient en contact avec l'Égypte ancienne, ont pu conserver les pratiques d'un christianisme primitif encore très proche du judaïsme.

Ainsi, alors que la christianisation de l'Égypte est souvent décrite comme une paisible évolution vers l'orthodoxie, il apparaît au contraire que cette évolution fut un brutal virage à 180° imposé en quelques décennies à des populations qui étaient depuis plusieurs siècles imprégnées d'un judéo-christianisme proche de la foi primitive. Cette perception très conflictuelle des événements qui ont agité l'Égypte des 4ᵉ et 5ᵉ siècles est importante, dans la mesure où ceux-ci ont forcément atteint les moines du désert de Haute Égypte.

5.2 L'exode des moines du désert

À partir du début du 4ᵉ siècle, sous l'impulsion de Pacôme (292-346), naît l'institution appelée « monachisme » : les moines qui vivaient auparavant en ermites solitaires se regroupèrent dans des monastères, où ils se livraient aux tâches communautaires et à l'étude, tout en respectant une *règle* qui régissait tous les aspects de leur vie. Si nous avons une bonne connaissance des règles de vie de ces premières communautés de moines, et de leur attirance pour l'étude et pour les pratiques de mortification, par contre nous en savons très peu sur leurs croyances. En principe ces moines n'étaient pas censés s'occuper de théologie, mais les conflits des 4ᵉ et 5ᵉ siècles mettaient en question les bases mêmes de la foi, de sorte qu'il n'est pas possible qu'ils n'y aient pas été mêlés. La résistance des chrétiens de Haute Égypte devant les pressions de l'évêque d'Alexandrie devait certainement se retrouver chez les moines du désert :

« Cyrille, évêque d'Alexandrie, s'inquiète des réactions de son clergé, et plus encore de celles des moines du désert ; les échos qui lui en parviennent lui font comprendre qu'ils ne sont pas insensibles aux propos de Nestorius ».[12]

Venant de Cyrille, ennemi juré de Nestorius, l'évocation d'une « sensibilité aux propos de Nestorius » revêt une gravité toute particulière, autant dire que Cyrille voyait en ces moines de purs judéo-chrétiens. Car

---

[11] Henry de Monfreid, *Lettres d'Abyssinie*, lettre du 20 septembre 1912, p. 161.
[12] Frédéric Lenoir, *Comment Jésus est devenu Dieu*, p. 262.

en effet, malgré ce qu'en dit le grand Athanase[13], il est très vraisemblable que certaines communautés de moines de Haute Égypte avaient conservé une foi proche de celle des chrétiens d'origine juive qui avaient évangélisé l'Égypte dans les premiers siècles.

Un témoignage en ce sens est apporté par le moine français Jean Cassien qui, vers 415, après avoir séjourné pendant 15 ans dans les communautés monastiques d'Égypte et de Syrie, dit être convaincu, « [...] que le monachisme avait commencé avec le collège des apôtres à Jérusalem, aussitôt après la mort de Jésus ».[14] Ces paroles de Jean Cassien sont à relier à la tradition qui fait de Jacques Le Juste, le frère de Jésus, le premier des moines. Comme dit plus haut[15], les moines retrouvaient dans l'Épître de Jacques l'intransigeance morale, l'isolement du monde et le rejet des richesses, qui constituaient leurs propres règles de vie.[16] Il y a donc des raisons de penser que Jacques Le Juste et son Église Primitive étaient vénérés comme un modèle par les moines du désert de Haute Égypte qui, loin d'Alexandrie, consacraient leur vie à Dieu sans beaucoup d'égards pour l'orthodoxie qui avait cours dans la capitale.

On imagine sans peine les pressions de toutes natures qui furent exercées sur ces moines, déjà du temps d'Athanase, pour les obliger à adopter la foi de Nicée. Dès lors, face aux brutalités et au fanatisme des envoyés d'Alexandrie, que pouvaient faire ces moines épris de liberté ? Il est logique de penser que les plus irréductibles d'entre eux aient voulu quitter l'Égypte. Quitter l'Égypte, mais pour aller où ? Il est bien connu que le monachisme d'Égypte suscita à cette époque des émules tant en Orient qu'en Occident, dans le sud de la France et en Espagne notamment, mais ces terres d'accueil restaient sous le contrôle de l'Église de Rome et n'apportaient aux moines aucune garantie de pouvoir librement exercer leur foi. Tout autre apparaît une destination comme l'Irlande. Cette île toujours verte qui n'avait jamais fait partie de l'Empire romain et qui n'avait donc jamais été christianisée, pouvait apparaître à ces moines comme une terre d'émigration idéale où ils pourraient faire œuvre évangélisatrice en toute liberté, loin des pressions de l'évêque d'Alexandrie ou de l'évêque de Rome.

---

[13] L'évêque d'Alexandrie Athanase qui succéda à l'évêque Alexandre (qui chassa Arius), est l'auteur d'une *Vie de Saint Antoine*. Il connaissait bien les moines et ne manqua certainement pas d'exercer sur eux de fortes pressions pour qu'ils adoptent l'orthodoxie de Nicée. Il est probable qu'il eut un certain succès en Basse Égypte, car des moines sont cités à plusieurs reprises, notamment par Épiphane de Salamine (qui fut lui-même moine en Basse Égypte) comme ayant pris le parti de l'orthodoxie dans les troubles publics et autres conflits qui agitèrent la ville d'Alexandrie.

[14] Ces paroles de Jean Cassien (*Conférences*, XVIII chapitre V) sont rapportées par Jacques Brosse dans *Histoire de la Chrétienté d'Orient et d'Occident*, p. 135.

[15] Voir le chapitre 2.3.

[16] L'Épître de Jacques venait d'être reconnue comme faisant partie des textes canoniques du Nouveau Testament.

CHAPITRE 6

L'hérésie celtique, une des noix les plus dures que l'Église de Rome ait eu à croquer

1600 ans après ses premières manifestations, le christianisme celte est encore aujourd'hui un sujet particulièrement sensible du fait de ses implications tant politiques que religieuses, qui sont toujours d'actualité.

6.1 Pélage et la christianisation de l'Irlande, un problème pour Rome

La fin du 4e siècle avait apporté à l'Église de Rome toutes les raisons de se réjouir : l'appui décisif de l'empereur Théodose à l'orthodoxie de Nicée avait donné force de loi à la foi qui faisait de Jésus le fils de Dieu, ainsi qu'au dogme de *l'identité de substance* qui faisait de Jésus l'égal en toutes choses de Dieu son Père. Et tous les chrétiens qui, voulant préserver le statut de monarque unique du Dieu de l'antique religion juive, niaient ou minimisaient la divinité de Jésus-Christ, se retrouvaient dans l'illégalité, comme d'ailleurs tous ceux, hormis les Juifs, qui refusaient encore d'adopter la religion de l'Église de Rome.

Pourtant la désormais toute puissante Église catholique, qui sortait à peine de ses conflits en Orient, n'allait pas tarder à être confrontée à de nouvelles difficultés, mais cette fois à l'extrémité occidentale de l'Empire, là où l'Europe se perdait dans les îles encore mal connues de l'océan atlantique : la Bretagne, nom de l'Angleterre à l'époque[1], et l'Irlande, qu'on appelait alors *Scotia*.[2]

A priori rien ne destinait les îles d'Irlande et de Bretagne à devenir des foyers d'hérésie. Le christianisme était certes présent en Bretagne mais

---

[1] Ce nom de Bretagne (Britain) ne doit pas être confondu avec la Bretagne française (Brittany) dont le nom à l'époque était l'Armorique. Le nom de Britons (Bretons) fut donné aux habitants originels de la Bretagne, les Celtes, par opposition aux futurs nouveaux occupants anglo-saxons.

[2] Les Irlandais étaient appelés « Scots ». Ce n'est qu'au tournant du deuxième millénaire que l'exode d'un grand nombre d'Irlandais vers l'Écosse fit que celle-ci prit le nom de « Scotland ».

essentiellement chez les occupants romains et dans les couches romanisées de la population, c'est-à-dire somme toute chez peu de monde. Pour sa part le petit peuple de Bretagne, qui supportait mal l'occupation romaine, était très peu christianisé.

Quant à l'Irlande, cette île n'avait jamais connu ni l'occupation ni la culture romaine, même si quelques relations commerciales existaient avec le monde méditerranéen, notamment dans le domaine des métaux. Il n'y avait donc aucune raison de penser que l'Irlande aurait été touchée par le christianisme, et encore moins par une quelconque hérésie.

C'est pourtant d'Irlande que surgit soudain, à la fin du 4e siècle, une doctrine particulièrement conflictuelle. Au début il s'agissait d'un homme seul, du nom de Pélage (c.370-c.429), qui eut l'audace de se présenter à Rome en proclamant que l'homme est *libre* face à son destin, qu'il est capable par lui-même de faire le bien, et pire encore, qu'il peut obtenir le salut de son âme par le seul fait de ses bonnes actions. Cette doctrine était la négation même du péché originel qui voue l'homme quoiqu'il fasse, au mal et à la damnation éternelle, seuls les sacrements de l'Église ayant le pouvoir de le sauver en vertu des pouvoirs divins que celle-ci avait reçus de Jésus-Christ à travers l'apôtre Pierre.

La doctrine de Pélage, tout au contraire, plongeait ses racines dans la morale du salut par la perfection des actes, tel que l'enseignaient Jacques et les apôtres[3]. En permettant à l'homme de se sauver par lui-même, cette doctrine ôtait à l'Église son pouvoir exclusif d'accorder le salut des âmes, on comprend dès lors que Pélage eut de nombreux et prestigieux adversaires, dont Saint Augustin et Saint Jérôme. Il eut aussi plusieurs disciples et suscita un nombre considérable de controverses théologiques car, en effet, son discours ne faisait que rappeler les paroles du Christ lui-même.

La vie de Pélage est assez bien connue : né vers 370 très probablement en Irlande, il commença sa vie de prédication à la fin des années 390, il resta un grand nombre d'années à Rome, qu'il quitta en 411. Il vécut quelques années en Afrique du Nord où il fut plutôt mal reçu, puis en Orient et en Palestine où il trouva un meilleur accueil. On considère qu'il y passa la fin de sa vie jusqu'à sa mort qu'on situe généralement à la fin des années 420-430.

Son adversaire Saint Jérôme donne à Pélage dans des termes très précis, une origine irlandaise. Dans son Introduction à Jérémie il dit de lui : « Habet progeniem Scotiae gentis de Brittanorum vicinia », ce qui se traduit à peu près par « il est issu du peuple d'Irlande, voisin des Bretons »,

---

[3] Voir le chapitre 2.3. Il est révélateur que l'une des accusations avancées par Paulinus de Milan contre un disciple de Pélage était qu'il soutenait que le respect de la Loi juive pouvait introduire l'homme dans le royaume des Cieux aussi bien que pouvait le faire le respect de l'Évangile.

ou encore « Scotorum pultibus proegravatus », ce qu'on peut traduire par « il est bourré de la bouillie des Scots [c'est-à-dire des Irlandais] »[4]. D'autres arguments en faveur de l'origine irlandaise de Pélage sont donnés dans la Catholic Encyclopedia.[5] Se pose la question fondamentale de comprendre comment Pélage, né à l'extrémité occidentale de l'Europe dans une île non encore christianisée, a pu avoir accès à un tel enseignement hérétique typiquement oriental.

Certains avancent que cette hérésie serait venue de la Bretagne voisine, mais il est avéré que le pélagianisme ne fit son apparition en Bretagne que 30 ans *après* sa diffusion à Rome par Pélage. En outre le nom de « Pélage » est issu d'un mot grec « o pelagos » qui signifie « la mer », or la langue grecque n'était plus pratiquée à l'époque ni en Bretagne ni, plus généralement, en Europe de l'ouest.

D'autres font voyager le jeune Pélage jusqu'en Orient où il aurait reçu cet enseignement hérétique avant de se présenter à Rome, mais la chronologie de sa vie rend cette hypothèse peu crédible et, en outre, on ne voit pas ce qui aurait motivé un tel voyage en Orient de la part d'un jeune Irlandais en principe païen, ni ce qui l'aurait amené à adopter cette hérésie.

Devant les difficultés d'expliquer l'accès du jeune Pélage à l'hérésie qui porte son nom, il reste à envisager que de nouveaux arrivants auraient débarqué en Irlande vers 360-370, venus d'Orient et porteurs d'une foi chrétienne dissidente.

La manière dont le christianisme atteignit l'Irlande n'est pas connue. À la fin du 4ᵉ siècle certains représentants de la foi chrétienne avaient apparemment débarqué sur ses côtes.[6]

Mais d'autres graves événements allaient bientôt faire basculer le destin de ces îles atlantiques. Pendant que Pélage répandait son enseignement hérétique à Rome, se préparait en Bretagne un bouleversement historique : l'armée romaine qui était stationnée en permanence sur

---

[4] Traduction donnée par Anne Hugues dans *The Celtic Church, Origins and Growth*, p. 25.
[5] Ces citations de Saint Jérôme, qui font de Pélage un irlandais, proviennent notamment de la *Catholic Encyclopedia*, Life and Writings of Pelagius, accessible via internet. De nombreux auteurs catholiques ne reconnaissent pas cette origine irlandaise pour Pélage, s'appuyant sur le surnom de « Brito » que lui donnaient certains auteurs de l'époque, qui évoque plutôt la Bretagne que l'Irlande. Mais ce surnom de « Brito » est peu significatif : pour les Romains qui ne connaissaient pas ou à peine l'Irlande, ce nom générique pouvait se rapporter aussi bien à l'Irlande qu'à la Bretagne voisine. Jérôme au contraire prend soin de situer l'Irlande par rapport à la Bretagne, ce qui donne une grande crédibilité à ses dires.
[6] Leslie Hardinge, *The Celtic Church in Britain*, p. 3.

cette île depuis plus de 400 ans fut rappelée sur le continent en 411 pour assurer la défense de l'Empire contre les invasions des peuples du Danube. La fin de la présence romaine en Bretagne laissa le pays à la merci de l'intrusion, au nord des Pictes venus d'Écosse, et à l'ouest des Scots irlandais.

Selon Bède Le Vénérable (673-739), le principal historien des débuts du christianisme en Bretagne, c'est à cette époque que l'Église de Bretagne fut « sérieusement infectée » par l'hérésie pélagienne.[7] « Incapables de réfuter ses arguments plausibles par la discussion » dit Bède, les Bretons catholiques appelèrent à l'aide les évêques gaulois Germain d'Auxerre et Lupus de Troyes. Une rencontre avec les hérétiques est organisée, c'était en 430.

> D'un côté la présomption humaine, de l'autre la foi divine, d'un côté la fierté, de l'autre la piété, d'un côté Pélage, de l'autre le Christ.

C'est dans ces termes colorés que Bède expose comment l'hérésie de Pélage, arrivée en Bretagne sans doute à la suite de l'irruption des Scots irlandais, fut *corrigée* par l'évêque Germain. Cette correction n'eut cependant pas les résultats escomptés car une dizaine d'années plus tard, Germain d'Auxerre fut à nouveau appelé à l'aide en Bretagne. Cette deuxième intervention n'eut pas plus de succès que la première car la présence de cette hérésie fut encore dénoncée par Rome dans les siècles qui suivirent.

C'est alors que Rome, qui ne s'était jamais souciée de l'Irlande païenne, prend subitement conscience de ce que la christianisation de cette île était déjà bien avancée, et qu'elle semblait ne pas suivre la voie de l'orthodoxie. Dès 431, soit un an à peine après la mission de Germain d'Auxerre en Bretagne, est envoyé en Irlande un évêque du nom de Palladius, mais il n'y fut pas bien reçu et sa mission se termina au bout de quelques mois seulement.

Dans les années suivantes un autre candidat se présenta, qui deviendra célèbre sous le nom de Patrick. Né en Bretagne au début du 5e siècle, fils de famille patricienne catholique d'origine gauloise, Patrick (Patricius de son vrai nom) fut emmené à 16 ans prisonnier en Irlande, où il dit avoir été au service d'un « mage ». Après 6 ans de semi-captivité il s'enfuit d'Irlande vers la Gaule où il aurait suivi l'enseignement de Saint Germain d'Auxerre, avant de parcourir le pays et de séjourner dans le monastère de Lérins sur la côte méditerranéenne.

Patrick avait une bonne connaissance de la langue gaélique. Selon ses dires sa mission connut un grand succès, il resta en Irlande jusqu'à

---

[7] Bède Le Vénérable, *Ecclesiastical History of the English People*, I.17, p. 65.

sa mort soit pendant près de trente ans et y aurait consacré un grand nombre d'évêques.[8] Pourtant les grands historiens de l'époque comme Prosper d'Aquitaine (390-463) ou Bède Le Vénérable (673-735) ne disent mot de Patrick, alors qu'ils mentionnent la venue en Irlande de Palladius. Sans doute faut-il penser que la mission de Patrick n'eut pas d'emblée l'importance qu'on lui attribua par la suite. Le culte de Saint Patrick ne fut introduit en Irlande qu'à partir du 7e siècle, lors de la pénétration de l'Église catholique dans ce pays.[9]

Autre sujet d'étonnement, l'organisation épiscopale que Patrick dit avoir mise en place ne laissa pratiquement aucune trace. Selon Jacques Brosse, cent ans plus tard elle avait disparu :

> Il n'en est pas moins un fait troublant, la disparition presque complète, cent ans après, de l'organisation épiscopale créée par Patrick, au profit d'un monachisme de forme et d'esprit indigènes qui triompha aux 6e et 7e siècles. On ne peut guère l'expliquer que par son antériorité.[10]

Jacques Brosse admet donc qu'un monachisme irlandais « de forme et d'esprit indigène » devait être déjà en place bien avant l'arrivée de Patrick.

Après ces événements s'ouvre un intervalle de plus de 100 ans, pendant lequel nous ne disposons d'aucune information sur la situation en Irlande. Et en ce qui concerne la Bretagne, l'arrivée en 451 des Angles et des Saxons aboutit au même résultat. Ces envahisseurs païens remontèrent la Tamise et occupèrent bientôt tout le sud de la Bretagne, refoulant les Celtes bretons vers le nord et vers l'ouest, ce qui provoqua une interruption dans les relations entre la Bretagne et le continent qui dura jusqu'à la fin du 6e siècle.

6.2 Le rejet par les Celtes du christianisme de Rome

Cet isolement se termine à la fin du 6e siècle lorsque Saint Colomban (c.540–615), un moine irlandais de grande envergure, débarque sur le continent pour prêcher et enseigner les foules. Son périple commence en Armorique (la future Bretagne française) puis le conduit en France, en Allemagne, en Suisse et jusqu'en Italie. Il suscite un grand enthousiasme dans les pays qu'il traverse, et fonde un grand nombre de monastères qui deviendront célèbres.

---

[8] Patrick a laissé deux textes écrits en latin : des *Confessions*, et une *Lettre à Coroticus*.
[9] Le premier hagiographe de Patrick est le moine irlandais Muirchù qui vécut à la fin du 7e siècle, auteur d'une *Vita Sancti Patricii*.
[10] Jacques Brosse, *Histoire de la Chrétienté d'Orient et d'Occident 406-1204*, p. 147.

Une lettre qu'il écrit au pape est souvent citée par l'Église :

« Nous, Irlandais qui vivons à l'extrémité du monde [...] nous n'avons jamais accepté que la doctrine apostolique et évangélique, et l'Irlande n'a jamais connu ni hérétiques ni juifs ni schismatiques. La liberté de ma race est source de ma hardiesse. Nous sommes soumis à la chaire de Saint Pierre [...] ».[11]

Les termes utilisés par Colomban sont souvent cités par ceux qui nient les différences doctrinales entre le christianisme celte et le catholicisme romain, car en effet les mots « Nous sommes soumis à la chaire de Saint Pierre » laisseraient entendre que les Irlandais reconnaissaient l'autorité du pape.[12]

Pourtant, en dépit de ce qu'il écrit au pape, Colomban a toujours défendu farouchement les pratiques très particulières du christianisme irlandais et son indépendance vis-à-vis de l'institution romaine. Sa prédication jugée peu orthodoxe lui valut des rapports difficiles avec les évêques des diocèses qu'il traversait.

Mais en cette fin de 6e siècle, l'Église de Rome se prépare à reconquérir la Bretagne. En 597 débarque sur les côtes du Kent l'évêque Augustin (aucun rapport avec le grand Saint Augustin) accompagné de 40 compagnons, désignés par le pape Grégoire Le Grand pour amener les royaumes anglo-saxons à la foi catholique. Augustin est reçu chez le roi païen du Kent dont l'épouse, une petite fille de Clovis, était chrétienne. Le roi se convertit à la religion catholique et fait don à l'Église d'une résidence à Cantorbéry où sera installé le premier archevêché d'Angleterre.

Fort de ses succès chez les Anglo-Saxons, Augustin aborda les Bretons, mais là ce fut l'échec. Les Celtes bretons qui en principe étaient chrétiens depuis plus de deux siècles, se refusèrent « obstinément » à reconnaître l'autorité de Rome : « Il y a de nombreux points, dit Augustin, sur lesquels vos coutumes rentrent en conflit avec les nôtres ».[13] Cette résistance acharnée des chrétiens celtes et leur refus de se plier à l'autorité de l'Église de Rome est au centre des questions que se posent les historiens à propos du christianisme celte.

---

[11] Jacques Brosse, *Histoire de la Chrétienté d'Orient et d'Occident 406-1204*, p. 196.

[12] Encore faudrait-il savoir à quel Saint Pierre faisait référence Colomban. Pour les chrétiens issus du judéo-christianisme Saint Pierre était « leur » apôtre qui leur a été « volé » par l'Église catholique (*cf.* la mosaïque de l'église Sainte Sabine à Rome).

[13] Le texte complet est le suivant : « Malgré des discussions prolongées, ni les prières ni les conseils ni les admonestations d'Augustin et de ses compagnons ne purent obtenir l'accord des Bretons, qui *obstinément* dirent préférer leurs propres coutumes à celles universellement en usage dans les Églises chrétiennes [...] Augustin déclara alors – Il y a de nombreux points sur lesquels vos coutumes rentrent en conflit avec les nôtres, ou plutôt avec celles de l'Église universelle » (Bède, *The Ecclesiastical History of the English People*, II.2, p. 106).

Après l'échec d'Augustin chez les Bretons, Bède raconte les déboires similaires de son successeur l'archevêque Laurence dans ses tentatives d'approcher les Irlandais. Ayant appris « que la vie et les pratiques des Irlandais et des Bretons étaient sous beaucoup d'aspects non orthodoxes », Laurence invite l'évêque irlandais Dagan à le rencontrer, mais l'entrevue se passe on ne peut plus mal.

> Maintenant nous avons appris par la visite de l'évêque Dagan sur cette île, que les Irlandais ne différaient aucunement des Bretons quant à leurs pratiques. En effet lorsque l'évêque Dagan nous rendit visite, il refusa non seulement de manger avec nous, mais même de prendre ses repas dans la même maison que nous.[14]

Ces réticences en disent long sur le rejet, voire le mépris, des chrétiens celtes pour l'Église catholique romaine, qui se retrouvait aussi vif chez les Irlandais que chez les Bretons. Particulièrement représentative de ce rejet de l'Église de Rome est la lettre adressée à la fin du 7ᵉ siècle à Geraint, roi de Cornouailles, par Aldhelm, abbé de Malmesbury (sud-ouest de l'Angleterre). Celui-ci se lamente qu'au Pays de Galles tout proche,

> [les représentants de la religion celtique] fiers de la pureté de leur morale [...], ont une telle horreur de communiquer avec nous qu'ils refusent de prier avec nous dans leurs églises ou de s'asseoir à la même table. Plus encore, ce qui reste de nos repas est jeté aux chiens et aux porcs ; les plats et les bouteilles que nous avons utilisés doivent être frottés avec du sable ou purifiés par le feu avant qu'ils ne condescendent à les toucher. Les Bretons ne nous donnent ni salutations ni baisers de la paix [...] et si l'un de nous vient à vivre dans leur pays, les autochtones ne maintiennent aucun contact avec lui sous peine de devoir supporter une pénitence de 40 jours.[15]

Un autre témoignage des conflits de nature doctrinale avec l'Église est la lettre de remontrances du pape Jean IV qui en 640 s'adresse à plusieurs membres du clergé et abbés irlandais. Le pape s'insurge d'abord contre la pratique de placer la date de Pâques à la même date que la Pâque juive « au quatorzième jour de la lune ». Il continue ensuite en exprimant son irritation de ce que « la pernicieuse hérésie pélagienne » soit « une fois encore » réapparue chez les Celtes :

> et nous vous pressons avec force d'extirper le venin de cette affreuse superstition de vos esprits [...] car elle est jour après jour sous le coup d'un anathème perpétuel [...]. Car comment ne peut-on pas condamner cette insolente et impie assertion que l'homme peut vivre sans péché par l'effet de sa propre libre volonté et non par l'effet de la grâce de Dieu, [tous les hommes] portent

---

[14] Bède, *op. cit.*, II.4, p. 110.
[15] Leslie Hardinge, *The Celtic Church in Britain*, p. 22.

l'indubitable évidence de la chute d'Adam, *même lorsqu'ils sont innocents de tout véritable péché*.[16]

Il faut lire et s'imprégner de ces différents extraits pour se persuader de l'aversion, que l'on pourrait qualifier de *viscérale*, qu'éprouvaient les chrétiens celtes pour l'Église catholique. Pourtant le rejet de l'autorité de Rome par les Celtes d'Irlande et de Bretagne est nié par l'Église et, partant, par de nombreux auteurs pour qui les écarts entre les deux christianismes se réduiraient à un simple différend sur la fixation de la date de Pâques et sur la tonsure des moines. Comme on va le voir cependant, ces différences sont bien plus fondamentales.

6.3 Les aspects judaïsants du christianisme celte

Les divergences entre le christianisme celte et l'Église de Rome restent un sujet très délicat à aborder, peut-être en raison du catholicisme exacerbé de beaucoup d'Irlandais actuels et de leur vénération pour Saint Patrick. De plus certains font un parallèle, sans doute non dénué de fondement, entre le rejet du christianisme de Rome par les Celtes et, beaucoup plus tard, le succès de l'anglicanisme ou du protestantisme en Angleterre, en Écosse et dans le nord de l'Irlande. Dès lors beaucoup d'auteurs préfèrent mettre en avant le charme de l'héritage celtique, sa culture et ses magnifiques enluminures, son art de tailler la pierre, et l'attrait des anciennes coutumes des druides qui étaient si proches de la nature.

Quelques auteurs ont cependant abordé le sujet du christianisme celte dans sa réalité hétérodoxe. Parmi ceux-ci il faut citer le pasteur Leslie Hardinge dont le livre *The Celtic Church in Britain*, bien que datant de plusieurs décennies, fait encore autorité aujourd'hui. Dans son introduction Leslie Hardinge reprend les grandes étapes de l'histoire du christianisme celte, tout en insistant particulièrement sur l'incompatibilité entre ce christianisme et celui de Rome. À côté des extraits de Bède et de Aldhelm déjà cités, il mentionne encore Théodore de Tarse (602-690), archevêque de Cantorbery, qui refusait de reconnaître la validité des baptêmes faits par des chrétiens celtes (dont la formule consacrée omettait de citer le Fils), et son contemporain Eddius qui va plus loin en dénonçant les chrétiens celtes comme schismatiques : « *schismatici Britanniae et Hiberniae* ».[17] Cette nature schismatique est encore confir-

---

[16] Bède, *op. cit.*, II.19, p. 138.
[17] Leslie Hardinge, *The Celtic Church in Britain*, p. 20. Le mot *Hibernia* se rapporte à l'Irlande des Celtes opposés à Rome.

mée par l'évêque Cummian qui, vers 629, évoque l'excommunication (envers les Celtes d'Irlande) décrétée par le Saint Siège, et par le Cardinal Baronius (Librarian of the Vatican, mort en 1607), qui rend hommage à l'évêque Laurence pour avoir tenté de « sortir les Bretons et les Scots de leur *schisme* », ou encore par la plainte de Boniface (mort en 754) devant le pape Zacharie, selon lequel les missionnaires irlandais « ignoraient les canons de l'Église, rejetaient les écrits des Pères et méprisaient l'autorité des synodes ».[18]

Ainsi pour Leslie Hardinge il est évident que les pratiques hérétiques des chrétiens celtes dépassaient largement l'une ou l'autre coutume hétérodoxe. À propos de Bède Le Vénérable, il dit : « Il n'y avait apparemment aucun doute dans l'esprit de l'historien sur la nature schismatique de l'Église celtique ».[19] Leslie Hardinge en conclut que la confrontation directe avec l'Église de Rome était inévitable :

> « Il semble, dit-il, ne pas y avoir de doute raisonnable que l'écart entre les chrétiens romains et celtiques était très grand, et qu'il ne pouvait être résolu que par la confrontation directe où l'un ferait plier l'autre ».[20]

Mais en quoi consistaient ces différences « schismatiques » ? Leslie Hardinge révèle un côté plutôt inattendu de ce christianisme celte, à savoir ses nombreux aspects judaïsants.

On a vu plus haut les fondements d'origine judéo-chrétienne de l'hérésie de Pélage, mais l'historien Bède va plus loin : il cite l'usage chez les Celtes de fixer la date de Pâques en fonction de la Pâque juive qui tombait le 14e jour du mois de Nisan. Le mois de Nisan, le premier mois de l'année juive, était défini par un calcul compliqué, en pratique cependant le mois de Nisan contenait l'équinoxe de printemps. Le calendrier juif étant de type lunaire, le 1er jour du mois correspondait à la nouvelle lune et le 14 du mois correspondait à la pleine lune (une lunaison dure 28 jours), de sorte que la Pâque juive tombait à la date de la pleine lune la plus proche de l'équinoxe de printemps.

Dans les premiers siècles les chrétiens d'Orient suivaient la tradition juive et fêtaient Pâques soit le 14 Nisan, soit le dimanche qui suivait directement le 14 Nisan, mais cet usage avait été aboli lors du concile de Nicée en 325 où fut prise la décision, encore respectée aujourd'hui, de fixer la fête de Pâques des chrétiens à une date tout à fait détachée de la fête juive, parfois postérieure de plusieurs semaines. Le mode de calcul fixé par Rome s'était progressivement imposé dans tout le monde chrétien et

---

[18] Leslie Hardinge, *op. cit.*, p. 37.
[19] Leslie Hardinge, *op. cit.*, p. 22.
[20] Leslie Hardinge, *op. cit.*, p. 23.

les Celtes se trouvaient donc être les seuls à ne pas respecter une décision prise lors du célèbre concile de Nicée, 300 ans plus tôt.

Cette question de la date de Pâques irritait particulièrement l'Église qui lutta pendant des siècles pour obliger les Celtes à s'aligner sur ce qu'elle appelait « les pratiques de l'Église universelle ». Surprenante fut toutefois la ténacité avec laquelle les Celtes s'accrochèrent à cette coutume judaïsante qu'on pourrait cependant considérer comme un détail d'importance mineure. Selon Leslie Hardinge, leur manière de fixer la date de Pâques semblait avoir pour les Celtes une valeur emblématique sur laquelle on ne pouvait transiger, une valeur qui les reliait à leurs racines mêmes.

Mais d'autres coutumes en usage chez les Celtes étaient aussi typiquement judaïsantes, ainsi le jour de repos hebdomadaire était le samedi, jour du sabbat juif, et le mariage du clergé était permis comme c'était le cas dans l'Église Primitive des apôtres. Le pape Grégoire II (pape de 715 à 731) traitait les prêtres celtes de « prêtres adultères ».[21] Leslie Hardinge cite aussi le grand respect qu'avaient les Celtes pour l'Ancien Testament, et le rôle essentiel qu'ils accordaient au *Liber ex Lege Moisi*, le Livre de la Loi de Moïse, où l'on trouvait de nombreuses règles de comportement, sur les aliments permis, sur la manière d'abattre les animaux, sur les règles d'hygiène, sur le mariage, sur le traitement des veuves et des orphelins, sur le paiement de la dîme, etc.

Un témoignage qui va dans le même sens vient d'un ancien chroniqueur norvégien dont les dires sont rapportés par Alan Anderson dans son livre *Early sources of Scottish history* publié en 1922 (accessible sur Internet). Vers la fin du 7ᵉ siècle, des moines celtes qui habitaient les îles Orcades au nord de l'Écosse, en furent expulsés par des pirates norvégiens qui se servaient de ces îles comme base pour piller les côtes écossaises. Parlant de ces moines, le chroniqueur norvégien dit : « comme l'indiquent leurs habits et les textes de leurs livres abandonnés là, ils étaient Africains, adhérant au judaïsme ».[22]

Enfin, un autre témoignage significatif de la foi judaïsante des Celtes irlandais se trouve sur le continent, en Allemagne dans la cathédrale de Würzburg.

---

[21] Leslie Hardinge, *op. cit.*, p. 106.
[22] Le texte de Alan Anderson est le suivant : « These were perhaps the original people of that name from whom the other inhabitants of non-Roman Scotland took their name, Papae. Of these, the one race, the Picts, little exceeded pigmies in stature ; [...] At that time [the islands] were not called Orchades, but Pictland ; [...] The Papae have been named from their white robes, which they wore like priests ; whence priests are all called papae in the Teutonic tongue. An island is still called after them, Papey. But as is observed from their habit and the writings of their books abandoned there, *they were Africans, adhering to Judaism.* »

6.4 Les deux colonnes de Würzburg

Entre le 6e et le 9e siècle débarquèrent sur le continent à la suite de Saint Colomban un grand nombre de moines celtes, plus de deux cents d'après Bernard Guillemain.[23] Après les côtes d'Armor (aujourd'hui la Bretagne française), ils se dirigèrent à travers le centre de la France vers les régions encore peu christianisées de l'est de l'Europe. Ainsi, la ville de Würzburg (située à 100 km à l'est de Francfort) fut un important centre de culture irlandaise. La cathédrale de cette ville, construite aux environs de l'an 700, porte le nom de trois moines irlandais, Kilian, Kolonat et Totnan, qui subirent le martyre à cet endroit à cette époque. Leurs reliques sont enchâssées dans le maître autel.

Cette cathédrale recèle une curiosité tout à fait unique : une représentation sculptée dans la pierre de deux mystérieuses colonnes de 2 m de haut environ, (voir illustrations 1 et 2). Dans l'Ancien Testament, au chapitre 7 du premier Livre des Rois, on trouve la description du Temple construit à Jérusalem par le roi Salomon, ainsi qu'une longue description des deux colonnes en bronze qui ornaient le vestibule de ce Temple. Ces deux colonnes, façonnées par Hiram, un ouvrier plein d'habilité nous dit-on, avaient noms JAKIN et BOAZ. Or ces noms sont précisément ceux que l'on trouve gravés sur les chapiteaux de ces colonnes (IACHIM et BOOZ, voir illustrations 3 et 4), de sorte que leur identité ne fait aucun doute : il s'agit bien d'une représentation dans la pierre des deux colonnes qui marquaient l'entrée du Temple de Salomon. La brochure de la cathédrale indique en outre que ces colonnes étaient anciennement disposées dans le narthex (porche d'entrée) de la cathédrale, comme l'étaient naguère les colonnes du Temple de Salomon, la colonne JAKIN à gauche et la colonne BOAZ à droite selon la Bible.

---

[23] Bernard Guillemain a recensé la présence de 115 saints d'origine irlandaise en Allemagne, de 45 en France, de 36 en Belgique, de 13 en Italie. (Jacques Brosse, *op. cit.*, p. 216).

Illustration 1. *La cathédrale de Würzburg, l'une des plus anciennes cathédrales à deux tours*

Illustration 2. *Würzburg, les deux colonnes*

Illustration 3. *Würzburg, la colonne JAKIN (IACHIM)*

Illustration 4. *Würzburg, la colonne BOAZ (BOOZ)*

Mais tout aussi remarquable est le façonnage des fûts de ces colonnes, le fût de la colonne BOAZ est formé de douze brins sculptés dans la pierre, noués et entrelacés quatre à quatre, et le fût de la colonne JAKIN est formé de seize brins également étroitement entrelacés (voir illustration 2). En Europe occidentale au Moyen Âge ce thème décoratif des nœuds et des entrelacs est propre au monde celtique : on le retrouve abondamment reproduit tant sur les enluminures des manuscrits que gravé dans la pierre. Dès lors ce motif, typique du monde celte, ainsi que l'origine irlandaise des trois saints qui ont donné leur nom à la cathédrale, laissent peu de doute sur l'origine irlandaise de ces colonnes.

Or le Temple de Jérusalem, outre son importance pour le peuple juif, est aussi comme on l'a vu, un symbole emblématique de la première communauté chrétienne de Jacques Le Juste qui accordait à ce Temple une importance toute particulière. Ces colonnes apportent donc une confirmation de la relation étroite entre le christianisme irlandais et l'Église Primitive de Jacques Le Juste, ce qui est tout à fait étonnant pour un peuple insulaire situé à l'extrémité occidentale de l'Europe.

Plus encore, à bien regarder ces deux colonnes on remarque qu'elles diffèrent très sensiblement l'une de l'autre, tant par la facture de leurs chapiteaux que de leurs fûts (voir illustration 2), ce qui ne correspond pas aux canons de l'art occidental, qui a toujours privilégié une certaine symétrie. Ce n'est pourtant pas le cas pour le symbolisme du nombre deux dans le judéo-christianisme ancien. Comme l'enseigne le livre des *Homélies Clémentines* dont question plus haut[24], les deux éléments du symbole ne peuvent être ni égaux, ni opposés, ni symétriques mais bien *complémentaires*, et donc *différents*.[25]

Ces deux colonnes judéo-chrétiennes de Würzburg revêtent une importance particulière car, au-delà des très rares écrits qui subsistent, elles montrent que la religion celtique était profondément imprégnée du symbolisme et des traditions liées à la première communauté judéo-chrétienne de Jérusalem.[26]

---

[24] Voir le chapitre 2.6.
[25] Dans le symbolisme des « syzygies », aussi appelé symbolisme des « appariements », tel qu'il apparaît dans les *Homélies Clémentines*, les deux éléments du symbole, en principe des hommes de Dieu, sont sensés se renforcer mutuellement. (*op. cit.*, Homélie II.XV).
[26] L'absence de vestige similaire dans les îles britanniques ne doit pas étonner : dans sa conquête de ces îles, l'Église ne pouvait laisser subsister de tels témoignages de l'hérésie celtique. Par contre sur le continent ces vestiges peu orthodoxes attiraient moins l'attention et ont été préservés.

6.5 Autres usages et croyances des peuples celtes

Tous les auteurs soulignent la place dominante des moines dans la société celtique. Les monastères se présentaient sous la forme de villages fortifiés à l'intérieur desquels la communauté vivait une vie de vertu et de dévotion. « Comme c'était le cas chez les Hébreux, dit Leslie Hardinge, ces cités faisaient partie du patrimoine des différentes tribus, qui se le transmettaient de manière héréditaire ».

Contrairement à la religion catholique où l'évêque avait en principe autorité sur le clergé et sur les moines de son diocèse, chez les Celtes cette autorité revenait à l'abbé du monastère le plus proche. L'organisation épiscopale telle qu'on la trouve dans le catholicisme romain était remplacée chez les Celtes par une organisation entièrement basée sur le système monastique. Les fonctions d'évêque et de prêtre existaient chez les Celtes, mais elles différaient considérablement de celles que leur donnait l'Église de Rome. Un évêque était « un homme de probité, reconnu comme tel par ceux qui n'étaient même pas membres de sa communauté […], pas attiré par l'alcool […] libre de toute avarice […] pas querelleur […] prêt à recevoir à tout moment celui qui avait besoin d'aide ».[27] La distinction entre évêque et prêtre était très floue, leur autorité était essentiellement morale. À la différence des prêtres et évêques dans la religion catholique, ils ne rentraient dans aucune hiérarchie : d'après Leslie Hardinge, ces *prêtres-évêques* (presbyter-bishops) ne vivaient pas dans les monastères et n'étaient liés à aucune localité ou congrégation. Ils étaient en quelque sorte des évêques-itinérants, ce qui leur valut lors de leurs périples sur le continent de nombreux conflits avec les « vrais » évêques des diocèses qu'ils traversaient.

Leslie Hardinge mentionne aussi une morale extrêmement exigeante, héritage de Pélage, et une discipline pénitentielle très sévère, voire tout à fait exagérée suivant nos critères.

Autre spécificité celtique, les moines irlandais étaient particulièrement cultivés : en plus de la pratique du latin les monastères irlandais furent un haut lieu de préservation de la connaissance de la langue et de la littérature grecque, sacrée ou profane, alors qu'en dehors de certaines régions d'Italie, la langue grecque avait été largement oubliée en Occident.

Leslie Hardinge souligne le peu d'importance qui était donnée à une quelconque doctrine humaine, la seule autorité ne pouvant émaner que d'une lecture littérale de la Bible. À la différence de l'Église de Rome qui se considérait comme seule apte à interpréter les Écritures Sacrées, chaque membre de l'Église celte (le terme d'Église est souvent utilisé bien que tout à fait impropre dans le cas du christianisme celte) se sentait

---

[27] Leslie Hardinge, *op. cit.*, p. 125.

compétent pour expliquer, faire appliquer et transmettre le message qu'il trouvait dans les Écritures, selon l'interprétation qu'il donnait au texte en toute liberté, sans aucune référence à un dogme ou à une quelconque doctrine.

Michael W. Herren et Shirley Ann Brown dans *Christ in Celtic Christianity* donnent une grande importance à l'héritage de Pélage. Ils soulignent la manière qu'avaient les chrétiens celtes de lire les textes sacrés à la lettre et leur aversion pour ceux qui osaient les interpréter de manière allégorique (« figuratively »).[28] Cette vue des choses rappelle l'enseignement de l'école d'Antioche et la doctrine arienne qui, aux 3e et 4e siècles, rejetaient l'interprétation *allégorique* des Écritures et laissaient à chacun la liberté d'interpréter les textes sacrés à sa manière, en se laissant guider seulement par sa propre raison.

Le christianisme celte se vivait ainsi de manière essentiellement pratique, aucune autorité centralisatrice n'existait pour canaliser les croyances : « Le respect envers les Pères de l'Église ou le pape avait peu de poids pour les théologiens celtes ». On ne peut donc parler ni d'une « Église » celtique ni d'une doctrine propre au christianisme celte.[29] Leslie Hardinge cite ce manque d'unité, doctrinale et institutionnelle, comme l'une des causes de l'affaiblissement de la position de l'Église celtique face à une Église de Rome monolithique. On pourrait soutenir une opinion opposée : cette diversité doctrinale et institutionnelle est sans doute la voie qui a permis que se perpétuent pendant près d'un millénaire des pratiques et des doctrines hétérodoxes qui n'auraient pas pu se maintenir face au christianisme romain dans le cadre d'une Église constituée. Il n'en reste pas moins que ce manque d'unité doctrinale des chrétiens Celtes rend très difficile d'appréhender les contours de leur foi, qui restait apparemment une affaire très locale et même individuelle.

Richard Nickels, dans un article d'introduction à l'ouvrage de Leslie Hardinge, dit « Many Celtic believers were Arians (anti-Trinitarian) », se référant à leurs pratiques judaïsantes citées ci-dessus. Il est certain en effet que les pratiques et traditions d'origine judéo-chrétienne chez les chrétiens celtes devaient se prolonger, au moins chez certains d'entre eux, par une vision antitrinitaire, « humaine », et même « royale », de la personne de Jésus-Christ, une vision qui justifierait les graves accusations de nature schismatique dont la religion celtique a été l'objet.

---

[28] Michael W. Herren et Shirley Ann Brown, *Christ in Celtic Christianity*, p. 8.
[29] « Il semble ne pas y avoir eu de tentative de formulation d'une quelconque doctrine de l'église [...] Lorsque des représentants de diverses églises se rencontraient, la liberté démocratique semblait prévaloir. Aucun leader parmi les Celtes ne pouvait parler au nom de tous ». (Leslie Hardinge, *op. cit.*, p. 207)

Il faut cependant regretter que dans ce domaine notre connaissance se heurte à un manque flagrant de textes de nature doctrinale émanant des Celtes eux-mêmes. Comme pour les autres zones grises de l'histoire du christianisme, la quasi-totalité des textes significatifs qui nous sont parvenus sont d'origine catholique. Ces écrits apportent une abondance de témoignages sur le caractère hérétique et même schismatique du christianisme celtique, mais sans jamais donner de détail sur la foi et les croyances qui faisaient l'objet de ces reproches, et il n'y a pratiquement aucun écrit d'origine celtique (sauf un, voir ci-après) qui pourrait illustrer ces multiples accusations. Cette absence de texte est d'autant plus déconcertante que les moines celtes étaient particulièrement érudits et instruits et n'ont certainement pas manqué de laisser des écrits illustrant leur foi. Leslie Hardinge mentionne ce manque de références : « Sur les presque 25.000 livres et articles répertoriés, cet investigateur [lui-même] n'a pu trouver un seul volume dédié principalement aux croyances et pratiques du christianisme celtique ».[30]

On ne peut s'empêcher d'accuser l'Église catholique d'avoir, au fur et à mesure de sa progression, systématiquement détruit tous les documents qui s'écartaient de l'orthodoxie. Cette pratique était tout à fait habituelle au Moyen Âge, on cite Charlemagne, qui « avait fait détruire tous les manuscrits fautifs, afin de ne conserver que les meilleurs ».[31] Enfin, il est certain que le christianisme celte a dès le 7e siècle subi l'influence de la toute puissante Église catholique, de sorte qu'il n'est jamais facile de savoir jusqu'à quel point un écrit d'origine celtique est réellement représentatif de la foi originelle du peuple celte.

Leslie Hardinge dit s'être basé essentiellement sur des annotations écrites entre les lignes de textes bibliques, ou de commentaires des Écritures datant pour la plupart du 8e siècle (une époque à laquelle le christianisme de Rome avait déjà fait de notables progrès tant en Irlande qu'en Bretragne). Dans ces documents, annotations ou commentaires, Leslie Hardinge dit ne pas avoir trouvé de vues opposées à la trinité : « Disbelief in the Trinity, however, is certainly not discernible from the sources ».[32]

Il apparaît néanmoins que la trinité chez les Celtes n'est pas la trinité *équilibrée* de l'orthodoxie : Leslie Hardinge relève une déviation systématique donnant une primauté à Dieu par rapport à Jésus-Christ ce qui dénote une influence arienne citée par l'auteur. Il en va ainsi de la formule originelle du baptême où le nom de Jésus-Christ n'était pas cité, ou de certains extraits où Jésus-Christ apparaît comme un être *créé*, ce qui est tout à fait incompatible avec l'orthodoxie qui, depuis le 2e siècle, avait

---

[30] Leslie Hardinge, *op. cit.*, préface page XIV.
[31] Jacques Brosse, *op. cit.*, chapitre XI, p. 330, citant M.Manitius.
[32] Leslie Hardinge, *op. cit.*, p. 54.

fait de Jésus un être incréé, comme Dieu son Père. L'auteur cite aussi une curieuse annotation entre les lignes d'un texte biblique qui suggère que la trinité devrait être en réalité une *quaternity* dans laquelle le Fils apparaîtrait deux fois, d'abord comme « Fils de Dieu » et ensuite comme « Fils de l'Homme ».

Mais les écarts avec l'orthodoxie relevés par Leslie Hardinge ne semblent pas justifier les multiples condamnations ou reproches déjà cités, adressés aux Celtes par des représentants de l'Église de Rome. Dès lors il est très probable que de nombreuses pièces manquent au puzzle des croyances celtiques que Leslie Hardinge a tenté de reconstituer.

On doit cependant admettre, si l'on en revient aux deux colonnes de Würzburg, et à leur valeur emblématique pour l'Église Primitive de Jacques, qu'au moins un certain nombre de représentants de la religion celtique voyaient le fondement de leur foi dans les traditions et symboles issus de cette Église Primitive.

Il reste à présenter un écrit substantiel d'origine celtique, rédigé sous la protection du roi de France Charles II. Comme pour les colonnes de Würzburg, c'est sans doute à son origine continentale que nous devons que ce document ait pu traverser les siècles.

6.6 Le roi de France Charles II, protecteur du christianisme celte

Particulièrement remarquable est la place qu'occupèrent les moines celtes, bretons et irlandais, à la cour des rois carolingiens. Charlemagne avait été attiré par leur culture, par leur connaissance du grec et aussi, paraît-il, par leur grande liberté de parole qui en faisait des hôtes fort plaisants. L'histoire a retenu les noms, entre autres, de Alcuin, le maître des écoles d'York, qui fut maître des études de Charlemagne, et de Clément le Scot qui lui succéda, il y eut le moine Dungal et le moine Dicuil, géographe et astronome, qui présenta à Louis Le Pieux, le fils de Charlemagne, son livre *De mensura orbis terrae* (À propos de la mesure de la circonférence de la terre).

Mais le plus célèbre de ces moines celtes fut Jean Scot Erigène (c.800-c.876) dont le nom indique deux fois son origine irlandaise. Il fut appelé à la cour du petit-fils de Charlemagne Charles II dit *Le Chauve*, qui régna entre 843 et 877 sur la Francie occidentale. Charlemagne n'aurait pas admis qu'on sorte de l'orthodoxie la plus stricte, mais son petit-fils Charles II avait semble-t-il des idées plus larges que son grand-père. Sous sa protection Jean Scot Erigène se permit d'écrire des œuvres qui ne manquèrent pas de choquer les autorités ecclésiastiques. Ayant une bonne connaissance du grec, Jean Scot traduisit les œuvres de plusieurs Pères de l'Église dont la pensée était fort peu orthodoxe. Son œuvre maîtresse, le *Periphyseon* (À propos des choses de la Nature) apparut comme une immense épopée métaphysique qui provoqua la stupeur de ses contemporains.[33] En particulier Jésus-Christ y apparaît comme un être *créé par Dieu*, ce qui dans l'esprit de l'époque, plaçait Jésus-Christ plus proche de l'homme que de Dieu, un véritable scandale.

Jean Scot rendait à Dieu la place centrale qu'il occupe dans la Bible, ce qui conduisit à considérer son *Periphyseon* comme étant à l'origine du courant de pensée panthéiste, une doctrine philosophique selon laquelle *Dieu est tout* ou encore *tout est en Dieu*, qui n'est évidemment pas compatible avec l'orthodoxie chrétienne qui fait de Dieu seulement l'une des trois personnes de la trinité.[34]

Grâce à la protection de son roi Charles II, l'œuvre de Jean Scot put échapper à la colère du pape Nicolas Ier, mais dès l'aube du 2e millénaire le *Periphyseon* apparut comme une œuvre hérétique qui devint clandestine. Elle fut brûlée publiquement à plusieurs reprises, et notamment au deuxième procès de Bérenger de Tours en 1054.[35] Bérenger, s'inspirant des idées de Jean Scot, soutenait qu'il fallait s'en remettre à la raison par laquelle l'homme avait été fait à l'image de Dieu, et qui était de ce fait supérieure à l'autorité [de l'Église]. Le *Periphyseon* fut encore brûlé publiquement en 1210 à la suite d'une condamnation par l'archevêque de Sens, qui fut confirmée en 1225 par le pape Honorius III.

Le *Periphyseon* de Jean Scot est particulièrement important car c'est le seul écrit de nature doctrinale émanant du christianisme celte qui soit parvenu jusqu'à nous. Son caractère antitrinitaire qui place Dieu au centre de la Création confirme l'attirance du christianisme celte pour les doctrines issues du judéo-christianisme primitif.

Il est tout à fait surprenant qu'aucun des écrits de Jean Scot n'ait été pris en compte par Leslie Hardinge, ni même cité dans sa bibliographie. Or cet auteur, qui dit avoir consulté « 25 000 livres et articles » sur son sujet, ne pouvait ignorer le seul auteur irlandais dont l'œuvre nous est parvenue. Cet étonnant oubli jette un certain discrédit sur l'analyse de la foi celtique faite par Leslie Hardinge, qui était théologien protestant et donc porté à préserver la foi en la trinité chrétienne.

---

[33] La plupart des informations sur Jean Scot Erigène proviennent du livre de Jacques Brosse, *Histoire de la Chrétienté d'Orient et d'Occident 406-1204*, chapitre XI, pp. 366 à 371.
[34] Le panthéisme atteindra son apogée au 13e siècle avec Maître Eckhart dont le procès pour hérésie est devenu célèbre.
[35] Jacques Brosse, *op. cit.*, pp. 773-774.

6.7 Un lien entre le monachisme celte et le monachisme d'Égypte ?

Une question qui fait l'objet d'âpres controverses est celle des similitudes entre le monachisme celte et le monachisme oriental, particulièrement le monachisme égyptien.

Plusieurs indices alimentent les débats :
- les lieux de retraite des moines en Irlande étaient désignés par le mot *disert* ou *desert*, terme que l'on retrouve fréquemment dans les dénominations de lieux dans ce pays,[36]
- le motif des nœuds et des entrelacs, abondamment utilisé dans l'art irlandais est typique de l'art oriental, et se retrouve encore aujourd'hui, par exemple, dans les bijoux des communautés chrétiennes de l'Afrique du nord-est, qui étaient proches de l'Égypte ancienne (voir illustration 5),
- la connaissance de la langue grecque fut longtemps préservée dans les monastères irlandais, en plus bien entendu de la langue latine,
- le site www.world-religion-watch.org, cite le moine celte Alcuin de York qui, dans une lettre adressée à Charlemagne, décrivit les moines irlandais comme des « pueri Egyptiaci », c'est-à-dire des « enfants d'Égypte » ; selon le même site la croix celtique (une croix dans laquelle s'inscrit un anneau) « a été retrouvée sur des draps mortuaires coptes du 5ᵉ siècle », ce qui prouverait son origine égyptienne,
- Michelle P. Brown, qui a étudié et publié des ouvrages sur l'art celte[37] cite, parmi de nombreux exemples d'influence égyptienne, celui de l'Évangile de Cuthbert (7ᵉ siècle) qui a été « relié et cousu selon un usage copte spécifique » ou celui du Livre des Kells (fin 8ᵉ siècle) qui contient « une image de la vierge allaitant l'enfant Jésus clairement copiée d'un original copte »[38],
- enfin, l'hérésie de Pélage était aussi présente dans le monastère de Lérins fondé par Saint Honorat (360-430) sur le modèle du monachisme égyptien,
- etc.

---

[36] Le mot désert vient du latin desertus.
[37] Michelle P. Brown, *Art of the Islands*.
[38] D'après le même auteur, la *virgo lactans* était un thème iconographique spécifique de la tradition copte, emprunté aux images pharaoniques d'Isis allaitant le nourrisson Horus.

Illustration 5. *Les entrelacs des bijoux celtiques irlandais : un motif que l'on retrouve dans l'Éthiopie chrétienne.*

Pour ce qui est des textes retrouvés en Irlande, il existe deux références explicites à une origine égyptienne. Dans le martyrologue d'Oengus le Culdée[39], un moine évêque né en 750, on trouve une litanie qui, dans une liste de pèlerins venus d'Europe, invoque l'aide de *Sept moines venus d'Égypte* : « Seven monks of Egypt in Disert Uilaig, I invoke unto my aid, through Jesus-Christ. »[40] Une autre référence à l'Égypte se trouve dans un antiphonaire de l'abbaye de Bangor[41] où figure un chant qui célèbre la *vraie vigne transplantée depuis l'Égypte* :

This house full of delight
Is built on the rock
And indeed the true vine
Transplanted out of Egypt[42]

Or la vigne était souvent utilisée dans l'antiquité en représentation de la religion chrétienne[43].

6.8 Les origines du christianisme celte

Arrivés à ce stade, le moment est venu de tenter d'émettre une hypothèse sur l'origine de ce christianisme celte si particulier. Pour rappel, on lui reconnaît :

- une organisation centrée sur le modèle monastique, sans référence à l'organisation épiscopale telle qu'elle existe dans l'Église catholique romaine,
- des pratiques judaïsantes d'origine typiquement judéo-chrétienne,
- une opposition viscérale à l'Église de Rome,
- une morale très stricte et une discipline pénitentielle très sévère héritées du pélagianisme, à l'instar de celle qui était pratiquée dans la communauté de Jacques Le Juste,
- la préservation de la connaissance de la langue grecque et des auteurs grecs,
- une manière de penser très libre, attachée à la lecture « littérale » du Nouveau Testament,

---

[39] Culdées était le nom donné à la fin du premier millénaire aux membres du clergé du christianisme celte.
[40] Cette citation est accessible sur internet.
[41] Un antiphonaire est un recueil de chants liturgiques. L'abbaye de Bangor est située dans la partie nord est de l'Irlande (en Ulster, là où les traditions hétérodoxes se sont maintenues le plus longtemps).
[42] Cette citation est accessible sur internet.
[43] « Je suis la vraie vigne et mon Père est le vigneron. » (Jn 15.1)

— enfin de nombreuses traces dans l'art religieux d'une influence orientale et particulièrement égyptienne.

Tous ces éléments peuvent-ils être réunis dans une théorie cohérente sur les origines de ce christianisme celte, sachant que ce christianisme avait vraisemblablement commencé son implantation en Irlande dès l'époque de Pélage à la fin du 4e siècle, et qu'au 5e siècle il était déjà suffisamment bien implanté pour avoir absorbé les communautés issues de l'action de Patrick ?

Comme déjà dit, l'hypothèse d'une christianisation qui serait venue de la Bretagne toute proche présente des difficultés rédhibitoires. Il en résulte que l'on doit en revenir à l'explication déjà exprimée par certains auteurs tel que rapporté en 6.1, selon laquelle la christianisation de l'Irlande serait due à l'arrivée dès la fin du 4e siècle de chrétiens venus d'ailleurs. Or ces chrétiens parlaient le grec[44], ils étaient donc certainement venus d'Orient, et ils étaient certainement des moines puisque l'organisation du christianisme celte telle qu'elle est apparue en Irlande, était clairement organisée selon le modèle monastique. Enfin les similitudes avec le monde monastique égyptien conduisent à privilégier l'hypothèse citée par Jacques Brosse, selon laquelle l'origine du monachisme irlandais serait à trouver chez les « Pères du désert » en Égypte.

> Reste aussi fort obscure l'origine même d'une institution qui n'a pu naître par génération spontanée, mais ressemble fort aux toutes premières communautés ascétiques fondées en Haute Égypte et en Palestine par les Pères du désert [...].[45]

L'hypothèse que ces *Pères du désert* venus de Haute Égypte auraient émigré en Irlande est en effet plausible. Comme dit plus haut, confrontés aux pressions d'Alexandrie pour forcer l'adoption de l'orthodoxie de Nicée, la vie devait être devenue insupportable pour certains de ces moines épris de liberté : se considérant comme les héritiers de l'Église de Jérusalem, ces moines estimaient n'avoir de compte à rendre à personne et certainement pas à l'évêque de la lointaine Alexandrie. Dès lors l'Irlande, une île toujours verte qui n'avait pas encore été christianisée, s'offrait à leur action évangélisatrice comme une terre d'émigration idéale, loin de toute pression de l'orthodoxie romaine.[46] En outre le voyage ne devait pas être trop difficile car un courant commercial dans le domaine des métaux reliait l'Irlande avec l'Orient depuis plusieurs siècles.

Ainsi donc, bien qu'aucun document ne subsiste qui pourrait prouver que le monachisme irlandais a été importé depuis l'Égypte, il est logique de penser que dès la fin du 4e siècle, et encore plus au 5e siècle, nombre de

---

[44] Comme déjà dit, le nom de Pélage vient du grec « o pelagos » qui signifie « la mer ».
[45] Jacques Brosse, *op. cit.*, p. 155.
[46] Voir le chapitre 5.2.

moines fuyant la Haute Égypte ont émigré en Irlande, emportant avec eux leurs usages et leur organisation issue de leur expérience monastique, leur foi imprégnée du judéo-christianisme primitif, leur morale intransigeante, leur connaissance de la langue et des auteurs grecs, un grand respect pour l'interprétation « littérale » des textes sacrés, et surtout une intense aversion pour l'autorité abusive de l'Église de Rome. La réceptivité du jeune Pélage à l'enseignement de leur foi dissidente, et son action à Rome, durent apparaître à ces moines comme une grande victoire.

Les vues de l'Église catholique irlandaise sont tout à fait différentes. Elles s'expriment notamment dans l'ouvrage de Anne Hugues *The Celtic Church, Origins and Growth* qui est brièvement analysé dans l'appendice 1 à la fin de ce livre. Les auteurs d'obédience catholique accordent une importance primordiale à l'action de Patrick, ils omettent cependant de prendre en compte un grand nombre d'éléments du dossier, de sorte que leur thèse est peu convaincante.

6.9 La suite d'une longue histoire, le roi Athelstan bienfaiteur du christianisme celte

Ceci dit, il convient de reprendre le fil de la longue histoire de ce christianisme celte, que nous avons abandonnée au début du 7ᵉ siècle lorsque les Celtes bretons face à l'évêque Augustin, et les Celtes irlandais face à l'archevêque Laurence, refusèrent « obstinément » de reconnaître l'autorité de l'Église de Rome. Il reste néanmoins que la conversion au catholicisme romain des royaumes anglo-saxons allait rendre la vie beaucoup plus difficile au christianisme celte. Bède raconte comment, dès le milieu du 7ᵉ siècle, à la cour du roi de Northumbrie (au nord du fleuve Humber) on en était venu à célébrer Pâques deux fois dans l'année, d'abord pour le roi qui suivait la pratique celte, et donc juive, ensuite pour la reine, catholique, qui fêtait Pâques à la date fixée par Rome.[47]

C'est alors, en 664, que ce même roi de Northumbrie décida, peut-être pour des raisons politiques, de réunir un synode à Whitby sur la question de la date de Pâques. Chacun des représentants des Églises en présence donna le nom du grand saint sous l'autorité duquel il plaçait ses traditions : le représentant de Rome cita l'autorité de Saint Pierre, tandis que celui des chrétiens celtes évoqua l'apôtre Saint Jean. Le roi trancha en faveur de Saint Pierre et donc de l'Église de Rome, ce qui porta un coup dur à l'Église celtique

---

[47] « Il est dit que la confusion était telle que Pâques était parfois fêté deux fois dans l'année, de telle manière que lorsque le roi fêtait Pâques [selon le calendrier juif], la reine était encore dans le jeûne et fêtait le dimanche des Palmes ». (Bède, *op. cit.*, III.25, p. 186)

dans cette partie de l'Angleterre. D'importantes abbayes durent être cédées, dont le célèbre monastère celte de Lindisfarne, à la suite de quoi un grand nombre de moines celtes choisirent de s'exiler vers le nord ou vers l'Irlande.

La situation du christianisme celte à la fin du 7ᵉ siècle était donc devenue plus difficile, d'autant plus que l'Église avait aussi fait des progrès en Irlande du Sud. Apparaît alors une certaine confusion : d'une part un nombre croissant de Celtes, bretons et irlandais, adoptèrent au moins en partie les pratiques de la religion catholique[48], mais d'autre part il est certain que le christianisme celte continua à être pratiqué pendant plusieurs siècles tant en Irlande qu'en Angleterre, en dépit des nombreux synodes qui furent tenus d'un côté comme de l'autre pour obliger le clergé local à abandonner les pratiques celtiques.

Une petite phrase de Bède en dit long sur les difficultés rencontrées par l'Église en Bretagne. Après avoir rappelé les efforts de l'évêque Laurence, cent ans plus tôt, pour rallier les Celtes bretons à la « catholic unity », Bède se laisse aller à une phrase désabusée : « [...] mais la situation présente montre combien peu il a réussi »[49]. Or Bède écrivait ces lignes vers l'an 725, soit 60 ans après le synode de Whitby.

Et en ce qui concerne l'Irlande, Leslie Hardinge va dans le même sens :

« Alors que la majorité des chrétiens irlandais acceptèrent les traditions de Rome, il y en avait apparemment une importante minorité qui restèrent indépendants. Même quatre siècles plus tard [au 12ᵉ siècle] l'évêque de Rome [c'est-à-dire le pape] avait de graves inquiétudes sur la manière dont les choses se passaient en Irlande ».[50]

Mais surtout, la progression de l'Église catholique dans l'île de Bretagne connut un arrêt brutal à la fin du 8ᵉ siècle du fait de l'invasion par les Vikings. Après avoir pillé les côtes du nord de l'île ils s'installèrent à l'intérieur du pays et repoussèrent les Anglo-Saxons vers le sud. Au milieu du 9ᵉ siècle ceux-ci se trouvèrent refoulés jusqu'à la Tamise, là d'où ils étaient partis 400 ans plus tôt, après avoir perdu la quasi totalité des territoires qu'ils avaient conquis sur les peuples celtes. Sur les traces des Vikings, ces derniers récupérèrent les abbayes et les églises qu'ils avaient dû abandonner à l'Église de Rome.

Apparut alors chez les Anglo-Saxons une grande et forte dynastie. Le roi Alfred Le Grand (règne de 871 à 899), parvint à fédérer ce qui restait des

---

[48] Leslie Hardinge cite l'exemple de certaines régions d'Irlande où le repos hebdomadaire commençait le vendredi au coucher du soleil selon le sabbat juif, pour se terminer le lundi matin selon la coutume catholique.

[49] « Laurence [...] also wrote a dignified letter to the British bishops, in which he tried to bring them into Catholic unity ; *but the present state of affairs shows how little he succeeded.* » (Bède, *op. cit.*, II.4, p. 110)

[50] Leslie Hardinge, *op. cit.*, Introduction p. 27.

royaumes anglo-saxons et à regagner une partie du terrain perdu en repoussant les Vikings jusqu'au fleuve Humber. Ses fils, Édouard Ier, et petit-fils Athelstan, poursuivirent l'entreprise. Toutefois ces deux rois adoptèrent une politique religieuse particulièrement tolérante, bien différente de celle de leurs prédécesseurs. Dans les territoires reconquis ils cherchèrent à s'attirer la collaboration des peuples celtes en leur laissant leurs coutumes et religion :

> Des chefs locaux, Édouard n'exigeait que la soumission, sans toucher ni à leurs institutions ni à leurs coutumes [...]. Les Écossais eux-mêmes l'acclamaient comme leur père et seigneur.[51]

Le fils d'Édouard, Athelstan (règne de 924 à 939), reprit la Northumbrie et la cathédrale de York (la deuxième plus importante cathédrale d'Angleterre après Cantorbéry) qui, à la suite du repli des Anglo-Saxons un siècle plus tôt, avait été récupérée par le clergé celte. Fort de ses succès, Athelstan allait-il obliger les Celtes à rendre leur cathédrale de York à l'Église catholique ? Il ne fit rien de pareil. D'après Robert-Freke Gould, Athelstan donna au clergé celte qui officiait dans la cathédrale de York, le droit de pratiquer leur religion « à perpétuité » et même celui de prélever une redevance en blé pour soutenir leurs œuvres pieuses.[52] On comprend dès lors que le roi Athelstan, Anglo-Saxon et donc en principe catholique, ait néanmoins été considéré par les Scots et les Celtes de Bretagne comme un grand bienfaiteur et protecteur de leur foi.

> Selon les chroniqueurs, dit Jacques Brosse, c'était un jeune homme d'une extraordinaire beauté, affable, intelligent et si estimé que les Scots l'appelèrent « le pilier de la dignité du monde occidental ».[53]

6.10 La fin du christianisme celte

La politique de tolérance vis-à-vis du christianisme celte menée par le roi Athelstan ralentit mais n'arrêta pas la progression inéluctable de la religion catholique. Et les rois d'Écosse, au gré de leurs alliances, notamment matrimoniales, finirent par permettre à l'Église de s'installer dans leur royaume.

---

[51] Jacques Brosse, *op. cit.*, chap.XV, p. 496.

[52] « Les Chaldées [nom donné aux représentants de l'Église celtique] constituaient le clergé officiant de la cathédrale Saint Pierre à York [...] le roi Athelstan réclama l'aide de leurs prières [...]. Rentré victorieux de cette campagne, le roi accorda aux Chaldées et à leurs successeurs une redevance en blé [...] afin de leur permettre à perpétuité [...] de continuer à accomplir les œuvres de piété dont ils s'étaient si bien acquittés dans le passé » (Robert-Freke Gould, *Histoire abrégée de la franc-maçonnerie*, traduction par Louis Lartigue, p. 25).
Le nom de « Chaldées » est la traduction française choisie par Louis Lartigue pour le nom anglo-saxon de « Culdées » que reçut le clergé celte à la fin du premier millénaire.

[53] Jacques Brosse, *op. cit.*, chap.XV, p. 496.

On cite la reine Margareth (morte en 1093, anglo-saxonne et donc catholique), épouse du roi d'Écosse Malcolm III, qui, « lorsqu'elle vit que de nombreuses choses existaient dans ce pays qui étaient contraires à la règle de la vraie foi et de la sainte pratique de l'Église universelle », entreprit de réformer l'Église celte en Écosse.[54] Il est cependant révélateur qu'elle respecta la liberté religieuse des « Culdées »[55], ces moines qui restaient les détenteurs de la foi et des traditions du christianisme celte.

Le fils de Malcolm III et de Margareth, le roi David Ier, qui régna sur l'Écosse entre 1124 et 1153 après avoir passé sa jeunesse chez les souverains anglo-normands, eut à cœur de moderniser son pays. Il y attira des étrangers porteurs de nouvelles techniques, qui furent à l'origine de la création des premières villes d'Écosse, les burghs, alors que jusque là les agglomérations étaient petites et rassemblées autour des abbayes, selon la coutume celte. Dans l'esprit du roi David la modernisation de son pays impliquait l'installation d'une organisation ecclésiastique sur le modèle catholique anglo-normand, ainsi que l'installation de monastères bénédictins capables d'apporter de nouvelles méthodes de travail à ses paysans et de servir les besoins de l'administration du royaume.

Faut-il cependant croire, comme il est couramment admis, que le 12e siècle sonne la fin du christianisme celte. Rien n'est moins sûr. Le roi David Ier était avant tout Écossais de pure souche, fils du roi Malcolm III (qui chassa l'usurpateur Macbeth). S'il favorisa l'implantation de l'Église et de monastères bénédictins en Écosse, rien n'indique qu'il ait eu pour autant l'intention de mettre fin au christianisme celte. On peut penser au contraire que, face aux appétits de conquête des Anglo-Saxons, ce roi et ses successeurs avaient tout intérêt à préserver une certaine spécificité religieuse de l'Écosse. La soumission à l'Église de Rome pouvait en effet entraîner la soumission des évêques écossais à l'autorité d'un archevêque anglais. Peut-être est-il même significatif que les Templiers furent toujours très bien reçus en Écosse. Leur fondateur Hugues de Payens fut reçu avec tous les honneurs par le roi David Ier en 1128, et deux siècles plus tard les Templiers poursuivis partout en Europe furent très bien accueillis par le roi d'Écosse Robert Bruce, alors excommunié par le pape.[56]

---

[54] Leslie Hardinge, *op. cit.*, Introduction p. 28.

[55] Ceci selon l'hagiographie de Marguerite faite par son confesseur Turgot de Durham (1050-1115). Le nom de « Culdées » est donné à partir de la fin du premier millénaire aux membres du clergé de l'Église celte. L'origine de ce mot fait l'objet de différentes hypothèses : on lui donne parfois comme origine les mots de Celi De, littéralement compagnons de Dieu, mais on assimile aussi ce nom de Culdées à celui de « Chaldées » (utilisé en traduction française par Louis Lartigue, *op. cit.*) qui était dans l'antiquité le nom donné aux membres du clergé des Églises d'obédience judéo-chrétienne comme par exemple l'Église nestorienne.

[56] Certains auteurs attribuent aux Templiers réfugiés en Écosse l'intervention d'une mystérieuse cavalerie d'hommes habillés de blanc, qui donna la victoire aux Écossais, pourtant

Quant à l'Irlande, Leslie Hardinge se fait l'écho de la persistance, encore au 12ᵉ siècle, de pratiques celtes hétérodoxes : « Même quatre siècles plus tard [...] l'Évêque de Rome avait de graves inquiétudes sur la manière dont les choses se passaient en Irlande ».[57] Cet agacement de Rome est à l'origine de l'initiative des papes Adrien IV et Alexandre III qui en 1170 encouragèrent l'invasion de l'Irlande par le roi [catholique] d'Angleterre Henri II Plantagenêt.

> « L'année suivante, Henri II passait en Irlande, en accord avec le pape désireux de faire *enfin* rentrer la chrétienté irlandaise dans le giron de l'Église romaine. En six mois le roi d'Angleterre obligea rois et princes irlandais à faire leur soumission [...]. Ainsi naquit le problème irlandais qui, aujourd'hui encore, n'a pas de solution ».[58]

Il est vrai que la partie nord de l'Irlande constitua toujours un bastion de résistance à l'emprise de la toute puissante Église catholique. Repoussés par le roi catholique Henri II, beaucoup de *Scots* irlandais émigrèrent vers l'Écosse où ils espéraient trouver la liberté d'exercer leur religion. Sans doute furent-ils particulièrement nombreux, car ils donnèrent leur nom à l'Écosse, qui devint Scot-land. Cette immigration de Scots irlandais vers l'Écosse à la fin du 12ᵉ siècle ne put qu'avoir contribué à la survie du christianisme celte dans ce pays bien après le 12ᵉ siècle.

6.11 Kilwinning, une ville d'Écosse pas comme les autres

On ne peut quitter l'histoire du christianisme celte sans dire quelques mots de la petite ville de Kilwinning, située sur la côte ouest de l'Écosse, en face de l'île d'Arran. Aux visiteurs, la ville ne peut montrer que les ruines d'une abbaye implantée à cet endroit à la fin du 12ᵉ siècle par l'anglo-français Richard de Morville, une abbaye bénédictine issue de l'abbaye de Tiron en France. Mais l'étymologie nous enseigne aussi que la syllabe « Kil », très fréquente en pays celte (Kilmarnock, Kilbride, Kildare, etc.) évoque l'existence à cet endroit de très anciennes cellules de moines, le mot *winning* évoquant le nom du saint qui y était vénéré. On en déduit que cette bourgade fut en son temps un haut lieu de la religion celtique

---

très inférieurs en nombre, face aux Anglais lors de la bataille de Bannockburn en 1313, victoire qui mit définitivement fin aux velléités des Anglais de s'emparer du royaume d'Écosse par la force.

[57] Leslie Hardinge, *op. cit.*, p. 27.
[58] Jacques Brosse, *op. cit.*, XXV, p. 922.

Mais tout aussi importante est la situation géographique de cette petite ville : localisée à l'embouchure de la Clyde au fond d'un golfe profond et protégée des vents de tous côtés, la carte montre immédiatement que cet endroit fournissait un lieu de débarquement idéal sur la route maritime qui reliait l'Irlande du Nord à l'Écosse (voir illustration 6). C'est donc très vraisemblablement à Kilwinning que débarquaient les nombreux Scots irlandais hérétiques, chassés par la toute puissante Église catholique, qui espéraient trouver en Écosse la liberté de pratiquer leur religion. Cette situation de Kilwinning n'a pu manquer de donner à cette ville un statut privilégié au sein du monde celtique.

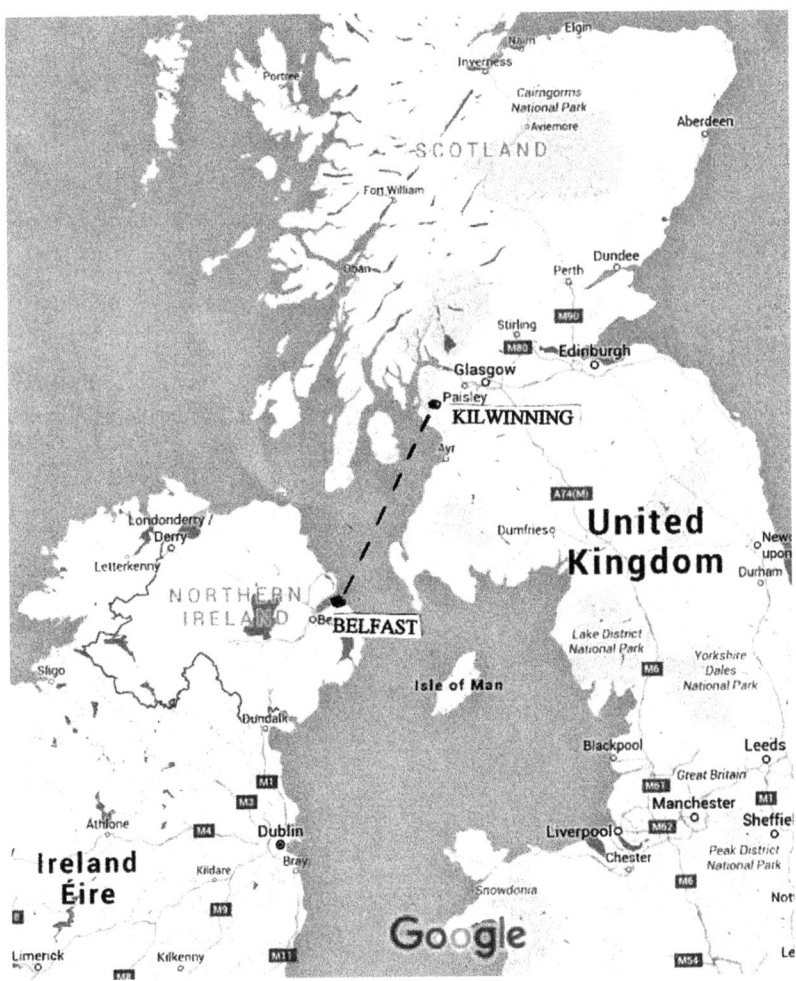

Illustration 6. *La ville de Kilwinning, lieu de débarquement sur la route maritime de l'Irlande vers l'Écosse.*

Toutefois, la réputation très particulière de Kilwinning ne provient ni de la présence d'une ancienne abbaye bénédictine, ni de son importance au sein du monde celtique, mais résulte de ce que cette petite ville, somme toute très ordinaire, abrite la plus ancienne loge maçonnique connue. Depuis le 16ᵉ siècle en effet, d'anciens documents[59] font de la loge de Kilwinning la première et la plus ancienne loge maçonnique d'Écosse et donc, diront certains, d'Angleterre et du monde. Ses traditions feraient remonter sa fondation au 12ᵉ siècle. La question se pose d'une possible relation entre l'existence à Kilwinning de cette très ancienne loge maçonnique et la rencontre en cette ville de deux mondes qui, apparemment, n'avaient rien de commun : celui du monachisme celte et celui du monachisme bénédictin.

6.12 Une postérité pour le christianisme celte ?

Dans son livre déjà souvent cité *The Celtic Church in Britain* Leslie Hardinge aborde ses conclusions avec une certaine emphase :

> A group of Christian people has been considered, who emerge into history without a pedigree, and disappear without posterity.

Que penser de cette conclusion ? Nous avons montré les mérites de l'hypothèse d'une origine monastique orientale et probablement égyptienne, ce qui constituerait pour le christianisme celte un *pedigree* tout à fait honorable. Quant à la *posterity* du christianisme celte, cette question fait l'objet des chapitres suivants.

---

[59] Il s'agit des statuts Schaw de 1598-1599, dont question au chapitre suivant.

Deuxième partie

**Les origines hérétiques
de la franc-maçonnerie médiévale**

Introduction

Dans la première partie de ce livre nous avons montré la fragilité doctrinale de la religion chrétienne, qui s'est construite à l'origine sur l'imagination du seul Saint Paul, et ensuite sur une succession de compromis où la recherche de la crédibilité n'a jamais vraiment eu la priorité.

Il faut admettre que la tâche des Pères fondateurs de l'orthodoxie chrétienne n'était pas facile. La rumeur apparue en Grèce à la suite de la prédication de Saint Paul, d'une filiation divine de Jésus, n'avait dans ce pays rien d'exceptionnel et le danger existait que Jésus soit, par exemple, mis sur le même pied qu'Apollon qui était le fils de Zeus et de Léto. Il fallut donc élever d'urgence Jésus au-dessus de la panoplie des dieux de la mythologie grecque et il n'y avait pas d'autre choix que d'accentuer sans cesse son caractère divin, quitte à devoir résoudre tôt ou tard le problème que poserait pour la religion chrétienne la présence de deux êtres de nature pleinement divine.

On comprend dès lors que tant la divinité de Jésus que son corollaire le dogme de la trinité, aient fait l'objet d'une importante contestation au sein même de l'Église, d'éminents chrétiens considérant ces doctrines à la fois comme humiliantes pour le Dieu de l'Ancien Testament, contraires à la foi des apôtres, contraires aux textes sacrés… et contraires à la simple logique. C'est ainsi que le christianisme de ces contestataires a longtemps constitué un dangereux concurrent pour l'orthodoxie romaine.

Dès lors une question se pose : pourquoi ce christianisme *de la raison* a-t-il finalement dû s'effacer devant le christianisme *du dogme*, alors qu'à deux reprises la situation politique lui fut particulièrement favorable : au milieu du 4e siècle grâce à l'appui des successeurs de Constantin, et aux 5e et 6e siècles du fait de la suprématie des Goths ariens ?

Une première réponse réside dans la division de ceux qui rejetaient la pleine divinité de Jésus. Les partisans d'un Jésus prophète et pur homme n'ont jamais pu imposer leur vue à ceux qui donnaient à Jésus une petite divinité, voyant en lui par exemple le fils spirituel de Dieu, *adopté* par Lui sur la croix.

Mais surtout, le Jésus-Christ de l'orthodoxie romaine, victime de l'injustice et de la cruauté des hommes, crucifié comme un malfaiteur, pour finalement apparaître comme un être pleinement divin ressuscité par Dieu, était infiniment plus proche de la dure réalité quotidienne du peuple et de ses espérances salvatrices, que le Jésus *de la raison*, pur homme et prophète, ayant simplement reçu le message divin lors de son baptême dans le Jourdain.

Ce christianisme de la raison n'avait pas de quoi séduire les foules. Tout au plus pouvait-il se prévaloir auprès des élites capables de le comprendre, d'être plus conforme au texte du Nouveau Testament et d'appliquer une rigueur logique dans son interprétation, dans la ligne des anciens philosophes grecs qui donnaient la priorité aux faits et à la raison. Ces arguments ne pouvaient cependant pas gêner beaucoup l'Église qui eut tôt fait d'imposer sa version *allégorique* des textes dits canoniques, qui lui permettait d'interpréter les textes sacrés de manière très libre. Quant à l'héritage de la pensée grecque, les Pères de l'Église avaient adopté l'idéalisme quasi religieux de Platon, qui leur permettait d'esquiver le positivisme de ses prédécesseurs, et la logique rationnelle d'un Aristote.

Dès lors dès la fin du 6e siècle, après trois siècles difficiles pour elle, l'Église avait gagné : le Jésus *prophète illuminateur* de la raison dut s'effacer devant le Jésus *divin rédempteur* de l'orthodoxie romaine.

Un autre atout du christianisme romain fut son organisation très hiérarchisée qui, calquée sur l'administration romaine, a pu lui survivre et apparaître au cours des siècles comme l'héritière de la civilisation et de l'autorité de la Rome antique. Ainsi en l'an 750, le couronnement de Pépin Le Bref par le pape Zacharie, qui conférait la légitimité royale à un simple maire du palais, puis en l'an 800 le sacre de Charlemagne Empereur par le pape Léon III, apportèrent à la papauté une confirmation de sa légitimité apostolique, scellant ainsi pour de nombreux siècles la relation de support réciproque entre les autorités temporelles et l'Église de Rome, la légitimité de l'une devenant la garante de la légitimité des autres et vice-versa. Cette dépendance réciproque fit que progressivement la soumission aux dogmes de l'Église devint une obligation, au même titre que la soumission aux lois et au pouvoir du souverain. Dès la fin du premier millénaire toute idée contraire aux dogmes de l'Église fut sévèrement réprimée dans la plupart des royaumes d'Europe.

Il y eut cependant quelques notables exceptions. Au sud de l'Europe l'Église espagnole, vivant sous le parapluie de la domination arabe, n'hésita pas à défier Rome sur la question de la naissance divine de Jésus. Charlemagne dut réunir pas moins de trois conciles, en 792, 794, et 799, pour dénoncer la foi *adoptianiste* de certains évêques espagnols. Il en va de même pour les peuples de l'est de l'Europe, christianisés à l'origine dans la foi arienne. Ainsi au 7e siècle la conversion au catholicisme des Lombards ariens dut rester très mitigée comme en témoigne leur rapport avec l'argent : à l'instar des Juifs, les Lombards pouvaient prêter contre intérêt, et mener des activités de type bancaire. Jules Michelet les appelait « demi-Juifs ». Quant à l'ouest de l'Europe, les peuples celtes d'Irlande et de Bretagne, tout imprégnés d'anciennes traditions judéo-chrétiennes, refusèrent pendant près d'un millénaire de s'intégrer dans l'Église de Rome.

Toutefois, en dehors de ces cas particuliers, l'obéissance aux dogmes fixés aux 4e et 5e siècles était la règle dans tous les pays d'Europe occidentale. Cette emprise des dogmes imposés par Rome sur toute expression de la pensée au Moyen Âge en Europe occidentale pose un problème aux historiens. En effet, si la quasi-totalité des documents de cette époque témoignent d'une pensée conforme ou peu éloignée de l'orthodoxie romaine, faut-il pour autant croire qu'avaient entièrement disparu les anciennes traditions liées au christianisme primitif ? Vu la persistance de ces anciennes traditions, en plusieurs pays d'Occident, et en Orient, rien n'oblige à le croire.

Cependant, à supposer qu'une telle pensée hérétique ait pu subsister dans nos régions au Moyen Âge, celle-ci se devait de rester très discrète, voire secrète, sans autre moyen pour s'exprimer que le bouche à oreille, ou que d'avoir recours à des procédés à caractère ésotérique.

La recherche de possibles manifestations d'un tel ésotérisme hérétique fait l'objet de la deuxième partie de ce livre : textes à double sens ou symboles au sens caché, dont la signification réelle ne pouvait être comprise que par ceux qui avaient reçu les clefs de leur interprétation. A priori cette recherche s'annonce difficile car cet ésotérisme se devait de revêtir une apparence innocente, dont le caractère hérétique devait pouvoir échapper tant aux autorités qu'aux représentants de l'inquisition.

Une autre difficulté est le sens donné à notre époque au mot *ésotérisme*, souvent compris comme un système symbolique donnant accès à une compréhension intuitive de l'univers, par opposition aux explications qu'en donne la raison scientifique. Il n'y a cependant aucune raison de penser qu'il en allait de même au Moyen Âge : dans un monde où la raison devait constamment s'effacer devant les dogmes de l'Église, la voie ésotérique était un vecteur important, si pas le seul, par lequel la raison humaine pouvait s'exprimer, particulièrement dans les matières touchant à la doctrine de la foi chrétienne. On ne peut donc exclure a priori que certains textes ésotériques apparus dans la première moitié du 2e millénaire puissent représenter des témoignages d'une pensée résolument opposée aux dogmes de l'Église.

Or, parmi tous les textes moyenâgeux qu'on pourrait qualifier d'ésotériques, certains attirent particulièrement l'attention : il s'agit de deux manuscrits qui se présentent comme les Constitutions fondatrices d'un Ordre nouveau appelé « Maçonnerie » destiné en principe à réunir tous les maçons dans une fraternité universelle dotée de règles et de statuts qui apparaissent comme étant d'essence essentiellement morale. Il se fait toutefois que ces textes apparaissent d'emblée comme bizarres et peu cohérents.

Certains passages sont même tout à fait invraisemblables, ce qui rend ces constitutions peu crédibles, en dépit de l'élévation morale du projet dont elles prétendent poser les fondations.

    Cette deuxième partie montrera, à la lumière des éléments rassemblés dans la première partie, que les invraisemblances dont ces textes sont émaillés pourraient constituer autant de clés donnant accès au message original de leurs auteurs, ceux-ci apparaissant alors comme les successeurs spirituels de ces chrétiens qui, tout au long de l'histoire du christianisme, tentèrent de rendre à Dieu la place de monarque unique qu'il a toujours occupé dans l'Ancien Testament, quitte à faire déchoir Jésus-Christ de son statut d'être divin dans la trinité.

CHAPITRE 7

Des manuscrits maçonniques qui posent question

7.1 Londres 1717, naissance de la franc-maçonnerie « moderne »

Les loges maçonniques rassemblent des hommes de toutes conditions sociales et de tous les horizons philosophiques et religieux, qui partagent le même idéal de tolérance et de confiance dans le progrès moral de l'homme, en donnant une priorité à la raison humaine, mère de la liberté de pensée et de la vraie spiritualité. Il y a des maçons protestants, juifs, catholiques, athées, sans doute bouddhistes, et même musulmans.[1] La tradition initiatique dont se prévaut la franc-maçonnerie, ses symboles et ses rites, font toute l'originalité de cet Ordre, mais en dépit des innombrables études sur le sujet, la question de ses origines premières n'est toujours pas élucidée. Dans son livre *Histoire de la Franc-maçonnerie française*, Roger Dachez donne un bon aperçu de l'état actuel des hypothèses sur les possibles origines de la franc-maçonnerie. Comme la plupart des historiens, Roger Dachez cite les trois événements créateurs qui balisent l'histoire de cet Ordre.

En remontant le temps, l'événement fondateur le plus récent est la création de la franc-maçonnerie dite « moderne », le 17 juin 1717, lorsque les quatre loges maçonniques présentes à Londres à cette époque décidèrent de se fédérer sous l'égide d'une *Grande Loge de Londres*. Cette Grande Loge attira aussitôt plusieurs grands esprits (dont certains membres de la prestigieuse Royal Society) imprégnés des idéaux de tolérance dont l'Angleterre avait bien besoin au sortir d'une longue période de conflits religieux. De grands noms comme Georges Payne (1685-1757) et surtout Jean-Théophile Desaguliers (1683-1739) donnèrent à cette Grande Loge

---

[1] Cet éclectisme dont a fait preuve la franc-maçonnerie au cours de son histoire n'est nulle part aussi apparent qu'en Turquie où la franc-maçonnerie est présente de longue date, importée d'Italie sans doute au début du 20ᵉ siècle. On y trouve (à la fin du 20ᵉ siècle) côte à côte des musulmans, des Juifs et des chrétiens qui ont tous reçu l'initiation maçonnique et qui partagent en toute fraternité ces mêmes idéaux de tolérance, de confiance en l'homme et de foi dans la raison humaine.

de Londres un élan remarquable : dès 1719 plusieurs autres loges anglaises se placèrent sous son autorité fédératrice.[2]

Apparaît alors une *Constitution* qui établit les bases philosophiques sur lesquelles cette Grande Loge fonderait son autorité. Cette Constitution de 1723, qui porte le nom de son rédacteur le pasteur écossais James Anderson (1679-1739), est encore aujourd'hui considérée comme porteuse de l'idéal maçonnique moderne. Son texte, quelque peu ambigu, fournit à tous les Maçons la base sur laquelle chacun d'eux peut former sa propre conception de la liberté en matière religieuse et philosophique.[3]

La Maçonnerie anglaise traversa bientôt la mer. Elle apparut sur le continent dès 1720 et se répandit rapidement dans tous les pays d'Europe. Si l'on prend l'exemple de la France où la religion catholique était omniprésente, il est évident que les loges étaient très majoritairement fréquentées par des Maçons catholiques, comme l'étaient d'ailleurs certaines loges préexistantes, importées en France dès 1688 par l'entourage du roi catholique Jacques II, obligé de fuir l'Angleterre. Il en résulte que la franc-maçonnerie française avait attiré certains membres du clergé catholique pour qui l'état de franc-maçon ne posait apparemment aucun problème de conscience.

Pourtant, à la surprise de tous, en 1738 le pape Clément XII dans sa bulle In Eminenti interdit aux catholiques de rejoindre la franc-maçonnerie

---

[2] Il apparaît toutefois établi que la gestation des principes sur lesquels la franc-maçonnerie *moderne* a été créée en 1717, principes de tolérance et refus du carcan que représentaient pour la liberté de pensée les différentes Églises chrétiennes à l'époque, ne s'est pas faite à l'intérieur des loges maçonniques, mais bien *à l'extérieur* de celles-ci, au sein de cercles de discussion fondés par des esprits éclairés, comme le *Cercle de la Lanterne* aux Pays-Bas, et en Angleterre la *Royal Society*, le *Dry Club*, et d'autres encore. Jean Somers, dans *Le rêve du philosophe*, évoque ainsi le rayonnement qu'ont connu les idées de John Locke, ce « philosophe de la tolérance ». Homme de pensée et d'action, il a multiplié les expériences de sociétés qui réunissaient des personnes dans un climat spécifique de tolérance et d'amitié. Jean Somers propose l'hypothèse « [...] que Desaguliers, instruit par Newton des tentatives de John Locke, a voulu renouveler l'expérience au moyen des quelques loges londoniennes de 1717 ». (Jean Somers, *Le rêve du philosophe*, p. 97) Ce seraient donc J. Th. Desaguliers et ses amis qui, héritiers des idées de John Locke, auraient en quelque sorte investi la « coquille » que représentaient les loges maçonniques de Londres, pour les réformer et y insuffler les idées qui ont ensuite fait le succès de la franc-maçonnerie en Europe et ailleurs dans le monde.

[3] Un maçon est obligé, par son engagement, d'obéir à la loi morale, et s'il comprend bien l'Art, il ne sera athée stupide ni libertin irréligieux. Mais quoique dans les temps anciens, les Maçons fussent tenus, dans chaque pays d'être de la religion de ce pays ou de cette nation, quelle qu'elle fût, néanmoins il est maintenant considéré plus approprié de seulement les astreindre à cette religion sur laquelle tous les hommes sont d'accord, laissant à chacun ses propres opinions, c'est-à-dire d'être hommes de bien et loyaux ou hommes d'honneur et de probité, quelles que soient les dénominations ou confessions qui aident à les distinguer [...].

et proclame l'excommunication de tous les francs-maçons. La portée de cette décision pontificale fut néanmoins limitée et les loges restèrent très actives, car les raisons avancées par le pape parurent peu fondées. Le pape reprochait d'abord aux francs-maçons le secret dont ils s'entourent.[4] Ce motif du secret parut peu crédible, les membres du clergé catholique qui étaient présents dans les loges maçonniques n'y trouvaient rien de contraire à leur engagement vis-à-vis de l'Église et ne manquèrent pas de le dire aux représentants du pape qui les avaient interrogés. Mais au-delà du secret, le pape évoque pour justifier de sa sévérité « d'autres causes justes et raisonnables de Nous connues » sur lesquelles il ne dit rien et qui parurent aussitôt bien mystérieuses.[5] Ces causes « de Nous connues » alimentent depuis lors les suppositions que le Vatican savait sur la franc-maçonnerie des choses que les Maçons eux-mêmes ignoraient.

Il n'est pas utile d'en dire plus sur l'histoire de la franc-maçonnerie dite « moderne », dans la mesure où de nombreux auteurs ont traité ce sujet dans tous les détails.

7.2 Écosse 1598, les premières loges historiques

Si la création de la Grande Loge de Londres en 1717 a marqué la naissance de la franc-maçonnerie moderne, il est néanmoins certain que de nombreuses loges maçonniques existaient déjà en Angleterre et surtout en Écosse. En ce qui concerne les loges anglaises au 17e siècle, il existe

---

[4] […] ils se lient entre eux par un pacte aussi étroit qu'impénétrable, d'après des lois et des statuts qu'ils se sont faits, et s'engagent par serment prêté sur la Bible, et sous les peines les plus graves, à couvrir d'un silence inviolable tout ce qu'ils font dans l'obscurité du secret.

[5] C'est pourquoi, Nous, réfléchissant sur les grands maux qui résultent ordinairement de ces sortes de sociétés ou conventicules, non seulement pour la tranquillité des États temporels, mais encore pour le salut des âmes, et voyant que par là elles ne peuvent nullement s'accorder avec les lois civiles et canoniques ; et comme les oracles divins Nous font un devoir de veiller nuit et jour en fidèle et prudent serviteur de la famille du Seigneur pour que ce genre d'hommes, tels des voleurs, ne percent la maison, et tels des renards, ne travaillent à démolir la vigne, ne pervertissent le cœur des simples et ne le transpercent dans le secret de leurs dards envenimés ; pour fermer la voie très large qui de là pourrait s'ouvrir aux iniquités qui se commettraient impunément, *et pour d'autres causes justes et raisonnables de Nous connues*, de l'avis de plusieurs de nos vénérables frères Cardinaux de la Sainte Église Romaine, et de Notre propre mouvement, de science certaine, après mûre délibération et de Notre plein pouvoir apostolique, Nous avons conclu et décrété de condamner et d'interdire ces dites sociétés, assemblées, réunions, agrégations ou conventicules appelés du nom de francs-maçons, ou connus sous toute autre dénomination, comme Nous les condamnons et les défendons par Notre présente constitution, valable à perpétuité.

quelques documents attestant de l'existence de certaines loges[6], mais nous ignorons tout de leur origine et de leurs activités. Il n'en va pas de même de l'Écosse où existent deux documents officiels qui sont à la base du développement extraordinaire qu'ont connu les loges maçonniques écossaises au 17e siècle, au point qu'un certain nombre d'auteurs considèrent, à tort ou à raison, que ces loges écossaises sont, par essaimage, à l'origine de la franc-maçonnerie anglaise et donc de la franc-maçonnerie tout court. Ces deux documents sont les *Statuts Schaw* datant respectivement de 1598 et de 1599. Ils sont aisément accessibles sur internet avec leur traduction en anglais moderne.

Leur auteur, William Schaw (1550-1602), catholique, était Master of Works, Maître des Travaux, du roi Jacques VI d'Écosse[7] (1566-1625). Jacques VI lui-même était protestant très modéré vu que sa mère Marie Stuart et sa grand-mère Marie de Guise étaient toutes deux catholiques. Il s'était converti à la foi protestante pour répondre au vœu de son parlement qui avait décrété, à la mort de Marie de Guise en 1560, que l'Écosse serait désormais un pays protestant (ce qui témoigne de ce que l'attachement de l'Écosse à la religion catholique était peu profond).

Lors d'une assemblée de maçons de métier qui se tint à Édimbourg à l'occasion de la *Saint Jean d'Hiver*[8] les 27 et 28 décembre 1598, William Schaw présenta un premier ensemble de Statuts qui avaient en principe pour but d'organiser la profession de maçon dans tout le royaume d'Écosse en créant dans chaque ville ou région des loges composées d'apprentis et de compagnons ou maîtres. Ces statuts de 1598 donnent aux différents acteurs dans le métier des règles d'honnêteté, de sincérité et de charité vis-à-vis de leurs frères maçons, ainsi que des règles plus spécifiquement opératives[9] destinées à éviter la concurrence déloyale, à contrôler l'accès à la profession, à régler les conflits, à assurer la bonne formation des apprentis et leur sécurité (qualité des échafaudages !) et, de manière générale, à éviter les divers abus. De plus et surtout, en imposant la tenue de registres reprenant les noms des membres de chaque loge, les présences, les entrées, les montées en grade, ainsi que celle de livres de comptes (les amendes payées en cas de manquement aux règles devaient être versées à des œuvres de bienfaisance), nous sommes assez

---

[6] Sir Robert Murray fut initié à Newcastle en 1641 et le savant Elias Ashmole le fut à Warrington en 1646.

[7] Fils de Marie Stuart, et de Henri Stuart, Jacques VI d'Écosse est surtout connu pour avoir été appelé en 1603 à succéder à la reine Elisabeth d'Angleterre, morte sans descendance, sous le nom de Jacques Ier.

[8] Déjà à cette époque les loges de Maçons ne fêtaient pas la Noël, mais bien le solstice d'hiver sous le nom de « Saint Jean d'hiver » (la Saint Jean d'été correspondant au solstice d'été).

[9] Le mot *opératif* indique ici une relation avec le métier de maçon en temps que tel

bien renseignés sur la composition de ces loges et sur certaines de leurs activités. Ces Statuts furent très bien accueillis puisque dès janvier 1599, soit moins d'un mois après leur publication, apparurent en Écosse les premiers documents relatifs à des loges maçonniques. Ce très court délai indique sans aucun doute que de telles loges de maçons existaient déjà avant la publication des Statuts Schaw.

La loge Mary's Chapel d'Édimbourg reçut le n° 1, ce qui lui donnait la prééminence sur les autres loges écossaises. Cette prééminence d'Édimbourg fut aussitôt contestée par la loge de Kilwinning, petite ville de la côte ouest de l'Écosse, qui revendiqua l'antériorité sur toutes les autres loges, y compris sur la loge d'Édimbourg. En dépit des égards qu'il manifestera désormais vis-à-vis de cette loge, W. Schaw refusa de lui donner la prééminence sur Édimbourg, qui garda son n° 1. Le refus d'attribuer à Kilwinning ce n° 1 si convoité déclenchera deux siècles de conflit au sein de la maçonnerie écossaise, qui ne trouvera de solution qu'en 1806 lorsque la loge de Kilwinning obtiendra finalement la reconnaissance de son antériorité en recevant le n° 0 dans le registre de la Grande Loge d'Écosse. Ces péripéties sont importantes en ce qu'elles montrent que W. Schaw n'a certainement pas créé la maçonnerie écossaise mais qu'il a donné une existence plus formelle à des loges préexistantes, notamment en les obligeant à tenir des registres de leurs membres, avec mention de certaines de leurs activités. C'est à ces premiers registres que l'on doit l'entrée dans l'histoire des loges maçonniques.

Quant à la loge de Kilwinning, W. Schaw lui consacre tout spécialement une suite à ses Statuts qui paraîtra un an plus tard, en 1599. Cette suite est fondamentalement différente des premiers Statuts de 1598 en ce qu'elle s'adresse spécifiquement à la loge de Kilwinning et qu'elle accorde une grande place au nécessaire respect d'« anciennes traditions » en usage dans cette loge. Ainsi au point 6 de ces Statuts, il est fait mention de la nécessité de vérifier la qualification des maçons du district … ainsi que « leur familiarité avec les anciennes traditions ». Ces anciennes traditions sont encore mentionnées au point 7 et au point 9, tandis qu'aux points 10 et 13 il est fait mention d'un examen portant sur l'« art de mémoire » (*airt of memorie*) qui, on le comprend, devait porter sur de vieux rites, peut-être secrets, qui ne pouvaient être mis par écrit et qui devaient être retenus de mémoire. De ces anciennes traditions les Statuts de 1599 ne disent rien si ce n'est, et c'est important, « qu'elles étaient pratiquées de temps immémorial » *(set down from time immemorial)*. Il semble donc certain que la loge de Kilwinning avait hérité de rites particuliers datant de temps très anciens (que cette loge fait remonter au 12e siècle), rites qui n'avaient pas nécessairement de rapport avec l'art de construire.

David Stevenson, Lecteur d'Histoire d'Écosse et Directeur du Centre d'Études Écossaises à l'Université d'Aberdeen, a réalisé d'importantes recherches sur ces loges maçonniques écossaises en épluchant non seulement leurs archives mais aussi celles des corporations de maçons dans les localités où ces loges étaient implantées.[10] On pouvait dès lors espérer que ces études approfondies sur les premières loges maçonniques écossaises résoudraient la question de leur origine, mais il n'en est rien. À lire David Stevenson (qui n'était pas maçon) on se rend compte de la difficulté de cerner le sujet des origines de la franc-maçonnerie, et ce même lorsque les documents sont relativement abondants.

Cet auteur commence par rejeter l'idée couramment admise que les loges maçonniques seraient les héritières des loges de chantier du Moyen Âge où se réunissaient les maçons itinérants qui, comme étrangers, n'étaient pas membres de la corporation du lieu où se trouvait leur chantier. D'après Stevenson, ces loges de chantier disparurent lorsque la Réforme de 1560 fit de l'Écosse un pays protestant[11] : « Il n'y a aucune trace d'une éventuelle continuité entre ces loges de chantier semi permanentes du Moyen Âge et les loges de maçons qui virent le jour en Écosse au 17ᵉ siècle. »[12]

Une autre question abordée dans l'ouvrage de Stevenson a trait au rôle exact de ces loges, car en effet, dans pratiquement toutes les localités d'Écosse existaient déjà de longue date des corporations de maçons dont le but était également d'organiser le métier. Mais alors que ces corporations étaient proches des pouvoirs locaux qui leur apportaient leur appui et dont elles avaient reçu toutes les licences nécessaires, les loges de W. Schaw n'avaient, elles, aucune existence officielle. Il n'y a cependant pas trace de conflit d'autorité entre ces deux organisations et ce, semble-t-il, pour deux raisons : d'une part leurs membres étaient souvent les mêmes, et d'autre part leurs activités s'exerçaient apparemment à des niveaux très différents.

David Stevenson arrive à la conclusion que ces loges de maçons s'intéressaient relativement peu aux questions d'organisation du métier pour lesquelles elles avaient en principe été créées, mais que par contre, elles s'adonnaient à des activités de type ésotérique et cultivaient un *secret*.

Dès 1630 on trouve trace de la prise de conscience par la population que les tailleurs de pierre écossais possèdent des secrets. Cette prise de conscience se manifeste sous la forme de références d'origines variées au « Mot de Maçon ».[13]

---

[10] David Stevenson, *Les Premiers Francs-Maçons*.
[11] Jusqu'à cette date de 1560, la reine d'Écosse Marie de Guise, d'origine française, avait imposé sa foi catholique à son pays. À sa mort le parlement d'Écosse décréta aussitôt la rupture avec l'Église catholique romaine, avec pour conséquence, comme en Angleterre, la fermeture des abbayes et l'arrêt des grands chantiers ecclésiastiques.
[12] David Stevenson, *op. cit*, p. 27.
[13] David Stevenson, *op. cit.*, p. 30.

Patrick Négrier, dans son livre *Textes fondateurs de la Tradition maçonnique*, cite dix témoignages du 17ᵉ siècle sur le *Mason Word*, tous émanant de profanes non maçons. Le premier de ces témoignages se situe en 1637 : un homme fait part de ses craintes qu'on lui fasse reproche d'avoir correspondu avec un notable dont on disait « qu'il avait répandu le Mot de Maçon parmi les [autres] notables »[14].

La communication de ce Mot de Maçon et les rites qui y étaient associés semblent donc avoir été au cœur d'une cérémonie d'initiation qui comprenait aussi l'énoncé de « old charges » que les maçons devaient apprendre par cœur. Ces « anciens devoirs » comprenaient des dialogues appelés parfois « catéchismes maçonniques », qui prenaient la forme d'un ensemble de questions et de réponses rituelles. Dans la mesure où rien ne porte à croire que ces rites secrets avaient été introduits par William Schaw, il faut admettre qu'ils préexistaient à l'organisation qu'il avait mise en place.

William Schaw décède en 1602 soit à peine 3 ans après la publication de ses premiers Statuts, mais sa disparition n'empêche pas que les loges se multiplieront en Écosse à un rythme rapide puisqu'on note, dans les cent années qui suivent, l'apparition de 25 loges en Écosse alors qu'elles n'étaient que trois ou quatre au départ. David Stevenson passe en revue chacune de ces 25 loges sous les aspects de leur histoire, de leurs principaux membres, de leur relation avec les corporations et de leur filiation. Une loge ne pouvait en effet être créée que par filiation à partir d'une loge existante, comme si la création d'une nouvelle loge devait donner lieu à la transmission d'un rituel et d'un savoir ésotérique qui avait lui-même été acquis de bonne source.

Une attention particulière est aussi apportée par l'auteur à la question de l'initiation d'hommes extérieurs au métier de la construction, dans la mesure où ces hommes seraient à l'origine de l'évolution vers une maçonnerie *spéculative* sans plus de rapport avec le métier, telle qu'on la rencontra dans le reste de l'Angleterre puis dans le reste du monde.

La conclusion que l'on tire des études menées par David Stevenson est clairement que les symboles, les mythes et les rites secrets pratiqués dans les loges écossaises étaient d'origine très antérieure à la publication des Statuts Schaw, de sorte que, pour ceux qui sont à la recherche des origines de ces mythes et rites, il s'avère à nouveau nécessaire de remonter plus haut dans le temps.

Toutefois, pour trouver des traces d'activité à caractère maçonnique il est nécessaire de remonter jusque vers l'an 1400, époque à laquelle appartiennent deux manuscrits anglais qui se présentent, précisément, comme

---

[14] Patrick Négrier, *Textes fondateurs de la Tradition maçonnique 1390-1760*, p. 112.

les Constitutions fondatrices d'un Ordre nouveau appelé « Maçonnerie ». Dans la mesure où ces deux manuscrits sont les plus anciens textes connus où apparaît le terme de « Maçonnerie » dans le sens que nous lui donnons ici, qu'ils s'attribuent un rôle fondateur, et qu'ils évoquent certains des principaux mythes et systèmes symboliques qui font la spécificité de l'initiation maçonnique, il ne fait aucun doute que c'est en priorité à l'interprétation de ces deux manuscrits qu'une étude sur la franc-maçonnerie moyenâgeuse doit s'attacher.

7.3 1390-1410, des « Constitutions » insolites

Le premier de ces manuscrits est appelé *Regius*, un nom qui évoque la bibliothèque royale où on l'a trouvé au 18e siècle, ou bien aussi *Halliwell* du nom du premier chercheur à avoir découvert en 1838 l'importance de ce manuscrit pour l'histoire de la franc-maçonnerie. Le second manuscrit est appelé *Cooke* du nom de son premier éditeur en 1861. Tous deux se trouvent au British Museum mais sont facilement accessibles sur les sites Internet ainsi que leur traduction en anglais moderne.

D'après certaines études linguistiques ces documents seraient originaires de la partie centre-ouest de l'Angleterre, à proximité du Pays de Galle, et dateraient de 1390 pour le MS *Regius*[15] et de 1410 pour le MS *Cooke* avec une plage d'incertitude, pour chacun des deux documents, qui pourrait atteindre une cinquantaine d'années. Écrits en vieil anglais et longs chacun de 800 à 900 lignes, ces manuscrits célèbrent la création d'un Ordre nouveau appelé « Maçonnerie », qui apparaît comme une fraternité d'hommes répondant à des exigences morales sévères, et résolus à progresser sur le plan moral comme, apparemment, dans leur métier. De nombreux auteurs donnent, outre leur traduction française, diverses informations sur ces manuscrits ainsi que sur les sources dont les auteurs de ces manuscrits semblent s'être inspirés.[16]

Ces deux manuscrits traitent du même sujet, en se recouvrant et se complétant, de sorte qu'en pratique on peut considérer qu'ils forment une seule entité sur le plan des recherches qui nous occupent. Le nom de « Maçonnerie » et plusieurs allusions aux métiers de la construction, font que l'on considère généralement que ces textes s'adressaient à des associations de maçons-bâtisseurs. Ils se composent essentiellement d'une

---

[15] L'abréviation MS sera utilisée pour le mot « manuscrit ».
[16] Parmi ces auteurs, les ouvrages de Patrick Négrier, Philippe Langlet, Edmont Mazet, Jean Ferré et Guy Chassagnard ont été consultés et les traductions qu'ils proposent parfois utilisées.

partie formée de récits dits « légendaires » et d'une partie de règles et de recommandations.

Les règles et recommandations insistent tant et plus sur le bon comportement et les qualités morales qui sont attendues des maçons : ceux-ci doivent s'appeler « frères » et doivent faire preuve l'un vis-à-vis de l'autre de la plus parfaite loyauté. Ainsi, des trente règles citées dans le MS *Regius*, la plupart visent à assurer la cohésion du groupe et la fraternité entre ses membres, tandis que celles qui visent spécifiquement à l'organisation du métier de maçon sont, de manière surprenante, en nombre plutôt réduit.

Mais à côté des règles et recommandations, la partie essentielle de ces manuscrits est constituée de récits dits « légendaires » qui sont sensés retracer les origines prestigieuses du métier de maçon, et de *l'Art de Géométrie* qui, dans ces textes, lui est étroitement associé. Très curieusement pourtant, ces récits légendaires, d'inspiration biblique, se suivent de manière désordonnée et sans cohérence globale de sorte que ces manuscrits n'ont apporté jusqu'ici aucun éclairage crédible sur les origines de l'Ordre dont ils se prévalent. Le lecteur est confronté à une suite de récits sans réelle pertinence, truffés d'invraisemblances et d'erreurs manifestes, dont le sens lui échappe et qui donnent à ces textes un aspect hors du commun, quelque peu bizarre, voire même dérangeant. Il n'est donc pas étonnant qu'ils soient peu lus et que les historiens éprouvent de grandes difficultés à les situer dans l'histoire du Moyen Âge.

En principe les MS *Regius* et *Cooke* sont classés parmi les règlements et statuts des métiers de la construction, qui apparaissent assez nombreux aux 13e, 14e et 15e siècles. À lire ces derniers, on trouve cependant qu'ils visaient uniquement à l'organisation du travail du bâtiment, à la résolution des conflits et, plus largement, à l'organisation de la profession. Aucun d'eux ne mentionne spécifiquement de règle d'ordre moral, en dehors des références obligatoires à la « Sainte Église ». Aucun d'eux non plus ne contient d'indication qui conduirait à donner au métier de maçon une quelconque origine prestigieuse, ou qui ferait référence à un « Art de Géométrie ».

Il en va ainsi du *livre des Métiers* d'Étienne Boileau (1268), qui rassemble les normes et règles pour l'exercice des métiers de Paris et en particulier ceux des maçons, tailleurs de pierre, des plâtriers et mortelliers, ainsi que des *Statuts de Bologne* (1248), qui donnent de manière très précise les règles de fonctionnement de l'association des métiers de la construction présents dans cette ville. Chaque fonction est décrite, les obligations de chacun sont spécifiées ainsi que les rétributions attachées à chaque charge et les amendes en cas de non respect du règlement. Il en va de même des *Règlements pour le métier des maçons de Londres* (1356), des *Ordonnances de la cathédrale de York* (1370), ou des *Statuts de Ratisbonne* (datés de 1459 mais connus dans une version publiée en 1628)[17]. Les Règlements de Londres ont pour but de remédier aux conflits qui étaient apparus entre les tailleurs de pierre et les maçons bâtisseurs, ils fixent les procédures à suivre avant le début d'un chantier, preuve de capacité et d'habileté, etc. Le document de York touche essentiellement aux horaires de travail des ouvriers, aux absences permises et aux règles d'embauche, quant aux *Statuts de Ratisbonne*, ils se limitent également à des règles d'organisation : respect des délais et des bonnes pratiques, conditions de reprise d'un chantier en cours, etc., on lit même une curieuse interdiction d'assistance à un maître « qui n'est pas suffisamment adroit ». Tous ces règlements et statuts concernent uniquement l'organisation pratique du métier de maçon dans ses difficultés quotidiennes, il n'est nulle part question d'un passé légendaire ni de la pratique de la géométrie.

Au contraire de ces statuts et règlements, les deux manuscrits qui nous occupent apparaissent n'avoir qu'un rapport lointain avec le métier de maçon. Leurs auteurs semblent n'avoir de ce métier qu'une connaissance fort abstraite. Par contre ces auteurs font preuve d'une remarquable érudition. Le MS *Regius* est écrit en vers et dans les deux textes on trouve plusieurs passages rédigés en latin (dont le titre même du MS *Regius*) ainsi que de nombreuses références à des auteurs des siècles passés qui n'avaient aucun rapport avec les métiers de la construction. On trouve ainsi dans le MS *Cooke* un récit dont le thème est emprunté au premier chapitre des *Antiquités Juives* de Flavius Josèphe, une œuvre écrite en grec qui date du 1er siècle.

Ces constatations conduisent à penser que ni le MS *Regius* ni le MS *Cooke* n'ont été écrits par des hommes issus des métiers de la construction mais bien par des hommes d'église qui avaient accès aux bibliothèques des grandes institutions monastiques. Déjà James O. Halliwell, le premier commentateur du MS *Regius*, faisait remarquer en 1839 « que l'auteur du poème était évidemment un prêtre »[18]. Cette opinion a été reprise dans ces dernières années par plusieurs auteurs qui ont reconnu que les auteurs des MS *Regius* et *Cooke* étaient certainement des religieux, sans doute des moines érudits, appelés ici « clercs ». Il en va ainsi de Philippe Langlet dans *Le Regius* (« Chanoine régulier ou moine bénédictin, l'auteur [du MS *Regius*] est, à n'en pas douter, un religieux »[19]), et de Edmond Mazet dans *l'Herne – La franc-maçonnerie : documents fondateurs* (« Ce rédacteur

---

[17] Les Statuts de Bologne et de Ratisbonne ont été traduits et publiés par Jean Ferré dans *Histoire de la franc-maçonnerie par les textes (1248-1782)*, tandis que les *Règlements pour le métier des maçons de Londres* et les *Ordonnances de la cathédrale de York* ont été traduits et publiés dans *L'Herne-La franc-maçonnerie : documents fondateurs*.

[18] Commentaire sur *The Halliwell Manuscript*, sur le site web de la Grand Lodge of British Columbia and Yukon.

[19] Philippe Langlet, *Le Regius*, p. 82.

du *Regius* était de toute évidence un clerc »[20]). Il est d'ailleurs significatif que le MS *Regius* dès les premières lignes, présente la Maçonnerie comme ayant été créée précisément par des « clercs », c'est à dire par des moines.

On comprend dès lors que l'interprétation de ces manuscrits fondateurs de la franc-maçonnerie pose un difficile problème. Pour quelle raison des moines de grande érudition éprouvèrent-ils le besoin d'écrire de tels textes qui apparaissent aussi peu cohérents ?

7.4 Des textes peu compréhensibles

7.4.1 Le MS Regius

D'emblée le titre du MS *Regius* est déroutant : « Hic incipiunt constituciones artis gemetrie secundum Euclyde », « Ici commencent les constitutions de l'art de géométrie selon Euclide ». Alors que ces textes ont pour objet la création d'un Ordre appelé « Maçonnerie », c'est curieusement de « géométrie » qu'il est question dans le titre. Dès les premières lignes du MS *Regius* la Maçonnerie apparaît en effet comme procédant directement de la géométrie qui lui sert de modèle :

> Celui qui veut bien lire et chercher
> Peut trouver écrit dans de vieux livres
> L'histoire de grands seigneurs et gentes dames […]

qui, cherchant un métier pour leurs nombreux enfants, envoyèrent chercher de grands clercs. Ensuite…

> Grâce à la bonne géométrie
> Cet honnête métier de la bonne maçonnerie
> Fut mis en ordre, élaboré dans sa méthode,
> Et conçu par ces clercs assemblés
> À la prière de ces seigneurs *ils copièrent la géométrie*[21]
> Et lui donnèrent le nom de maçonnerie.[22]

La Maçonnerie apparaît donc comme fondée par des « clercs », c'est-à-dire par des moines érudits, qui « copièrent » la géométrie, sans qu'apparaisse le sens à donner à cette curieuse formulation. Intervient alors « le clerc Euclide », autrement dit le *moine* Euclide, qui enseigne la géométrie

---

[20] *L'Herne – La franc-maçonnerie : documents fondateurs*, Introduction p. 20.
[21] « They cownturfetyd gemetry », l'anglais de ces textes est souvent proche du français.
[22] MS *Regius*, traduction de Patrick Négrier dans *Textes fondateurs de la Tradition maçonnique 1390-1760*, p. 28, lignes 1 à 24.
Dans la suite de ce livre, sauf indication contraire, la numérotation des lignes de ces manuscrits sera celle de Patrick Négrier, avec l'indication PN.

aux fils de seigneurs qui lui ont été confiés, qui doivent désormais s'appeler *frères*.[23] Suit une fort peu crédible histoire de l'origine du métier de maçonnerie : celui-ci aurait été introduit en Égypte par le « clerc Euclide », avant d'arriver en Angleterre « au temps du bon roi Athelstan », qui vivait au 10ᵉ siècle ! Ce roi réunit une assemblée constituée de seigneurs ducs, comtes et barons, ainsi que de grands bourgeois, « qui mirent en ordre les statuts des maçons ».

Suivent quinze « articuli » puis quinze « puncti » qui fixent les devoirs de ces maçons. La majorité de ces articuli et puncti sont toutefois sans rapport direct avec le métier de maçon et pourraient convenir à toute organisation où priment la cohésion du groupe et la fraternité entre ses membres. Sont ainsi citées à plusieurs reprises et sous différentes formes des obligations de loyauté, de retenue, de respect de l'autre, d'honnêteté et de fraternité, de même que le devoir d'assistance, d'exercer de bon cœur les charges envers la communauté, de tenir des comptes exacts, et enfin de s'engager par serment et d'en accepter les contraintes en cas de manquement. De ces trente points et articles, seulement sept se rapportent spécifiquement au métier de maçon.[24]

Par ailleurs certains articles sont étonnants. Dans le quatrième articulus il est dit qu'il faut exclure les hommes qui ne seraient pas libres, mais aussi, plus curieusement, qu'il faut choisir de préférence des apprentis de niveau social élevé :

> Prenez un apprenti de haut niveau [of herre degre]
> Dans les temps anciens je trouve écrit
> Que l'apprenti devait être de noble naissance [of gentyl kynde]
> Il est arrivé que des hommes de haute lignée [grete lordys blod]
> Adoptèrent cette géométrie pour le meilleur.[25]

Ce texte surprend, on voit mal en ces temps-là des fils de l'aristocratie devenir apprentis en maçonnerie, à moins que derrière ces termes de géométrie et de maçonnerie ne se dissimule un concept bien plus noble que l'art de bâtir.

---

[23] Euclide est un philosophe grec du 3ᵉ siècle avant Jésus-Christ, qui fit de la géométrie une science rigoureuse basée sur une cascade de raisonnements logiques articulés en théorèmes et démonstrations. Il n'était évidemment ni moine ni clerc.

[24] [...] que l'apprenti doit être gardé pendant 7 ans, [...] que le salaire doit être proportionnel à l'habileté dans le métier, [...] que le maître doit vérifier la qualité des fondations, [...] que le maître qui en supplanterait un autre sur son propre chantier devrait payer une amende de 10 livres, [...] qu'un maître ne peut prendre d'apprenti s'il n'a pas assez de travail pour l'employer, [...] que le maçon jouisse de jours de repos, [...] que le maître doit prévenir avant midi celui qu'il ne pourra employer le lendemain.

[25] MS *Regius*, lignes PN 145 à 149. Les mots entre crochets sont ceux du manuscrit original.

Particulièrement intéressant aussi est le troisième punctus qui insiste fortement et longuement sur l'obligation pour le maçon de garder secret tout ce qu'il entend ou voit en loge :

> Le troisième point est un point très sérieux [...]
> L'apprenti doit garder secret ce que le maître expose [...]
> De la loge on taira l'ensemble des secrets [The prevetyse of the chamber telle he no man]
> Comme absolument tout de ce qu'on y a fait
> Tout ce que tu entends ou tout ce que tu vois [Whatsever thou heryst, or syste hem do],
> Ne le dis à personne où que demain tu sois [Telle hyt no mon, whersever thou go]
> Les mots dits en public ou tenus en privé,
> Mets ton honneur entier à bien les préserver,
> Sinon cela serait comme un crime pour toi
> Et une grande honte au métier je le crois.[26]

À plusieurs titres cette obligation de secret est surprenante. On dit parfois qu'elle trouverait son origine dans une volonté de protéger le savoir-faire du métier de bâtisseur, mais vis-à-vis de qui ? La *Maçonnerie* telle qu'elle apparaît ici a clairement une vocation universelle. Elle est donc ouverte à l'ensemble des maçons de sorte que le secret ne pourrait viser que des hommes extérieurs au métier. Mais quel serait l'intérêt de garder secrètes les pratiques du métier de bâtisseur vis-à-vis d'hommes étrangers à ce métier ? Boulangers, drapiers, hommes d'église ou notables, ces hommes se souciaient bien plus de la solidité de leurs cathédrales ou autres bâtiments, que de connaître les pratiques *secrètes* de ceux qui les avaient construits.

Par ailleurs, aucun des statuts et règlements de métier des 13e, 14e et 15e siècles cités plus haut, pourtant toujours très précis sur les obligations de chacun, ne fait la moindre allusion à un tel devoir de secret. On en déduit que le secret évoqué avec tant d'insistance dans le troisième punctus du MS *Regius* n'avait aucun rapport avec le métier de maçon.

Après ces trente règles suivent des instructions sur la tenue d'une assemblée annuelle destinée à « rectifier les erreurs qu'on y évoquera », suivies d'un récit appelé « l'art des quatre couronnés » qui est une adaptation d'une légende d'origine chrétienne qui date de l'antiquité : des artisans imagiers subirent la colère de leur empereur pour avoir refusé de fabriquer une image de sa personne et de l'adorer « comme leur Dieu ». Ce récit ne concerne en rien l'art de bâtir, on se demande dès lors quelle est sa place dans l'histoire des origines de la Maçonnerie.

---

[26] MS *Regius*, traduction de Philippe Langlet, *op. cit*, lignes 275 à 286.

Suit un court récit relatif à la tour de Babel, puis un commentaire sur les sept arts libéraux, parmi lesquels la géométrie. Curieusement, la géométrie est décrite comme la science « qui peut départager ce qui est faux de ce qui est vrai » (« That con deperte falshed from trewthe »). Voilà qui s'appliquerait bien plus à la science de la *Logique* telle que codifiée par Aristote, qu'à l'art de bâtir ou qu'aux propriétés des figures géométriques.

Ensuite 110 lignes sont consacrées à une sorte d'admonestation qui vise ceux qui se conduisent mal pendant la messe. En guise d'introduction, un curieux avertissement :

> Mais vous devez savoir bien davantage
> Que ce que vous trouvez écrit ici
> Si l'intelligence ici te fait défaut
> Prie Dieu de te l'envoyer.[27]

Suit une sorte de rappel à l'ordre destiné à ceux qui seraient enclins, à « proférer des gaudrioles à la porte de l'église », à « proférer des bagatelles, paroles de bas niveau et bourdes obscènes » [fowle bordes], à « faire du bruit » pendant la messe, à « ne pas vouloir prier » [ef thou wolt not thyselve pray], ou qui ne sauraient pas faire le signe de croix : « Fais le signe de croix *si tu sais le faire* » [ef that thou conne][28]. Etc.

Ce texte surprend. On éprouve un certain étonnement de ce que les apprentis maçons à qui s'adresse en principe ce texte, puissent être suspectés d'avoir si peu de respect pour la liturgie catholique, de tenir des propos grossiers pendant l'office, de ne pas vouloir prier, de ne pas savoir faire le signe de croix, etc. Ces lignes pourraient être interprétées dans le sens d'une certaine ironie vis-à-vis du respect dû à la « Sainte Église ».

Suivent ensuite quelques recommandations sur les bonnes manières à observer à table, en insistant particulièrement sur des conseils de retenue et de prudence dans le discours. Le MS Regius se termine ensuite sur une curieuse prière :

> Que le Christ dans sa haute grâce,
> Vous donne tout ensemble le temps et l'esprit
> Pour bien lire et comprendre ce livre.[29]

C'est donc à trois reprises que le MS *Regius* exhorte le lecteur, à « lire et chercher » (ligne PN 1), à « faire usage de notre intelligence » (ligne PN 616), et encore en conclusion, à trouver « le temps et l'esprit pour bien lire et comprendre ce livre » (ligne PN 822). Nous voilà donc prévenus : la bonne compréhension de ce texte nécessitera un effort tout particulier.

---

[27] MS *Regius*, lignes PN 614 à 617, traduction de Patrick Négrier, *op. cit.*
[28] MS *Regius*, lignes PN 625, 651, 654, 656, 662.
[29] MS *Regius*, lignes PN 820 à 822.

7.4.2 Le MS Cooke

Pour sa part, le MS *Cooke*, tout en traitant des mêmes thèmes que ceux du MS *Regius*, donne plus d'importance aux mythes fondateurs de la géométrie et de la maçonnerie, en leur apportant de nombreux détails supplémentaires dont certains apparaissent comme particulièrement significatifs.

En introduction l'Art de Géométrie est donné comme faisant partie des sept arts libéraux[30] mais, fort curieusement, l'Art de Géométrie est présenté comme étant « le principe de tout », les autres arts libéraux « n'existant que par la géométrie » ! On est surpris d'apprendre ensuite que « la géométrie est l'art grâce auquel vivent tous les hommes raisonnables », et l'auteur d'insister « mais je laisse cela pour le moment car ce serait trop long de l'écrire ».[31] Que signifie cette phrase ? Voilà une géométrie qui, une fois encore, nous est présentée comme ayant plus de rapport avec la raison humaine qu'avec l'art de bâtir ou les propriétés des figures dans le plan et dans l'espace.

Viennent alors quelques lignes en latin qui rappellent que l'étymologie du mot géométrie correspond en grec à « la mesure de la terre ».

Il apparaît ensuite qu'il y a identité complète entre la maçonnerie et la géométrie : on lit successivement que « la plus grande partie de ce métier [la maçonnerie] est l'art de géométrie » et, quelques lignes plus loin, que « [...] la maçonnerie est la partie principale de la géométrie ».[32] En d'autres termes, on nous dit d'abord que la géométrie fait partie de la maçonnerie et ensuite que la maçonnerie fait partie de la géométrie, en bonne logique on doit comprendre que ces deux arts sont donc identiques, ce qui est pour le moins surprenant. Ces propositions sont appuyées par plusieurs références littéraires de théologiens, d'érudits, d'historiens ou d'hommes de science des siècles passés. Fort curieusement, aucun de ces livres n'a de rapport direct avec les métiers de la construction.[33]

---

[30] Les sept arts libéraux sont : la grammaire, la rhétorique, la dialectique, l'arithmétique, la géométrie, la musique et l'astronomie.

[31] Le texte anglais est : « Gemetry is the sciens that all resonable men lyue by, but I leue hit at this tyme for the loge processe of wrytyng ». (MS *Cooke*, lignes PN 127 à 130, traduction P. Négrier, *op. cit.*)

[32] MS *Cooke*, lignes PN 136-137 et 146-147, traduction P. Négrier, *op. cit.*

[33] Sont cités : le « maître des histoires » (il s'agit de Pierre Comestor qui fut en charge de l'école de théologie de Paris, mort deux siècles plus tôt), le *Polychronicon* (chronique historique due à un bénédictin anglais du 14ᵉ siècle), Bède le Vénérable (moine anglais du 8ᵉ siècle, auteur d'une *Histoire Ecclésiastique du Peuple Anglais*, abondamment cité au chapitre 6), le *De Imagine Mundi* (œuvre d'Honorius de Ratisbonne au 12ᵉ siècle, un moine d'origine irlandaise passionné de science), Isidorus Ethomolegarium (Isidore de Séville, un évêque du 7ᵉ s. auteur des *Étymologies* d'où est tirée l'étymologie du mot géométrie), ainsi qu'un certain Methodius Episcopus et Martiris. (MS *Cooke*, lignes PN 139 à 145. Les commentaires sont ceux de Patrick Négrier, *op. cit.*, p. 88)

Une longue narration nous apprend ensuite comment les sept arts furent gravés par les ancêtres de Noé sur deux colonnes construites pour échapper au déluge, et qui, longtemps plus tard, furent découvertes par Hermès et Pythagore. Ce récit est directement inspiré du Livre I des *Antiquités Juives* de Flavius Josèphe (37-100)[34], un écrit du 1er siècle de notre ère qui était certainement hors de portée d'hommes issus des métiers de la construction.

Suivent les récits de la construction de la tour de Babel et de la cité de Ninive à laquelle participèrent une grande foule de maçons qui reçurent de leur roi Nemrod un *devoir* leur enjoignant de vivre selon la loyauté et la fraternité.

On retrouve alors le récit mythique de la fondation du métier de maçonnerie, assez proche de celui des premières lignes du MS *Regius*. On y lit que c'est en Égypte que des fils de seigneurs furent confiés au *clerc Euclide*. « Il leur enseigna le métier de maçonnerie auquel il donna le nom de géométrie [...] »[35] Cette géométrie permit ainsi aux maçons de construire les premières cités de la Bible, la tour de Babel et le Temple de Jérusalem, et de départager le pays d'Égypte lors des crues du Nil. Suit alors une information importante : la géométrie aurait été enseignée à Euclide par Abraham.

> Abraham [...] enseigna aux Égyptiens l'art de géométrie.
> Cet excellent clerc Euclide était alors son élève.
> Il apprit de lui la géométrie [...].[36]

Abraham vivait plus de mille ans avant Euclide, en faire le premier maître qui enseigna la géométrie à Euclide n'a a priori aucun sens. On pourrait en déduire que la Géométrie des maçons est d'origine juive, et ceci d'autant plus que dans la suite du récit les apprentis maçons élèves d'Euclide sont appelés « fils d'Israël ».[37]

> Tout le temps que les fils d'Israël demeurèrent en Égypte, ils apprirent le métier de maçonnerie. Après quoi ils furent chassés d'Égypte et pénétrèrent en terre promise.[38-39]

L'auteur fait certainement allusion à la sortie d'Égypte du peuple juif, mais pourquoi dit-il que ces fils d'Israël furent « chassés » d'Égypte alors que selon la Bible c'est de sa propre initiative que le peuple juif quitta

---

[34] *Antiquités juives*, Livre I chap.2.
[35] MS *Cooke*, lignes PN 508 à 510, traduction P. Négrier, *op. cit.*
[36] MS *Cooke*, lignes PN 440 à 448, traduction P. Négrier, *op. cit.*
[37] MS *Cooke*, lignes PN 539 à 542, traduction P. Négrier, *op. cit.*
[38] « afturward they were dryuen out of Egypte » (ligne PN 544).
[39] À lire ces extraits du MS *Cooke*, on déduit que cette *Géométrie* des premiers Maçons serait d'origine juive.

l'Égypte, poursuivi par les soldats du Pharaon qui, au contraire, voulait les obliger à retourner en Égypte. L'utilisation du mot « chassé » (*driven out*) par l'auteur du MS *Cooke* ne peut être fortuite.

Vient ensuite le récit de la construction du Temple de Salomon.

> [...] la construction
> du Temple de Salomon commencé par le roi David.
> Le roi David aima bien les maçons,
> et leur donna des prescriptions proches
> de ce qu'elles sont maintenant.[40]

Voici une autre erreur flagrante. Il est bien connu que le premier Temple de Jérusalem fut construit par le roi Salomon, il n'y a aucune trace dans la Bible de ce que le roi David, le père de Salomon, en aurait commencé la construction. De même, aucun passage de la Bible, pas même les *Psaumes* attribués à David, ne laissent entendre que ce roi aurait montré un quelconque intérêt pour les métiers de la construction, et encore moins qu'il aurait laissé aux maçons des « prescriptions ». À nouveau, ces invraisemblances ont manifestement été voulues par l'auteur du MS *Cooke*, mais pour quelle raison ?

L'Art de Maçonnerie parvint alors en France au temps du roi Charles II qui « fut maçon avant que d'être roi » et qui « après avoir accédé à la royauté, aima les maçons et les chérit ».[41] Il s'agit de Charles Le Chauve, le petit-fils de Charlemagne, qui hérita du royaume de France. Cet art parvint ensuite en Angleterre où « [...] il y eut un excellent roi appelé Athelstone [lire Athelstan], et son plus jeune fils aima beaucoup l'art de géométrie. [...] Il aima fort la maçonnerie et les maçons et il devint maçon lui-même ».[42]

Voici deux autres invraisemblances : aucun indice ne permet de penser que le roi Charles II de France (règne de 843 à 877) ou que le roi anglo-saxon Athelstan (règne de 924 à 939, sans fils légitime), qui n'étaient ni l'un ni l'autre de grands bâtisseurs, auraient eu des liens particuliers avec les métiers de la construction, et encore moins que le roi Charles II aurait été maçon avant que d'être roi. Ces références à deux grands rois sont cependant importantes car elles représentent les seules indications à proprement parler historiques auxquelles on pourrait relier ces récits dits légendaires.

Le MS *Cooke* reprend ensuite les devoirs, articles et points auxquels doivent s'engager les maçons, pratiquement dans le même ordre que dans le MS *Regius* mais de manière fort abrégée et en se limitant aux neuf ou dix premiers devoirs de chaque série. Visiblement, le but des auteurs du

---

[40] MS Cooke lignes PN 548 à 553, traduction P. Négrier, *op. cit.*
[41] MS Cooke lignes PN 589 à 593, traduction P. Négrier, *op. cit.*
[42] MS Cooke lignes PN 611-615 et 625-627, traduction P. Négrier, *op. cit.*

MS *Cooke* n'était pas de répéter ce que le MS *Regius* avait déjà dit, mais plutôt de compléter ce premier manuscrit par des informations *légendaires* bien spécifiques.

Les dernières lignes du MS *Cooke* marquent un changement brutal de sujet qui prend soudain une tournure politique, de fidélité au roi, sans vraiment de rapport avec le reste du texte. Il s'agit sans doute d'un ajout postérieur.

7.5 Une clé pour comprendre ces manuscrits ?

Il est bien établi, tant par James O. Halliwell dès 1839 que, plus récemment, par Philippe Langlet dans *Le Regius*, par Edmond Mazet dans *L'Herne – La franc maçonnerie : documents fondateurs*, par D. Hamer (cité par Ph. Langlet) et d'autres, que les auteurs de ces manuscrits étaient des religieux, sans doute des moines de grande érudition, et pas des hommes issus des métiers de la construction.

Selon Edmont Mazet, ces moines auraient eu l'intention de moraliser le métier des maçons en rassemblant ceux-ci dans des fraternités où l'accent serait mis sur l'entraide et le perfectionnement moral. Ces moines auraient alors retranscrit de vieilles légendes connues de ces maçons, et auraient valorisé leur savoir-faire en l'associant à la géométrie qui faisait partie des arts libéraux enseignés dans les universités. Cette interprétation peut être qualifiée de « opérative », car elle reste centrée sur le métier de maçon.

Cependant, comme dit plus haut, si ces légendes du métier circulaient réellement dans le monde des bâtisseurs, elles n'auraient pu manquer d'apparaître peu ou prou dans les divers statuts et règlements, relatifs à cette profession, en Angleterre ou ailleurs en Europe. Leurs auteurs, s'ils avaient connu ces légendes, n'auraient pas manqué d'y faire quelque allusion : l'évocation d'un passé prestigieux ou d'une science enseignée dans les universités ne pouvait que rehausser leur prestige et leur autorité.

Or il n'en est rien, ni ces légendes ni une quelconque allusion à la géométrie, ni l'interdiction de divulguer un *secret*, n'apparaissent de quelque manière que ce soit dans les documents, statuts ou règlements relatifs aux métiers de la construction au Moyen Âge. De plus de nombreux auteurs ont souligné le fait que les récits légendaires qui font le corps de ces textes ont très peu de rapport avec les métiers de la construction.

Se pose alors la question de la signification de ces légendes et de cet « Art de Géométrie » qui semble si éloigné de la géométrie des bâtisseurs, ainsi que la raison d'être des nombreuses invraisemblances et erreurs manifestes qui abondent dans ces textes, et qui sont incompatibles avec le niveau intellectuel de leurs auteurs.

L'hypothèse proposée dans ce livre est que ces erreurs et invraisemblances auraient été voulues par les auteurs et qu'elles constituent autant de clés susceptibles de donner accès au message originel de ces manuscrits.

CHAPITRE 8

Une postérité pour le christianisme celte

8.1 Les francs-maçons, héritiers du christianisme celte

Dans l'accumulation déconcertante d'invraisemblances contenues dans ces manuscrits, se détachent les noms de deux rois bien connus des historiens : les rois Charles II (Charles Le Chauve, 823-877), petit fils de Charlemagne, et Athelstan (894-939), petit fils du roi anglo-saxon Alfred Le Grand. Ces deux rois, disent ces manuscrits, « aimaient les maçons ». Rien cependant ne relie ces deux rois aux métiers de la construction, ni l'un ni l'autre ne furent des rois bâtisseurs. Charles II eut comme premier souci de défendre sa couronne contre les ambitions de son frère Louis Le Germanique, quant à Athelstan, ce fut un roi conquérant qui chassa les Vikings de l'île d'Angleterre. Il est très peu probable qu'ils aient montré l'un et l'autre de l'intérêt pour le métier de maçon.

Il reste cependant que l'on pourrait rechercher ce que ces deux rois auraient eu en commun. Or ces deux rois, chacun à leur manière, ont aidé des représentants du christianisme celte dans leur lutte contre la progression inéluctable du christianisme de Rome. Comme dit plus haut, dans son *Histoire abrégée de la franc-maçonnerie*, Robert-Freke Gould note que le roi Athelstan, lorsqu'il reconquit la ville de York sur les Vikings, s'abstint de rendre la cathédrale de cette ville à l'Église catholique. Au contraire il s'engagea par traité à permettre aux membres du clergé celte qui officiaient dans cette cathédrale, à continuer à pratiquer leur religion et même à prélever une redevance en blé « afin de leur permettre *à perpétuité* [...] de continuer à accomplir les œuvres de piété dont ils s'étaient si bien acquittés dans le passé ».[1] Ainsi, bien qu'en principe catholique, le roi Athelstan sut par sa noblesse et sa largeur d'esprit s'attirer l'estime et l'appui des chrétiens celtes.

Quant au roi de France Charles II, ses liens privilégiés avec la religion celtique trouvent leur origine dans la présence à sa cour du moine irlandais Jean Scot Erigène. Sous la protection de Charles II, Jean Scot écrivit plusieurs ouvrages fort peu orthodoxes, dont son « Periphyseon », le premier livre hérétique du Moyen Âge. Jésus-Christ y apparaissait comme un être

---

[1] Robert-Freke Gould, *Histoire abrégée de la franc-maçonnerie*, p. 25. (Voir le chapitre 6.9)

« créé par Dieu » et donc plus proche de l'homme que de Dieu, un discours inacceptable à l'époque car en opposition flagrante avec la doctrine trinitaire de l'Église selon laquelle, Jésus-Christ est un être incréé, de même substance et de même statut que Dieu son Père. Grâce à la protection du roi Charles II ce livre put échapper à la colère du pape Nicolas Ier et parvint à traverser les siècles, même s'il fut brûlé publiquement à plusieurs reprises.[2]

Dès lors une hypothèse se profile : il est dit dans les manuscrits *Regius* et *Cooke* que les deux rois Charles II et Athelstan « aimaient les maçons ». On serait dès lors tenté d'en déduire que les « maçons » dont question dans ces textes, seraient apparentés aux chrétiens celtes. La *Maçonnerie* apparaîtrait alors comme un Ordre qui aurait, d'une manière ou d'une autre, recueilli l'héritage du christianisme celtique.

Quant à la la très mystérieuse affirmation selon laquelle « le roi Charles II fut maçon avant que d'être roi »[3], elle pourrait trouver une explication : le petit prince Charles, dans le palais de son père Louis Le Pieux, devait croiser quasi journellement des moines irlandais omniprésents à la cour du roi. Certains, on peut l'imaginer, ne manquèrent pas de lui souffler à l'oreille des propos peu orthodoxes qui le marquèrent pour la vie, le conduisant bien plus tard à fort peu se soucier des écarts de son protégé Jean Scot vis-à-vis de l'institution et des dogmes romains.[4-5]

Cette hypothèse « celtique » pourrait éclaircir une autre difficulté de l'histoire de la franc-maçonnerie : à savoir la raison pour laquelle l'Écosse a fourni le terrain favorable au développement extraordinaire de la franc-maçonnerie aux 16e et 17e siècles. L'Écosse était, à la fin du Moyen Âge, une région pauvre et encore relativement isolée. Les grands chantiers, de cathédrales ou autres, y étaient plus rares qu'ailleurs et les maçons écossais avaient certainement moins d'occasions de faire valoir leur savoir-faire que ceux de pays comme, par exemple, la France qui avait vu se multiplier de grandioses cathédrales. Or ce n'est pas le riche continent, ni la grande ville de Londres, qui ont fourni à la Maçonnerie le terreau dans lequel elle a pu s'épanouir aux 16e et 17e siècles, mais bien la pauvre Écosse. L'hypothèse d'une origine celtique de la Maçonnerie apporterait à cette bizarrerie une

---

[2] Voir le chapitre 6.6
[3] MS *Cooke*, lignes PN 589-590.
[4] Il faut noter cependant que le précepteur en charge de l'éducation du petit Charles n'était pas l'un de ces moines celtes.
[5] On lit parfois que l'auteur du MS *Cooke* se serait trompé et aurait introduit le nom de Charles II à la place de celui de Charles Martel, le grand-père de Charlemagne, dont le surnom de Martel pourrait évoquer les instruments des tailleurs de pierre. Charles Martel n'était cependant que *maire du palais* et n'a jamais eu le titre de roi, or le MS *Cooke* insiste fort sur le fait que Charles II était roi, de sorte qu'il ne fait aucun doute, il n'y eut aucune erreur sur le nom de Charles II.

explication simple, le christianisme celtique, même s'il a existé dans toute l'Angleterre, est bien plutôt une spécificité de l'Écosse.

L'hypothèse « celtique » pourrait aussi apporter une explication crédible au privilège dont se prévaut la ville de Kilwinning, d'avoir abrité la plus ancienne loge maçonnique connue. Cette petite ville tout à fait ordinaire de la côte ouest est en effet idéalement située sur la route maritime entre Belfast et l'Écosse.[6] Elle a dû vivre une ferveur religieuse celtique toute particulière lorsque débarquèrent les Scots irlandais chassés par les progrès de l'Église de Rome en Irlande, notamment au 12e siècle lors de l'invasion du pays par Henri II.

Quant aux lignes du MS *Cooke* a priori incompréhensibles, « ils furent chassés d'Égypte et pénétrèrent en terre promise », elles trouveraient une signification pleine de sens si l'on admet l'hypothèse selon laquelle, « chassés » dès le 4e siècle par l'intransigeance de l'évêque d'Alexandrie, certains moines de Haute Égypte émigrèrent en Irlande, avec dans leur bagage ce christianisme d'obédience judéo-chrétienne qui caractérise le christianisme celte.[7] Ces quelques lignes du MS Cooke qui font de l'Égypte la patrie d'origine de la Maçonnerie, apporteraient ainsi un argument confortant l'origine égyptienne du christianisme celte.

Certaines pratiques de la Maçonnerie moderne pourraient également témoigner d'une lointaine origine celtique, en particulier l'importance donnée aux fêtes solsticiales, aux astres ou à la nature, ou encore la primauté accordée à l'évangile de Jean. C'est en effet sous l'autorité de Saint Jean que se placèrent les défenseurs du christianisme celte au synode de Whitby en 664.

Enfin, il est intéressant de parcourir le petit livre *On The Origin of Freemasonry* écrit à la fin du 18e siècle, par Thomas Paine (1737-1809). Cet Anglais partisan de la *république universelle* fut très actif dans les révolutions américaine et française, il fut député à la Convention. Bien que probablement non maçon, il avait sans aucun doute de nombreux amis maçons dont il sous-entend avoir reçu les confidences. Dans ce petit livre écrit à la fin de sa vie, traduit et publié après sa mort par son ami Nicolas de Bonneville, Thomas Paine raconte ce qu'il croit savoir de l'origine de l'Ordre maçonnique :

> La Maçonnerie [...] n'est que les débris de la religion des anciens Druides. [...] Les Druides, quand ils voulaient confier quelque chose par écrit, se servaient de l'alphabet grec.[8]

---

[6] Voir le chapitre 6.11 et l'illustration 6.
[7] Voir le chapitre 5.
[8] Thomas Paine traduit par Nicolas de Bonneville, *On The Origin of Freemasonry*, pp. 21 à 37.

Des druides qui se servaient de l'alphabet grec, l'allusion au christianisme celte est claire car, comme on l'a vu, les moines irlandais, successeurs des druides, étaient les seuls dans l'ouest de l'Europe à avoir conservé la connaissance de la langue grecque.

Le récit de Thomas Paine nous apparaît certes d'une grande naïveté, mais il témoigne qu'au sein de la maçonnerie anglaise du 18ᵉ siècle, on gardait encore le souvenir confus d'une origine celtique.

8.2 Nécessité d'élargir le champ des recherches

Tous ces arguments plaident en faveur de l'hypothèse d'une intervention de moines de tradition celtique dans la rédaction des constitutions de la maçonnerie du 14ᵉ siècle. Cette hypothèse apporterait une explication crédible à plusieurs difficultés auxquelles se heurte la compréhension de ces constitutions, mais elle est néanmoins insuffisante.

D'une part au 14ᵉ siècle les « Culdées » ou « Chaldées » de tradition celtique ne devaient plus être qu'en très petit nombre, et bien incapables d'être seuls à la source de la création d'un Ordre comme la franc-maçonnerie.

Mais surtout, il reste dans les MS *Regius* et *Cooke* plusieurs invraisemblances caractéristiques que l'hypothèse celtique ne peut expliquer. Ainsi les allusions à la géométrie d'Euclide sont particulièrement nombreuses et significatives. Alors que le mot « maçonnerie » est cité 20 fois dans les deux manuscrits, la géométrie y est nommée 36 fois et *l'Art de Géométrie* y tient une place tout à fait centrale.

Or les traditions celtiques ne font jamais allusion à la géométrie, ce mot ne fait pas partie du vocabulaire du christianisme celte. Il apparaît donc qu'une origine celtique, même si elle est pertinente, est certainement insuffisante pour expliquer l'origine de la franc-maçonnerie médiévale. Il est donc nécessaire d'approfondir les recherches, en particulier sur ce mystérieux « Art de Géométrie » si hautement valorisé dans les manuscrits fondateurs de la Maçonnerie médiévale.

CHAPITRE 9

La Géométrie hérétique des francs-maçons

9.1 La géométrie d'Euclide, un aboutissement de la philosophie grecque

La philosophie grecque est, avec le christianisme, l'un des piliers sur lesquels s'est construite la pensée occidentale. Alors que le christianisme en a posé les bases morales, la philosophie grecque a fourni les fondements sur lesquels s'est développée la science objective.

Les premiers philosophes dont l'histoire a retenu le nom s'appelaient Thalès, Anaximandre, Anaximène. Citoyens de la ville de Milet sur la côte ionienne face à la Grèce (aujourd'hui en Turquie), ils vivaient au début du 6e siècle avant JC, à peu près à la même époque que celle où a été rédigée la Bible.

Comme elle, ces philosophes cherchaient à expliquer la genèse du monde et de l'homme, mais à l'opposé de la Bible ils expliquaient la nature sans aucun recours au mythe ou à la religion mais uniquement par des principes matériels déduits de l'observation et du raisonnement.

Ainsi, de l'existence des fossiles Anaximandre déduisit que la mer et les poissons furent les premiers êtres vivants, que les animaux terrestres sont le résultat d'une adaptation au milieu sec, et que les hommes sont le fruit d'une évolution à partir des animaux. Anaximandre est donc le premier, plus de 2000 ans avant Darwin, à avoir envisagé l'évolution comme principe directeur de la diversité de la vie sur terre.

Ces premiers philosophes voyaient le monde gouverné par les seules lois de la nature et ne répondant à aucun plan divin : « La science ionienne, dit Jean-François Revel, est étrangère à l'idée de divinité comme à la notion du bien ou du mal ».[1]

---

[1] « Nulle part auparavant il n'était venu à l'idée de quiconque d'éprouver le besoin de s'affranchir de la religion pour expliquer le monde. Elle était au contraire là pour ça […]. La nouveauté radicale due aux Ioniens n'est pas seulement leur rationalisme mais surtout que ce rationalisme […] reposait sur l'observation directe du monde visible dans tous ses détails. » Toutes les citations de ce chapitre proviennent du livre de Jean-François Revel, *Penseurs grecs et latins*, chapitres 1 à 5.

À la suite de ces philosophes de l'école de Milet, d'autres philosophes grecs interrogent la nature ... et parfois se trompent. Ainsi Parménide (504-450) dit : « ce qui est, est, et ce qui n'est pas, n'est pas ». Cette apparente évidence bloquera la réflexion scientifique grecque pendant près d'un demi-siècle. En effet, si seulement existe « ce qui est », le monde apparaît comme continu, bourré de matière, et d'une compacité telle que ... si l'on y réfléchit bien, le mouvement lui-même devient impossible puisque le glissement de blocs de matière les uns par rapport aux autres implique qu'entre eux il y ait du *non être*, et que ce *non être* d'après Parménide, ne peut exister.

L'erreur de Parménide est corrigée 50 ans plus tard par Démocrite d'Éphèse (460-370), une autre ville de la côte ionienne aujourd'hui en Turquie. Démocrite introduit la notion de vide, très difficile à admettre pour ses contemporains : « le vide est du non-être, dit-il, et pourtant, il est ». Une fois franchi ce cap difficile, Démocrite progresse rapidement : si le vide existe, la matière ne peut se diviser à l'infini. Elle lui apparaît donc comme formée de grains insécables qu'il appelle atomes (littéralement « qu'on ne peut couper »), entre lesquels il y a du vide, et qui, dans ce vide, peuvent se déplacer, s'unir et se désunir. Pour Démocrite tous les êtres vivants, l'âme elle-même, les dieux s'ils existent, ne sont que des combinaisons d'atomes ayant subi des transformations diverses. Un matérialisme aussi radical était très mal perçu. Pour se rendre à Athènes Démocrite devait passer incognito de peur d'être traîné devant les tribunaux pour impiété. Même chez certains philosophes Démocrite rencontrait des oppositions farouches. Car en effet, à côté de cette réflexion objective sur les phénomènes naturels, s'était développé chez certains philosophes grecs un courant de pensée quasi religieux. Un siècle plus tôt, Pythagore (580-495) s'était engagé dans la voie du mysticisme, proclamant que les âmes des hommes sont éternelles, ouvrant ainsi la voie à des fraternités initiatiques qui donnaient un pouvoir magique aux nombres et aux figures géométriques.

Dans la même veine, 150 ans plus tard, Platon (428-348) prendra le contre-pied des philosophes dits « scientifiques », en proclamant que le monde visible n'est qu'illusion et que la vraie réalité, le monde des Idées, nous est inaccessible car d'essence divine. Platon rejette totalement l'atomisme de Démocrite, dont il voulut brûler tous les ouvrages, de même qu'il condamne tous ceux qui pratiquent l'astronomie et les autres sciences,

> parce qu'ils croient possible de rendre compte de ces phénomènes par les nécessités mécaniques, et non par les pensées d'une Volonté qui détermine la réalisation de ce qui est bien.

Platon rejette donc l'explication causale des phénomènes au profit de l'explication par la finalité. Même la politique reçoit chez Platon un fondement religieux. Sa « République » apparaît comme une sorte de théocratie totalitaire soumise à l'autorité absolue des sages, seuls capables d'avoir accès à la vraie nature des choses telle que révélée par le monde des Idées. Dans le Livre X des *Lois* Platon déclare que les citoyens suspects d'impiété ou d'athéisme doivent être dénoncés par leurs concitoyens et jetés dans ce qu'il appelle le « sophronistérion », que Jean-François Revel traduit par « Maison de Résipiscence ». Et au bout de cinq années dans cette Maison de Résipiscence, si la vraie foi ne leur est pas venue, ces impies sont tout simplement mis à mort.

Cette philosophie idéaliste et théocratique eut la chance de plaire aux Pères de l'Église, grâce à qui Platon est le seul philosophe grec dont nous possédons l'entièreté de l'œuvre telle qu'il l'avait écrite. Platon avait fait inscrire sur le seuil de son Académie la phrase célèbre « que nul n'entre ici s'il n'est géomètre ». Contrairement à ce que l'on croit généralement, la « géométrie » que concevait Platon se situe tout à l'opposé de la géométrie d'Euclide. Pour Platon, la géométrie donnait accès aux formes idéales qui n'avaient d'existence que pour l'intelligence, et donnait ainsi une image de ce que pouvait être le monde parfait des Idées. Cette géométrie de Platon n'avait rien à voir avec l'édifice basé sur le raisonnement logique qui sortira des travaux d'Euclide 50 ans plus tard.

Platon eut en Aristote (384-322) un élève qui devint aussi célèbre que lui, mais Aristote s'éloignera de l'enseignement de son maître. Il rejettera la théorie des Idées chère à Platon. « *Ami de Platon, mais plus encore de la Vérité* » dira Aristote qui accomplira au cours de sa vie un retour vers cette philosophie ionienne de l'observation et du raisonnement.[2] C'est par exemple lui qui construisit la classification des êtres vivants en genres et en espèces qui était encore en usage au 19e siècle. Darwin voyait en lui son maître. Mais, avec le recul, l'œuvre principale d'Aristote est son traité de Logique rationnelle, l'Organon, rassemblant les règles auxquelles doit se soumettre le raisonnement. Il introduisit les *syllogismes*, succession de propositions qui, à partir de *prémisses* que l'on suppose vraies a priori, permettent de démontrer une affirmation.[3] La Logique d'Aristote établira pour les générations futures les bases sur lesquelles devront se construire les raisonnements, qu'ils soient philosophiques ou scientifiques. Contrairement à celle de Platon, l'œuvre d'Aristote n'a jamais eu les faveurs de l'Église, et n'est donc connue qu'indirectement à travers des notes prises par ses disciples et souvent transmises via les auteurs arabes.

Cette différence entre Platon et Aristote est révélatrice de l'écart qui sépare les deux principales branches de la philosophie grecque. La branche idéaliste, dont Platon est le représentant emblématique, privilégiait une spéculation

---

[2] En réalité cette phrase a été construite par certains commentateurs à partir d'un passage de l'*Éthique à Nicomaque*, où Aristote laisse entendre qu'il ne partage pas les idées de son ami Platon.

[3] Un exemple de syllogisme souvent cité est le suivant : tous les hommes sont mortels, Socrate est un homme, donc Socrate est mortel.

quasi religieuse qui sera célébrée par les Pères de l'orthodoxie chrétienne, tandis que la branche rationaliste, dont Démocrite et surtout Aristote sont les principaux représentants, donnait la priorité à l'observation et à l'usage de la raison et de la logique dans la compréhension du monde. Cette philosophie positiviste sera portée par les chrétiens d'obédience *arienne* ou *gothique*, opposés aux dogmes de l'Église de Rome.

Longtemps réprouvée par l'Église, et donc ignorée, la philosophie d'Aristote refera son apparition au Moyen Âge, portée par l'œuvre de penseurs arabes : Averroès (né en 1126 à Cordoue, mort en 1198 à Marrakech) et avant lui Avicenne (980-1037).

Aristote eut un élève célèbre en la personne d'Alexandre Le Grand (356–323), qui suivit son enseignement entre l'âge de 13 et de 16 ans. À 20 ans Alexandre devint roi de Macédoine. Parti à 22 ans à la conquête de l'Asie, il meurt à 33 ans à Babylone sur le trajet du retour. Ses généraux se partagent alors son empire. Ptolémée (367-283) reçoit l'Égypte et, jaloux de la renommée d'Athènes, fonde à Alexandrie le Musée et sa fameuse bibliothèque, qui raviront à Athènes le titre de capitale de la philosophie. L'un des premiers savants philosophes à rejoindre le Musée de Ptolémée est Euclide, le père de la géométrie.

Les propriétés des figures géométriques étaient connues depuis longtemps, mais Euclide démontre l'universalité de ces propriétés par une cascade de théorèmes et de démonstrations qui font un large usage de la Logique d'Aristote. Ainsi le théorème de Pythagore : dans un triangle rectangle, le carré de l'hypoténuse est égal à la somme des carrés des deux autres côtés. Pythagore y avait vu l'expression d'une harmonie divine, mais Euclide démontre qu'il s'agit simplement d'une application des propriétés des triangles semblables, propriétés qu'il avait pris soin de démontrer avant d'en faire usage. Euclide construisait ainsi sa géométrie par une suite de raisonnements rigoureux dans l'esprit de la Logique d'Aristote, chaque propriété étant démontrée en s'appuyant sur des propositions dont la véracité avait été précédemment établie, et ainsi de proche en proche, au départ de *postulats* qui ne pouvaient être démontrés mais dont l'évidence était clairement énoncée.

On ne sait pratiquement rien de la vie d'Euclide, mais certains estiment qu'il est possible qu'il ait été l'élève d'Aristote. L'œuvre d'Euclide et sa *géométrie* apparaîtront aux anciens comme une étape importante dans la philosophie, moins peut-être par ses applications pratiques qui étaient connues de longue date, que par la consécration de la rigueur et de la logique dans le raisonnement philosophique.

9.2 Comment la Géométrie fit son entrée dans la religion chrétienne

Un événement vint bientôt bouleverser le monde de la pensée dans l'Orient grec : un prédicateur du nom de Paul, annonçait la récente venue sur terre de Jésus-Christ, le fils du Dieu des Juifs, qui promettait la vie après la mort à ceux qui croyaient en lui. Cette prédication fut bien reçue chez les Grecs pour qui le concept d'un fils de Dieu était familier : Apollon n'était-il pas le fils de Zeus ! Le danger existait donc que Jésus-Christ soit mis sur le même pied qu'Apollon, de sorte que les chrétiens grecs éprouvèrent très vite la nécessité d'accentuer sans cesse le caractère divin de Jésus-Christ. On en vint à dire que Jésus existait avant sa conception par le Saint Esprit, qu'il avait été le premier être créé par Dieu, et enfin qu'il n'avait pas été créé du tout et qu'il existait de toute éternité comme Dieu son Père. À la fin du 3ᵉ siècle on fit de Jésus-Christ un être de *même substance* que Dieu, de sorte que le statut de Jésus-Christ se retrouva en tout point égal à celui de Dieu son Père.[4] Le christianisme qui se voulait monothéiste en arrivait à se voir doté de deux dieux, de même niveau et de même statut, qui furent logés, avec le Saint Esprit, dans une « trinité » qui devint l'Être Suprême de l'orthodoxie chrétienne.

Cette évolution s'était faite sans beaucoup d'égards, ni pour la foi des chrétiens qui à des degrés divers étaient restés proches de l'ancienne foi chrétienne primitive strictement monothéiste, ni pour les textes sacrés de la religion chrétienne dans lesquels la filiation divine de Jésus se trouvait contredite par l'affirmation de son ascendance davidique. Dès lors, pour beaucoup de chrétiens d'Orient, cette évolution doctrinale se révéla indigeste : les élites chrétiennes de culture grecque, traditionnellement portées aux disciplines du raisonnement dialectique, admettaient difficilement les libertés d'interprétation que prenaient les Pères de l'Église avec les textes dont ils se prévalaient. Paradoxalement donc, alors que c'était dans le monde grec qu'était apparue la nouvelle orthodoxie qui avait balayé celle des premiers chrétiens de Jérusalem, c'est dans ce même monde grec qu'apparurent dès le 3ᵉ siècle les premières contestations de cette orthodoxie, assorties de velléités d'un retour vers la foi de ces premiers chrétiens.

Comme dit plus haut[5], Eusèbe de Césarée (270-340), auteur d'une très célèbre *Histoire Ecclésiastique*, rapporte l'existence au début du 4ᵉ siècle, de « mauvais chrétiens » qui affirmaient que Jésus était « simplement un homme ». Ces « mauvais chrétiens », nous dit-il encore, se prévalaient « de l'enseignement de tous les anciens et même des apôtres », c'est-à-dire de la première communauté des chrétiens de Jérusalem. La foi de l'Église Pri-

---

[4] Voir le chapitre 3.8.
[5] Voir le chapitre 4.5.

mitive de Jacques Le Juste avait donc été retrouvée, et peut-être à nouveau pratiquée à l'époque d'Eusèbe.

Cet auteur dit encore que ces chrétiens, dans leurs controverses théologiques, se prévalaient d'Aristote et de ses syllogismes, établissant un lien entre le rejet de la divinité de Jésus et la Logique d'Aristote : Jésus-Christ ne pouvait avoir deux pères, si le Nouveau Testament faisait de Jésus « par la chair » le descendant du roi David, il ne pouvait pas être le fils de Dieu.

Enfin, et surtout, ces chrétiens dissidents disaient « qu'ils fréquentaient la géométrie », sous la direction d'Euclide. Ce lien entre la Logique d'Aristote et la géométrie d'Euclide ne doit pas surprendre car la trame sur laquelle Euclide construisit sa géométrie est précisément la « Logique » telle que codifiée par Aristote. On en déduit, comme déjà dit, que derrière le nom de « Géométrie » se rangeront désormais deux concepts bien différents : d'une part une science qui décrit et démontre les propriétés des figures et des corps dans le plan et dans l'espace, et d'autre part une pensée que l'on pourrait qualifier de *ésotérique* car seuls les initiés y ont accès, qui évoque l'usage de la raison humaine et de la rigueur logique dans l'interprétation des textes sacrés du christianisme, avec à la clé, le rejet de la divinité de Jésus.

Cette Géométrie ésotérique était donc une grave hérésie car, au nom de la raison humaine, cadeau de Dieu à l'homme, elle aboutissait à nier les principaux dogmes sur lesquels l'Église de Rome avait construit sa légitimité et son autorité. Dans ces conditions on peut comprendre que ceux qui pratiquaient cette géométrie-là furent particulièrement prudents dans leur manière de communiquer et d'exprimer leur foi.

9.3 À propos de l'Art de Géométrie des Maçons

La question se pose de savoir à laquelle de ces deux *géométries* se réfèrent les textes fondateurs de la franc-maçonnerie. Il a déjà été dit à plusieurs reprises que la géométrie, qui selon le MS *Regius* servit de modèle sur lequel fut copié cet Ordre nouveau appelé « Maçonnerie », n'a que peu de rapport avec les propriétés des formes géométriques ou avec l'art de bâtir. Par contre, il est dit que cet *art de géométrie* « est le principe de tout », qu'il est « l'art par lequel existent tous les autres arts » ou encore, plus curieusement, qu'il est « la science qui distingue un principe faux de ce qui est vrai » et, plus loin, qu'il est « l'art par lequel vivent tous les hommes raisonnables ».[6] À lire ces lignes, la géométrie des maçons, plus qu'à l'art de bâtir, s'apparenterait à un engagement philosophique orienté vers la raison humaine et la logique.

Mais par ailleurs, autre bizarrerie, selon le MS *Cooke* c'est Abraham qui enseigna l'Art de Géométrie à Euclide et c'est encore le nom de « fils

---

[6] Voir le chapitre 7.4.

d'Israël » que reçoivent les apprentis maçons élèves d'Euclide.⁷ Il apparaît donc que l'Art de Géométrie des premiers maçons se trouverait aussi relié à la religion juive.

A priori ces deux attributs de la géométrie des maçons n'ont aucun rapport l'un avec l'autre, si ce n'est, précisément, dans *l'Histoire Ecclésiastique* d'Eusèbe de Césarée, dont question ci-dessus. Il faudrait alors en déduire que cet Art de Géométrie des premiers francs-maçons ne serait pas relié à l'art de bâtir mais bien à la foi appelée « Géométrie » que pratiquaient ces « mauvais chrétiens » qui considéraient Jésus-Christ comme « simplement un homme ».

Cette interprétation nouvelle conduirait à admettre que les fondateurs de la franc-maçonnerie n'étaient pas, à l'origine, des bâtisseurs mais bien des chrétiens, probablement des moines érudits anti-trinitaires, qui se reconnaissaient dans les traditions issues du judéo-christianisme primitif, traditions que l'on retrouve tant dans le christianisme celtique, que chez les adeptes de la foi *gothique*, ou *arienne*, qui rejetaient ou minimisaient la divinité de Jésus.

Certains autres passages de ces manuscrits trouveraient alors une explication crédible. Il en est ainsi de la référence au roi David, qui « aima bien les maçons et leur donna des prescriptions proches de ce qu'elles sont maintenant ».⁸ Comme dit plus haut, rien dans la Bible n'indique que le roi David ait montré un quelconque intérêt pour les métiers de la construction ni, a fortiori, qu'il aurait laissé des « prescriptions » aux maçons. Il reste cependant que derrière le nom de David pourrait se cacher celui de son plus illustre descendant, c'est-à-dire Jésus-Christ en personne. Le roi David « aimait les maçons » selon le MS *Cooke*. Cette phrase sibylline acquerrait alors un sens : Jésus-Christ aurait en effet « aimé les maçons » … car, comme eux, il n'aurait jamais accepté que les hommes fassent de lui le fils « biologique » du Dieu qu'il vénérait. Quant aux « prescriptions » laissées aux maçons par le roi David, celles-ci s'apparenteraient au message de son descendant Jésus-Christ, message de fraternité et de responsabilité morale, qui est à la base de l'engagement maçonnique.

Par ailleurs, la légende des quatre couronnés pourrait alors trouver une place toute naturelle dans le MS Regius :

> Ils ne pensaient guère à [refusèrent de] fabriquer des imitations […]
> Prendre cette imitation pour leur Dieu
> Ils refusèrent de le faire […]
> car ils ne voulaient pas renoncer à leur vraie foi
> pour croire à sa fausse loi.⁹

---

⁷ Voir le chapitre 7.4.2.
⁸ MS *Cooke*, lignes PN 550-554, traduction P. Négrier, *op. cit.*
⁹ MS *Regius*, lignes PN 548-553, voir aussi le chapitre 7.4.1.

À l'instar des quatre couronnés, les maçons pratiquant l'Art de Géométrie se devaient en effet de refuser de créer et d'honorer cette *imitation de Dieu* qu'est le Jésus-Christ de la trinité.

Certaines expressions que l'on trouve dans le MS Regius recevraient une interprétation toute nouvelle : l'*habileté* des apprentis maçons serait leur capacité à recevoir et à accepter le message fort peu orthodoxe distillé par leurs frères. De leur *habileté dans le métier* dépendraient leurs *augmentations de salaire*, c'est-à-dire les étapes de leur progression vers la pleine vérité, c'est-à-dire la révélation de la nature purement humaine de Jésus-Christ.

9.4 La Géométrie, la mesure de la terre

On ne peut quitter le sujet de la Géométrie ésotérique sans se pencher sur de mystérieuses gravures apparues au 13ᵉ siècle telles que représentées en couverture et dans les illustrations 7, 8, et 9. De telles gravures étaient incluses dans des Bibles dites « moralisées », c'est-à-dire des Bibles abondamment illustrées d'images, destinées parfois à des rois, mais aussi au peuple illettré qui y trouvait l'histoire sainte racontée à la manière d'une bande dessinée. Dans plusieurs de ces Bibles les images qui évoquent la création du monde attirent immédiatement l'attention : on y voit un être auréolé tenant à la main un grand compas ouvert sur une galette qui représente la terre et le ciel qui l'entoure. Ces images sont d'interprétation difficile, certains auteurs se réfèrent au passage du *Livre des Proverbes* dans l'Ancien Testament où la « Sagesse » parle :

> Le Seigneur m'a créée [...]
> Dès les premiers temps de la terre [...]
> Alors qu'Il n'avait pas encore fait la terre et les espaces [...]
> Quand Il affermit les cieux, moi j'étais là,
> Quand Il grava un cercle face à l'abîme[10] [...]
> Je fus maître d'œuvre à son côté. (Pr 8.22-30)

Ces gravures représenteraient alors le Dieu Créateur, le *Grand Architecte de l'Univers* diront certains, traçant les limites de la terre face à l'abîme. Il se fait cependant que le personnage auréolé qui manipule ce grand compas ne peut pas être le Dieu créateur. Les représentations de Dieu sont rares, mais dans l'imaginaire de ceux à qui ces Bibles étaient destinées, Dieu se devait d'apparaître comme un être vieux et vénérable.

---

[10] Une traduction plus littérale de ce verset, est la suivante : « Lorsqu'il environnait les abîmes de leur borne, par une loi inviolable [...] ». Il s'agissait donc de fixer à jamais les bornes de l'abîme.

Or, sur ces images, c'est l'inverse que l'on constate. Le personnage auréolé de l'illustration 7 est un homme jeune représenté dans une attitude dépourvue de toute majesté. Celui représenté en couverture et sur l'illustration 8, d'une trentaine d'années, évoque typiquement non pas Dieu mais Jésus-Christ, et dans l'illustration 9 l'être auréolé, jeune et mélancolique, la tête penchée et le regard perdu, n'évoque en rien ni la majesté ni la solennité qui devraient être les attributs du Dieu Créateur posant l'acte qui marque le début des temps. Ce personnage auréolé ne peut donc pas être Dieu, et s'il n'est pas Dieu, le grand compas qu'il tient en main ne peut être l'instrument qui « trace un cercle face à l'abîme ».

Il reste qu'un compas peut aussi servir à mesurer. Une autre interprétation serait alors que cet être auréolé *mesurerait* le monde, ou la terre car à cette époque le petit peuple ne faisait pas vraiment la différence. Or dans ses *Étymologies*, Isidore de Séville (560 – 636) avait indiqué que l'origine du mot géométrie provenait de deux mots grecs, dont l'un est le mot « Γη » (prononcer guè avec un è long) signifiant « terre » et rendu plus tard en français par les lettres latines « géo », et l'autre le mot grec « metron » qui signifie « mesure ». Les érudits du Moyen Âge savaient donc que « faire de la géométrie » correspondait étymologiquement à « mesurer la terre ». En témoigne le long développement sur cette étymologie que l'on trouve dans le MS *Cooke*.[11]

Dès lors cette image acquiert un sens nouveau : cet être auréolé qui *mesure la terre*, pour ceux capables de le comprendre, se dédierait donc à *faire de la géométrie*. Mais il ne peut s'agir de la géométrie des figures dans le plan et dans l'espace, car cette géométrie-là n'a aucun rapport avec la religion chrétienne, et ne justifie aucunement qu'on la représente par un rébus à ce point élaboré. Par contre l'autre géométrie, la géométrie ésotérique pratiquée par ceux qui niaient la divinité du Christ, ne pouvait trouver meilleure dissimulation symbolique qu'une représentation de nature étymologique, glissée dans un livre lu par tous, par le peuple comme par les grands.

En montrant qu'il mesure la terre cet être auréolé qui ressemble fort à Jésus-Christ, confierait un secret à ceux capables de le comprendre : « je mesure la terre », donc, « je pratique la Géométrie » ou en langage clair, « moi, Jésus-Christ, je ne suis rien d'autre qu'un homme ». Interprétées de

---

[11] La géométrie est autant qu'on peut dire
Comme la mesure de la terre
Et *sic* dicitur a geo ge quin Rter
A latine et metrona quod est mensura.
Unde Gemetria i.mensura terre vel terrarum,
C'est à dire en anglais que
la géométrie vient, disais-je, de geo qui
signifie en grec terre, et de metrona qui
signifie mesure. C'est pourquoi ce nom
de Geometrie se compose de
et signifie la mesure de la terre. (MS Cooke, traduction P. Négrier, *op. cit.*, lignes PN 86 à 98)

cette manière, ces images datant du 13ᵉ siècle annonceraient la géométrie ésotérique, que l'on retrouvera un siècle plus tard sous le nom de « Art de Géométrie » dans les MS *Regius* et *Cooke*.

Illustration 7. *Image extraite d'une bible moralisée, bibliothèque nationale de Vienne, codex 2554*

Illustration 8. *Image extraite d'une bible moralisée (Oxford-Paris-Londres)*

Illustration 9. *Image extraite d'une bible moralisée, bibliothèque nationale de Vienne, codex 1179*

Chapitre 10

Une hérésie venue de France ?

L'hypothèse développée dans ce livre est que le décryptage des manuscrits fondateurs de la franc-maçonnerie médiévale conduit à envisager l'existence au Moyen Âge d'une élite chrétienne qui, sous le nom de « Art de Géométrie », pratiquait un christianisme hérétique inspiré de celui de la première communauté judéo-chrétienne de Jérusalem, qui niait la divinité de Jésus-Christ. Il resterait néanmoins à se représenter comment une telle hérésie négatrice des principaux dogmes de l'Église, aurait pu naître et prospérer en Europe occidentale au début du 2e millénaire.

Cet exercice est rendu particulièrement difficile par le fait que des hommes qui se trouvaient en opposition directe avec les structures mêmes de la société dans laquelle ils vivaient, ne pouvaient en aucun cas laisser des écrits explicites sur leurs convictions ni sur les traditions dont ils se prévalaient. Dans ces conditions il nous reste à interpréter les quelques rares indices dont nous disposons à la lumière de la même logique qui nous a guidés tout au long des chapitres précédents. Notre hypothèse peut paraître paradoxale : cette hérésie serait apparue au sein même des grands Ordres bénédictins français.

10.1 La toute puissante abbaye de Cluny

L'histoire du christianisme dans le dernier siècle du premier millénaire et dans les premiers siècles du second est dominée par le rayonnement des grands Ordres bénédictins français, l'Ordre de Cluny d'abord, l'Ordre de Cîteaux ensuite. Pourtant au 9e siècle les invasions normandes et la dislocation de l'Empire de Charlemagne, avaient porté un coup dur au monde monastique. Emportées dans la débâcle de l'autorité centrale, les abbayes et leurs richesses se retrouvèrent dans les mains de petits potentats locaux qui imposaient comme abbés des hommes choisis parmi leurs proches, sans aucun égard pour les moines eux-mêmes ni pour le bien de l'abbaye. S'ensuivit un considérable relâchement des mœurs.

Devant cette situation lamentable plusieurs tentatives de réforme monastique eurent lieu, à Vézelay, Aurillac, Gand, etc., mais celles-ci étaient limitées au plan local et ces monastères réformés restaient sous la fragile, et souvent contestable, autorité de l'évêque de leur diocèse. Tout autre est l'initiative du Duc d'Aquitaine, Guillaume Le Pieux (875-918), qui fit en l'an 909 donation du domaine de Cluny à un groupe de moines, tout en prenant l'initiative mémorable de donner à ces moines une charte qui protégeait à jamais leur abbaye de l'intervention d'une quelconque autorité, que ce soit celle d'un évêque, celle de l'autorité royale ou, plus curieusement, celle du « pontife du Siège romain » :

> Nul prince séculier, aucun comte, aucun évêque, *pas même le pontife du Siège romain*, ne pourra porter atteinte aux biens de ces serviteurs de Dieu.[1]

Portée par une longue série d'abbés de grande valeur, cette réforme clunisienne connut un succès remarquable. Très tôt, les abbés de Cluny furent sollicités pour étendre la protection dont jouissait leur abbaye à d'autres abbayes qui, passant juridiquement sous l'autorité de l'abbé de Cluny, prirent le nom de prieurés. Par la suite les abbés de Cluny furent chargés de réformer des monastères dans d'autres pays, de sorte que l'abbaye de Cluny se trouva bientôt à la tête d'une véritable organisation multinationale.

Toutefois, à partir de la disparition en 1156 de Pierre Le Vénérable, le dernier « grand » abbé de Cluny, commença une longue décadence qui dura plusieurs siècles. Mais au temps de sa splendeur il n'est pas inexact de dire que les abbés de Cluny avaient une autorité qui pouvait dépasser celle du pape. Plusieurs papes furent issus de monastères clunisiens, dont le pape Urbain II (pape de 1088 à 1099) qui prêcha la première croisade, et le pape qui lui succéda, Pascal II (pape de 1099 à 1018), sous le pontificat duquel naquit à Jérusalem le premier projet de la création de l'Ordre des Templiers.

La clé du succès de l'abbaye de Cluny, à côté de la valeur exceptionnelle de ses grands abbés, fut sa totale indépendance de droit et de fait vis-à-vis de toute autorité temporelle. Dès lors une question vient à l'esprit : cette indépendance temporelle de l'abbaye de Cluny eut-elle son pendant sur le plan spirituel ?

---

[1] Selon Jacques Brosse, le texte complet est le suivant : « Il nous plaît d'insérer dans cet acte une clause en vertu de laquelle les moines ici réunis ne seront soumis au joug d'aucune puissance terrestre, pas même à la nôtre ni à celle de nos parents ni à celle de la majesté royale. Au nom de Dieu, et en Lui, de tous les saints, nul prince séculier, aucun comte, aucun évêque, *pas même le pontife du Siège romain*, ne pourra porter atteinte aux biens de ces serviteurs de Dieu [...] ou alors qu'il prenne garde au terrible jugement et ait soucis de ne pas le mépriser [...]. Si par malheur [...] quelqu'un, proche ou étranger, de quelque puissance que ce soit, [...] tente de porter atteinte à cette donation [...], qu'il encoure la colère de Dieu tout puissant, que Dieu lui retranche sa part de la terre des vivants et qu'il efface son nom du livre de la vie [...], qu'il éprouve déjà dans son corps les tourments de la damnation. » (Jacques Brosse, *op. cit.*, p. 657)

On a vu que, depuis les premiers temps de son existence, le monde monastique n'avait de lien de subordination vis-à-vis de personne. Libres et portés à se reconnaître comme les héritiers de la première communauté des apôtres de Jérusalem, les premiers moines accordaient plus d'importance à la perfection morale qu'au respect d'une quelconque orthodoxie. Cette conception du christianisme, reprise par le monachisme celtique, devait se retrouver d'une manière ou d'une autre dans les nombreux monastères fondés sur le continent par des moines venus d'Irlande entre le 6e et le 9e siècle. Elle se retrouva certainement, comme on l'a vu avec Jean Scot, dans l'entourage du petit fils de Charlemagne, le roi Charles II. Or le règne de Charles II se termina seulement 32 ans avant la fondation de Cluny.

On peut aussi s'interroger sur le but que poursuivait Guillaume Le Pieux en mentionnant expressément l'indépendance des moines de Cluny vis-à-vis du *pontife du Siège romain*. Ce dernier n'était-il pas l'héritier de Saint Pierre et, à travers lui, n'avait-il par hérité des pouvoirs de Jésus-Christ et donc de ceux de Dieu Lui-même ? Les termes utilisés par Guillaume Le Pieux peuvent paraître suspects. Y aurait-il eu de sa part une volonté de donner à Cluny une indépendance doctrinale vis-à-vis de Rome ?

En tout état de cause, en ce début du 2e millénaire, l'Ordre bénédictin de Cluny drainait dans ses grandes salles d'étude les meilleurs cerveaux de France et d'Europe, qui trouvaient à l'époque peu d'autre occupation à leur niveau intellectuel que de devenir moine, qu'ils en aient ou pas la vocation. Or, dans ces abbayes ces élites se consacraient essentiellement à lire, relire et copier les Écritures Sacrées du christianisme ainsi que les œuvres des Pères de l'Église.

Dès lors il est permis d'envisager que certains moines doués d'esprit critique aient été, comme d'autres avant eux, tentés par une lecture *littérale*, rationnelle et logique, du Nouveau Testament. Comment ces moines réagissaient-ils devant les incompatibilités manifestes entre ce qu'ils lisaient et la doctrine de l'Église ? Comment Jésus, que Paul lui-même présente comme issu de la lignée du roi David, pouvait-il être le « fils de Dieu », engendré par l'Esprit Saint ? Comment Jésus pouvait-il être l'égal de Dieu en toutes choses, alors qu'il s'en défend expressément dans les évangiles[2] ? Pourquoi l'Église ignorait-elle totalement le frère de Jésus alors que, de nouveau selon Saint Paul, ce frère non seulement a bien existé mais est le dernier homme à avoir rencontré Jésus seul à seul ? Pourquoi le Jésus des évangiles (synoptiques) ne dit-il pas un mot du péché originel qui est pourtant à la base de la doctrine de l'Église ? Etc.

On est conduit à penser que, dans les grandes salles d'étude de ces abbayes, ait pu souffler dans les premiers temps du 2e millénaire un

---

2   Car le Père est plus grand que moi (Jn 14.29).

vent d'indépendance et de liberté de pensée face à l'orthodoxie quasi monolithique imposée depuis tant de siècles par l'Église de Rome. Dans une petite abbaye, les doutes que pouvait avoir un moine isolé sur la crédibilité des dogmes de l'Église, ne pouvaient trouver d'écho ni se perpétuer, mais dans une grande communauté de plusieurs centaines de moines de haut niveau intellectuel, le moine que ces questions préoccupaient pouvait aisément s'en ouvrir à un autre moine et ainsi de proche en proche. Il est tout à fait possible, et même pratiquement inévitable, que soient apparus chez les moines bénédictins, à Cluny d'abord et chez les cisterciens ensuite, des petits groupes de moines qui, en toute discrétion, avaient pris de la distance vis-à-vis des incohérences doctrinales de l'orthodoxie de Rome. Peut-être même que les plus radicaux d'entre eux, attirés par la foi de la première communauté des apôtres, avaient-ils déjà mis en doute la divinité du Christ et son corollaire, le miracle de sa résurrection sur la croix.

Bien qu'une telle éventualité soit peu compatible avec la foi chrétienne telle qu'elle nous apparaît au Moyen Âge, on doit pourtant pouvoir considérer l'hypothèse qu'au début du 2e millénaire les grandes institutions monastiques bénédictines aient pu constituer un terreau privilégié pour la réapparition de doctrines hérétiques qu'on pourrait qualifier de judéo-chrétiennes ou de *gothiques*, sur un fond d'esprit critique tant vis-à-vis du clergé et de la hiérarchie du catholicisme romain que vis-à-vis de ses dogmes.

Quel nom ces moines pouvaient-ils donner à leur foi hérétique ? Les plus érudits d'entre eux ne pouvaient manquer d'avoir lu les livres d'Eusèbe de Césarée qui, en dépit de son amitié avec Arius, avait pris soin dans ses écrits de montrer le plus grand respect pour l'orthodoxie, de sorte qu'il a toujours été considéré comme un quasi Père de l'Église. Sa renommée permit à ses œuvres d'être largement répandues au Moyen Âge, y compris son *Histoire Ecclésiastique*, son œuvre majeure qui était bien présente dans la bibliothèque de Cluny, et encore au 14e siècle comme le souligne Denyse Riche dans son livre sur la fin de Cluny.[3]

En particulier ces moines ne pouvaient manquer de lire le chapitre 28 du Livre V de cet ouvrage, déjà commenté à plusieurs reprises.[4] Ceux-ci y découvraient l'existence de ces chrétiens impies qui prétendaient que Jésus-Christ « était simplement un homme », que « ce qu'ils affirmaient [...] tous les anciens et les apôtres eux-mêmes l'avaient reçu et enseigné », ainsi que la référence à Aristote qui « était l'objet de leur admiration »,

---

[3] La bibliothèque de Cluny est toujours l'objet de soins attentifs [...]. Certains choix renforcent des auteurs très prisés à Cluny dont *Eusèbe de Césarée* et Saint Augustin. (Denyse Riche, *L'Ordre de Cluny à la fin du Moyen Age*, p. 605)

[4] Voir les chapitres 4.5 et 9.3.

et dont les syllogismes émaillaient leur argumentation théologique. Mais surtout ces moines ne pouvaient manquer de trouver dans ce même texte que cette foi peu orthodoxe avait été désignée au 4ᵉ siècle par le nom de « Géométrie », et il est facile d'imaginer qu'ils aient été tentés de récupérer ce nom pour désigner leur propre foi hérétique.

Notre époque fait sans doute une erreur en assimilant la religion chrétienne à la croyance en la divinité de Jésus-Christ. Il y eut dans l'histoire des générations d'hommes qui ne croyaient pas en la divinité de Jésus-Christ et qui se considéraient néanmoins comme d'excellents chrétiens, voire comme les seuls détenteurs du véritable message de Jésus. L'absence de texte exotérique supportant explicitement l'hypothèse ci-dessus ne peut être un argument pour la rejeter, aucun de ces chrétiens dissidents ne se serait risqué à mettre son hérésie par écrit, et l'auraient-ils fait que leurs écrits auraient immédiatement disparu.

Mais, dira-t-on, cette hypothèse n'est-elle pas incompatible avec les missions accomplies par ces grands Ordres bénédictins aux 11ᵉ et 12ᵉ siècles, qui furent appelés à restaurer la pureté de la doctrine et l'unité de la liturgie catholique partout en Europe ? Ces missions avaient une importance majeure pour l'Ordre de Cluny et cette petite minorité de frères de foi secrètement dissidente n'auraient certainement pas eu ni le pouvoir ni sans doute la volonté de s'y opposer. On peut même penser que l'œuvre civilisatrice de ces moines a été pour certains l'occasion de découvrir des formes de christianisme fort peu orthodoxes, voire tout à fait hérétiques.

Il a pu en être ainsi dans les îles britanniques où l'Église peinait à éradiquer le christianisme celte, encore empreint de la foi de l'Église Primitive. Comme vu plus haut, la ville de Kilwinning, berceau de la franc-maçonnerie, fut un lieu privilégié de rencontre entre le christianisme celte et le monde bénédictin. De même, des contacts peu orthodoxes ont pu avoir lieu lors des séjours de moines bénédictins en Espagne. Ce pays est longtemps resté attaché au christianisme arien que lui avaient apporté les Wisigoths hérétiques. Plusieurs évêques espagnols avaient suivi l'évêque de Tolède qui, du temps de Charlemagne déjà, avait professé l'hérésie adoptianiste selon laquelle le Christ, né homme, aurait simplement été « adopté » par Dieu sur la croix.

C'est aussi en Espagne que l'Occident redécouvrit aux 12ᵉ et 13ᵉ siècles l'œuvre d'Aristote à travers les écrits d'Averroès (1126-1198). La philosophie d'Aristote, attachée à l'observation objective de la nature et aux explications rationnelles et logiques des phénomènes naturels, était aux antipodes de la pensée dogmatique imposée par l'Église. Aristote était difficilement toléré : ses descriptions scientifiques de la nature firent l'objet de plusieurs condamnations, et ce d'autant plus que certains docteurs prétendaient appliquer la Logique d'Aristote à la théologie.

Enfin, les contacts avec les chrétientés orientales et le monde musulman après la prise de Jérusalem en 1099 pourraient aussi avoir apporté leur lot d'enseignements peu compatibles avec l'orthodoxie.[5]

Les raisons ne manquent donc pas de penser qu'ont pu apparaître dès les 11e et 12e siècles au sein de certaines grandes abbayes, de petits groupes de moines attirés par un christianisme très différent de l'orthodoxie catholique. Et si ces moines dissidents voulaient exprimer leur foi, mis à part l'usage du bouche à oreille, il leur restait les procédés de communication de type ésotérique : des allusions à l'ascendance davidique de Jésus et à sa royauté légitime sur Israël, des représentations symboliques du Temple de Jérusalem et de ses deux colonnes, des évocations d'un certain *Maître Jacques*, ou encore des allusions de nature étymologique à cette « Géométrie » ésotérique que pratiquaient ceux qui niaient la divinité du Christ, tous procédés qui, avec le temps, conduiront à des systèmes symboliques qui traverseront les siècles.

Au 12e siècle l'Ordre bénédictin de Citeaux prend progressivement le pas sur l'Ordre de Cluny. En dépit de la parfaite orthodoxie de Saint Bernard, le plus grand parmi les fondateurs de l'Ordre, il est logique de penser que certains moines cisterciens auraient été touchés par la même hérésie que leurs frères bénédictins de Cluny, les mêmes causes produisant les mêmes effets. À partir du 12e siècle l'étude de l'œuvre d'Aristote ne pouvait manquer de conduire le monde intellectuel à donner une importance nouvelle à la raison humaine, y compris dans la lecture des textes sacrés du christianisme.

Ainsi, dès les premiers siècles du deuxième millénaire, on doit pouvoir envisager que, protégés par le renom de leur vénérable institution, de petits cercles de moines bénédictins aient été portés à retrouver et cultiver sous le nom de « Géométrie » l'hérésie qui consistait à appliquer la raison et la logique aux textes sacrés du christianisme avec pour conséquence un retour vers la foi de l'Église Primitive du frère de Jésus. Mais à partir du 13e siècle le monde bénédictin, à commencer par l'abbaye de Cluny, se trouve en pleine décadence.

10.2 Naissance des compagnonnages français

Le déclin du monde bénédictin s'accentue aux 13e et 14e siècles, sous la pression des difficultés financières et des nouveaux Ordres concurrents comme celui des dominicains qui avait précisément pour objectif de lut-

---

[5] Il faut noter que la première traduction du Coran est due à Pierre Le Vénérable, abbé de Cluny entre 1122 et 1156.

ter contre les hérésies. Denyse Riche, dans son livre déjà cité *L'Ordre de Cluny à la fin du Moyen Âge* décrit un Ordre de Cluny qui n'est plus que l'ombre de lui-même, qui a perdu toute indépendance vis-à-vis de Rome et de ses évêques, et qui doit accepter des contrôles de tous ordres. Si l'on admet l'existence au sein des Ordres bénédictins, de moines acquis à cette « Géométrie » hérétique, il est sûr que leur abbaye n'était plus ce nid protecteur qu'elle avait été pendant des siècles. En outre le procès des Templiers, accusés précisément d'avoir renié le miracle de la résurrection en crachant trois fois sur le Christ en croix, avait dû faire frémir nombre de ceux qui se croyaient protégés dans leur foi hérétique par la réputation de l'Ordre dont ils faisaient partie.

On peut imaginer que soit alors apparu chez ces moines un grave dilemme : devant la déroute de leur Ordre, allaient-ils laisser disparaître *leur christianisme* et laisser l'Église de Rome occuper seule le terrain de la foi chrétienne, ou allaient-ils tenter de confier à des fraternités laïques la mission de transmettre ce qu'ils considéraient comme la seule vraie foi ? C'est alors que pourraient être intervenues diverses tentatives de ces moines pour transmettre leurs traditions à des associations de bâtisseurs avec lesquelles ils avaient des rapports fréquents. On connaît les très anciennes confréries d'artisans appelées compagnonnages qui existent encore de nos jours. Apparues en France sans doute au Moyen Âge, c'est au 16ᵉ siècle qu'elles reçurent ce nom. L'intérêt de ces compagnonnages est qu'ils se présentent comme des sociétés initiatiques et que certains de leurs mythes et symboles rappellent étrangement ceux de la franc-maçonnerie. Nous savons peu de chose sur eux dans la mesure où, tout au long de leur existence, leurs légendes fondatrices et leurs traditions ne furent transmises que par le bouche à oreille, et ne furent mises par écrit qu'au 19ᵉ siècle.

Souvent accusées d'hérésie, ces confréries se donnent des origines remontant au 14ᵉ siècle, ainsi qu'à un mystérieux fondateur appelé *Maître Jacques*. Elles se prévalent également de liens avec les Templiers. Néanmoins, ces compagnonnages ne peuvent faire état d'aucun document écrit remontant au Moyen Âge, à peine subsiste-t-il quelques signes dans la pierre.[6]

Cependant, à supposer que ces moines bénédictins hérétiques avaient espéré pouvoir se reposer sur de telles organisations de métier pour transmettre leur foi et leurs mystères, leur espoir dut être très vite déçu. Les traditions des compagnonnages, mises par écrit par Agricol Perdiguier (dit « Avignonnais la Vertu », compagnon du devoir de liberté, 1805-1875) en 1868, font état d'une révolte en leur sein lors de la construction des

---

[6] Parmi ces signes dans la pierre, une clé de voûte située dans la tour sud de la cathédrale des Saints Michel et Gudule à Bruxelles pourrait présenter un intérêt tout particulier. Cette clé de voûte fait l'objet de l'appendice 2 et de l'illustration 12.

tours de la cathédrale d'Orléans (au 14ᵉ siècle), révolte au cours de laquelle furent chassés ceux qui restèrent « fidèles à Salomon ». Bien que le récit soit très confus, on comprend que cette révolte aurait été le fait de compagnons catholiques. « Il ne fut gardé que ce qui était indispensable comme origine par rapport à Salomon » dit Agricol Perdiguier.[7] On aimerait en savoir plus sur ces rites qui « ne furent pas gardés », sans doute s'agissait-il de rites particulièrement inacceptables pour les compagnons catholiques. Plus de détails sur cette tragique révolte sont disponibles dans le livre de Henri Gray *Les origines compagnonniques de la franc-maçonnerie*.[8]

Ces conflits conduisirent à un schisme au sein des compagnonnages, entre d'une part les compagnons du *Devoir de Liberté* (ou *Enfants de Salomon*) qui admettaient dans leur rang des hommes de toutes croyances, et d'autre part les compagnons du *Devoir* … tout court, qui n'admettaient en leur rang que des hommes de religion catholique. De plus, d'après Paul Naudon, ces compagnons catholiques devaient « confesser la croyance en la divinité de Jésus-Christ ».[9] Il s'agit là d'une exigence surprenante pour de simples artisans catholiques qui n'avaient aucune raison de mettre en question la divinité du Christ ! Sans doute cette déclaration de foi en la divinité de Jésus-Christ était-elle exigée en souvenir d'une lointaine époque où certains compagnons colportaient un message qui, précisément, mettait à mal la divinité de Jésus-Christ.

En outre Henri Gray, qui avait été initié vers 1920 chez les compagnons, donne encore une information intéressante : « On sait, dit-il, que le vrai Maître du compagnonnage était le Christ compris sous le nom de Jacques ».[10] Voilà qui conduirait à penser que ce mystérieux *Maître Jacques* des compagnons n'était autre à l'origine que Jacques Le Juste, le frère de Jésus-Christ.

Mais en conclusion, même s'il y a des raisons de penser qu'en France au Moyen Âge certaines fraternités de métier auraient abrité pendant quelque temps les traditions de moines hérétiques qui niaient la divinité de Jésus-Christ, en tout état de cause cette tentative conduisit à des troubles qui eurent pour effet la perte de l'essentiel des traditions et symboles qui auraient été confiés à ces fraternités.

---

[7] Agricol Perdiguier, *Questions vitales sur le Compagnonnage et la Classe ouvrière*, p. 16.
[8] Henri Gray, *Les Origines Compagnonniques de la Franc-maçonnerie*, p. 186.
[9] Paul Naudon, *Les Origines de la Franc-maçonnerie. Le Sacré et le Métier*, p. 152.
[10] Henri Gray, *op. cit.*, p. 186.

10.3 Les fraternités moyenâgeuses en Allemagne

Parmi les nombreux statuts des confréries de maçons de métier datant du Moyen Âge et trouvés en Allemagne, le document *Hüttenordnung* (statut des loges) *1397*, daté du mois d'octobre de cette même année, pourrait peut-être présenter un intérêt particulier.

D'après Matila C. Ghyka dans *Le Nombre d'Or*, la première ligne de ce texte commencerait exactement par la même phrase latine que le MS Regius apparu en Angleterre à la même époque : « Hic incipiunt constituciones artis gemetriae … ».[11]

Si cette affirmation était confirmée, cette phrase en latin pourrait témoigner d'une possible première mouture continentale pour le MS Regius, qui est considéré aujourd'hui comme d'origine purement anglaise.

10.4 Naissance de la franc-maçonnerie

À supposer que les compagnonnages français aient été les dépositaires d'un message confié par certains moines bénédictins dans le but de pérenniser leur foi hérétique, la révolte des compagnons catholiques mit à mal le projet de ces moines. Il fallait donc recommencer l'opération, mais il dut alors leur apparaître nécessaire de confier les éléments essentiels de leur *vraie foi* à un document écrit. Un tel écrit pourrait alors traverser les siècles, indépendamment des hommes et des organisations à qui leur secret aurait été confié.

Toutefois, vu le contenu archi-hérétique d'un tel document, son message se devait d'être rédigé sous une forme inaccessible au commun des mortels. Sa rédaction s'avérait donc particulièrement délicate, car l'écart est bien mince entre un écrit suffisamment explicite, mais qui risquait d'attirer l'attention des autorités ecclésiastiques, et un écrit tout simplement incompréhensible. Dès lors, pour rédiger ce texte et en transmettre les clés, l'île de Bretagne qui avait abrité l'hérésie celtique pendant des siècles, représentait sans doute un environnement plus favorable que la France, cette « fille ainée de l'Église », qui venait d'envoyer au bûcher un grand nombre de Templiers accusés d'une hérésie semblable à celle de ces moines.

---

[11] Nous […] revenons à l'histoire générale de la « Bauhütte » (la Loge) et aux documents authentiques existants qui la mentionnent. Le plus ancien, trouvé à Trèves par le Dr Reichensperger, est l'ordonnance (Hüttenordnung) du 22 octobre 1397 ; elle commence ainsi : « Hic incipiunt constitutiones artis geometriae… ». (Matila C. Ghyka, *Le Nombre d'Or*, tome II p. 57)

On en vient à imaginer la rencontre au 14ᵉ siècle, quelque part en Angleterre, peut-être dans le Oxfordshire[12], de quelques *Culdées*, ou *Chaldées*, derniers détenteurs des traditions du christianisme celtique, et de quelques moines bénédictins venus de France en dépit des circonstances difficiles de la guerre de cent ans.

On pourrait alors créditer la religion celtique d'avoir apporté à la franc-maçonnerie médiévale la tradition originelle des premiers chrétiens de Jérusalem (le Temple de Jérusalem, le roi David, ...), transmise par des moines venus d'Égypte, et les bénédictins français de lui avoir apporté la « logique » et la « raison » dans la compréhension de la véritable religion du Christ (l'Art de Géométrie, ...).

Ces moines se seraient attelés ensembles à la rédaction du MS *Regius*, suivis vingt ou trente ans plus tard par d'autres moines gardiens des mêmes traditions, qui le complétèrent par le MS *Cooke*. La présence de moines venus de France n'était d'ailleurs pas indispensable dans la mesure où plusieurs abbayes dépendant, ou ayant dépendu, d'abbayes bénédictines françaises étaient présentes sur le sol anglais (dont l'abbaye de Kilwinning déjà citée).

10.5 Les maçons de métier ... et les autres maçons

Resterait à comprendre la raison pour laquelle les moines auteurs des MS *Regius* et *Cooke*, ont donné à leur géométrie hérétique ce nouveau nom de Maçonnerie, ainsi que le rôle que les maçons de métier ont joué dans cette nouvelle Maçonnerie.

Le projet de ces moines de rédiger un écrit pour transmettre et pérenniser leur foi leur imposait de trouver un thème qui, certes, évoquerait la géométrie puisque tel était le nom donné à leur foi, mais qui le ferait d'une manière suffisamment naturelle pour ne pas risquer d'attirer l'attention des autorités ecclésiastiques et, plus généralement, des non initiés. Or l'art de bâtir fait grand usage des propriétés des figures géométriques, de sorte qu'il dut apparaître judicieux à ces moines de prendre l'art de bâtir pour thème de leur écrit.

Ce choix imposait d'associer à sa rédaction des hommes des métiers de la construction, mais cela posait peu de problème car les moines avaient des relations fréquentes avec les confréries de maçons lors de la construction des abbayes ou des églises. De plus, en France, des associations d'artisans de la construction avaient déjà été associées à leurs pratiques peu orthodoxes.

---

[12] D'après des études linguistiques le MS *Regius* aurait été rédigé dans une région proche de l'Oxfordshire, dans le centre sud-ouest de l'Angleterre.

Dès lors cette géométrie hérétique des moines recevrait un nouveau nom : on l'appellerait désormais « Maçonnerie », comme le dit d'entrée de jeu le MS *Regius* :

[…] ils copièrent la géométrie
Et lui donnèrent le nom de maçonnerie.

C'est ainsi qu'on trouve, tant dans le MS *Regius* que dans le MS *Cooke*, plusieurs allusions aux métiers de la construction, souvent très générales mais parfois aussi très précises, notamment dans certains points et articles du règlement, ce qui témoigne d'une participation de maçons de métier dans la rédaction de ces Constitutions.

Quant aux initiés de cette nouvelle Maçonnerie ésotérique, ils recevraient le nom de « Maçons », qu'ils soient ou non, de véritables maçons de métier. Cette hypothèse conduit à envisager qu'il y eut à l'origine deux sortes de Maçons initiés : à côté des maçons de métier, il y avait des hommes de niveau intellectuel et social plus élevé, censés être plus aptes que les vrais maçons à comprendre, adopter, et transmettre les secrets de l'Art de Géométrie. On se rappelle en effet que le 4e article du *Regius* conseille de prendre un apprenti « qui soit de meilleur rang » [of herre degre] ou encore « un apprenti de noble naissance » [of gentyl kynde].[13]

Que sont devenus ces Maçons qui n'étaient pas du métier ? Le roi Jacques VI sous l'autorité duquel William Schaw apporta à la maçonnerie écossaise ses premiers statuts, pourrait être l'un de ces initiés « de noble naissance ». David Stevenson cite un édit daté du 6 mars 1592 (donc 6 ans avant les premiers statuts Schaw) dans lequel Jacques VI donnait à tous les maçons, et autres artisans de Dundee « franchise, liberté et pouvoir, que leur travail soit d'équerre, de fil à plomb ou de compas *sous l'Art de Géométrie* ».[14] Une telle allusion à « l'Art de Géométrie » ne pouvait provenir que d'un homme ayant reçu l'initiation maçonnique. Il serait alors très vraisemblable que l'initiative qui a conduit William Schaw à rédiger les Statuts qui portent son nom, résulterait en réalité d'un ordre donné par Jacques VI lui-même.[15]

D'autres possibles initiés « de noble naissance » pourraient être la famille Saint-Clair de Roslin. On doit à cette famille la construction au 15e siècle de la très mystérieuse Rosslyn Chapel, rendue célèbre par le

---

[13] Voir le chapitre 7.4.1. (MS *Regius*, lignes PN 142 à 146)
[14] David Stevenson, *op. cit.*, p. 124.
[15] David Stevenson mentionne « la curiosité intellectuelle bien connue de Jacques VI », et admet « que l'idée qu'il ait été intrigué par une organisation de métier insinuant qu'elle possédait des connaissances ésotériques, n'est pas complètement impensable ». Cet intérêt de Jacques VI pour l'ésotérisme se comprendrait d'autant mieux s'il avait déjà été initié dans un autre cercle pratiquant l'initiation maçonnique, bien avant la parution des Statuts Schaw.

roman *Da Vinci Code* de Dan Brown. Cette famille fut mise à l'honneur dans la première charte Saint-Clair, apparue en 1601 avec l'approbation de William Schaw et plus tard dans une deuxième charte qui porte aussi le nom de cette famille.[16]

Ceci dit, il était illusoire de la part des moines fondateurs de cette Maçonnerie ésotérique, d'imaginer que le message impie porté par « l'Art de Géométrie » puisse se perpétuer dans toute son implacable rigueur en dehors de la protection feutrée des abbayes bénédictines. La transmission de son message originel dut se voir rapidement réduite à un nombre de plus en plus restreint de vrais initiés. Il est même possible, pour éviter que ne se reproduise une rébellion comme en France, que la clé (et le secret) des Constitutions maçonniques n'ait jamais été confiée intégralement aux hommes de métier.

En tout état de cause on peut comprendre qu'en peu de temps ce message original avait déjà largement disparu, ou tout au moins qu'il avait dû prendre une autre forme plus acceptable pour le monde chrétien. Ainsi David Stevenson mentionne-t-il « des tentatives panthéistes pour créer une nouvelle synthèse religieuse [...visant] à une nouvelle compréhension du divin ».[17]

Il apparaît en effet que l'existence même de la franc-maçonnerie ne posait en soi aucun problème. L'esprit de fraternité et de progrès moral qui accompagnait la transmission de ses mythes, rites et symboles, ne pouvait que renforcer la cohésion de ses membres, et avoir une action positive sur la société en général.

Il semble qu'en Écosse les seules loges qui aient subsisté au 17ᵉ siècle aient été formées de maçons de métier. Il n'en va toutefois pas de même pour d'autres parties de l'Angleterre. On mentionne l'existence au 17ᵉ siècle en Angleterre de plusieurs loges qui ne semblent pas avoir été formées de maçons de métier. Un des plus anciens témoignages les concernant est l'initiation du savant Elias Ashmole dans la loge de Warrington en 1646. Nous n'avons toutefois pratiquement aucune information sur ces loges anglaises du 17ᵉ siècle, de sorte que la question reste ouverte de savoir si ces loges anglaises ont été créées par des maçons initiés en Écosse, ou si certaines loges anglaises non opératives existaient de longue date, en parallèle avec les plus anciennes loges écossaises, ce qui est possible vu que les MS *Regius* et *Cooke* ont été rédigés dans une région du Centre-Ouest de l'Angleterre.

---

[16] « D'âge en âge, dit la première charte Saint-Clair, il a été observé entre nous que les Comtes de Roslin ont toujours été nos patrons et protecteurs de nos privilèges ». Cette allégeance à la famille Saint-Clair, apparemment de pure forme, a été confirmée dans la seconde charte Saint-Clair en 1628 (ces deux chartes sont facilement accessibles sur internet).

[17] David Stevenson, *op. cit.*, p. 31.

David Stevenson s'étonne de la tolérance dont ont joui les loges maçonniques de la part de l'Église presbytérienne d'Écosse qui, dit-il, « n'était pas connue pour sa tolérance »[18], et ce malgré « quelques doutes exprimés dans les années 1650 sur la compatibilité du Mot de Maçon avec la vraie religion ».[19] On pourrait aussi s'étonner de la tolérance, en France et partout en Europe, dont ont joui les loges au 18e siècle de la part du pouvoir royal, toujours très suspicieux devant des réunions d'hommes pouvant donner lieu à contestation du système social, a fortiori lorsque ces réunions étaient secrètes.

Confrontée à ces méfiances et aux risques que celles-ci faisaient courir à l'Ordre, la franc-maçonnerie a dû très tôt s'efforcer de prouver sa respectabilité. Il fallait qu'elle apparaisse comme une société certes secrète mais néanmoins honorable et même estimable, soucis qui est encore l'une des préoccupations majeures de la franc-maçonnerie actuelle, qui ne perd jamais une occasion de proclamer son attachement au système politique en place et à ses représentants. Quant à la mémoire de *traditions secrètes* dont ces loges du 17e et du 18e siècle étaient imprégnées, on peut comprendre qu'elle ait conduit à l'éclosion d'une grande quantité de mythes allant en sens divers avec leurs rites associés, dont beaucoup existent encore de nos jours, une diversité qui conduisit, selon la sensibilité des uns et des autres dans chaque pays, à un grand nombre d'obédiences. Il est cependant remarquable que, malgré cette grande diversité, l'essentiel des rites maçonniques ait pu être conservé, ce qui plaide en faveur de leur antiquité.

Mais surtout, les rites maçonniques ont reçu des formes et des interprétations qui étaient acceptables pour les chrétiens. Il en va ainsi de l'introduction du symbole du nombre 3, qui évoque la trinité divine. Absent des constitutions originales, ce symbole était sans doute de nature à tranquilliser l'orthodoxie chrétienne.[20]

Finalement, au 18e siècle, il semble que seul le Vatican ait encore conservé la mémoire de l'hérésie originelle de la franc-maçonnerie, traces sans doute suffisamment explicites pour avoir justifié en 1738 l'excommunication de tous les francs-maçons, plusieurs fois réitérée depuis lors.

Mais la Grande Église peut être tranquille, les mystères de l'origine et du secret de la franc-maçonnerie sont bien protégés, et pour longtemps encore, par le voile épais dont la religion chrétienne a recouvert depuis 2000 ans toutes les velléités de la réconcilier avec ses origines ou de confier à la *raison* et à la *logique* l'interprétation de ses Écritures Sacrées.

---

[18] Le presbytérianisme est proche du Calvinisme.
[19] David Stevenson, *op. cit.*, p. 36.
[20] Le nombre 3 évoque la trinité divine … sauf lorsque, dans certains rites et obédiences, il s'énonce en 2+1. L'équilibre de la trinité chrétienne est alors rompu au profit des nombres Deux, qui évoque la symbolique judéo-chrétienne et orientale, et Un qui rappelle l'unicité qui est l'attribut du Dieu de la Bible juive.

Troisième partie

Suite à donner

Introduction

Dans les première et deuxième parties de ce livre ont été exposées les raisons qui conduisent à envisager l'existence au Moyen Âge d'une élite chrétienne qui avait retrouvé une foi proche de celle qui se pratiquait dans la première communauté des apôtres dirigée par Jacques, le frère de Jésus, communauté dans laquelle Jésus-Christ était encore considéré comme simplement un homme. La possible existence d'un tel mouvement de pensée au sein du christianisme moyenâgeux conduit à se poser certaines autres questions. La troisième partie de ce livre introduit trois sujets qui mériteraient sans doute un examen plus approfondi que les quelques pages qui leur sont consacrées ici.

Le premier sujet a trait aux Templiers et au « rite honteux » du crachat sur la croix qui était imposé lors de la rentrée dans l'Ordre. Longtemps considéré comme une aberration de l'histoire, dans les toutes dernières décennies ce rite a pourtant été reconnu comme bien réel, même s'il est en totale contradiction avec la foi que les Templiers défendaient souvent au prix de leur vie. L'hypothèse de l'existence au Moyen Âge d'une élite chrétienne qui ne croyait pas en la divinité du Christ, ni au miracle de sa résurrection sur la croix, pourrait sans doute aider à appréhender la possible genèse d'un tel rite qui resterait autrement tout à fait incompréhensible.

Un autre sujet est celui des représentations d'inspiration judéo-chrétienne que l'on peut découvrir dans certaines églises et cathédrales du Moyen Âge, pour autant que l'on soit attentif à ce type de symbolisme hérétique auquel il n'est donné, bien entendu, aucune publicité. À titre d'exemple sont étudiées ici les légendes liées à Saint Servais, évêque de Maastricht au 4e siècle, et les représentations fort peu orthodoxes que l'on trouve dans la cathédrale qui lui est dédiée.

Enfin, un troisième sujet a trait aux églises à deux tours occidentales. Datant du haut Moyen Âge et très répandu, d'abord en Allemagne et ensuite en France, le plan architectural à deux tours occidentales pose question dans la mesure où la deuxième tour augmente très sensiblement le coût et la durée de la construction de ces églises sans apporter aucun avantage, ni sur le plan constructif ni dans l'usage que pouvait y trouver la communauté avoisinante. En outre, sur le plan symbolique le nombre Deux n'a jamais eu les faveurs de l'Église, bien au contraire.

Cette troisième partie a l'ambition de montrer que la prise en compte d'une possible existence au Moyen Âge d'une pensée chrétienne qui aurait accompli un retour vers le christianisme primitif, pourrait ouvrir la voie à un domaine de recherche nouveau qui, en dépit d'une accessibilité difficile, mériterait l'intérêt des historiens.

CHAPITRE 11

Le crachat sur la croix chez les Templiers, un défi pour l'histoire

Les Templiers sont des moines-soldats qui, aux 12e et 13e siècles, se donnèrent pour mission de défendre les positions qui avaient été acquises en Orient par les chrétiens latins d'Occident lors de la première croisade. Ceux-ci ne purent cependant empêcher la lente reconquête par les Musulmans. Vaincus définitivement en 1292, les Templiers furent obligés de quitter la Palestine et de se replier sur l'Europe et la France. Fragilisé par la perte de sa raison d'être, l'Ordre fut l'objet à partir de 1307 d'une enquête du roi de France Philippe Le Bel qui l'accusa de pratiques impies : lors des cérémonies d'entrée dans l'Ordre, les nouveaux Templiers devaient renier le Christ et cracher trois fois sur une représentation du Christ en croix. L'usage de la torture pour obtenir des aveux, ainsi que l'incompatibilité manifeste entre la vocation de ces moines-soldats, souvent payée du prix de leur vie, et les actes qui leur étaient reprochés, font que les accusations du roi de France ont longtemps paru infondées.

Pourtant en ce début de 21e siècle, une majorité d'historiens reconnaissent que certains faits ainsi que le nombre, la précision, et l'étonnante diversité des aveux, rendent l'existence de ces rites pratiquement certaine. Il reste néanmoins particulièrement difficile de comprendre comment de tels rites auraient pu naître dans l'Ordre, et parvenir ensuite jusqu'aux plus petites commanderies de France et d'Europe, là où se tenaient la majorité des cérémonies de réception des nouveaux Templiers.

11.1 Un résumé de l'affaire

En 1118 ou 1119, soit une vingtaine d'années après la conquête de Jérusalem par les croisés latins, Hugues de Payens, qui séjournait déjà en Palestine depuis de nombreuses années, fonda avec quelques compagnons devant le roi de Jérusalem Baudouin II, la Milice des Pauvres Chevaliers du Christ et du Temple de Salomon. Après une dizaine d'années d'apparente inactivité, cet Ordre reçut au concile de Troyes en 1129 la consécration officielle de l'Église. Constitué de moines-soldats, il avait la vocation de défendre par les armes les possessions acquises en Orient par les chrétiens d'Occident. Il reçut le nom d'Ordre du Temple de Salomon et fut doté d'une *règle*, formalité indispensable pour qu'il puisse devenir opérationnel. En peu de temps les recrues et les dons, affluèrent.

Néanmoins, malgré tous les efforts des Templiers, les Occidentaux chrétiens furent lentement repoussés par les arabes musulmans. Près de deux siècles après avoir pris pied en Orient, la perte en 1292 de Saint Jean d'Acre, leur dernière place forte en Palestine, obligea les Latins à définitivement abandonner la terre sainte. Contraints à l'inaction, les Templiers se replièrent sur les quelques positions qui leur restaient en Orient, à Chypre notamment, mais surtout sur leurs très nombreuses possessions en France et dans les autres pays d'Europe.

C'est alors que les choses commencèrent à mal tourner pour eux. On les rendait responsables des défaites en terre sainte et leur grande richesse, dont l'utilité paraissait de moins en moins justifiée, suscitait des critiques au sein des populations. Et du côté des rois, en particulier du roi de France Philippe Le Bel (règne de 1285 à 1314), des velléités apparaissaient de mettre fin à cet Ordre devenu inutile et dont la richesse et les innombrables possessions territoriales représentaient un défi pour l'état et pour l'autorité royale. En outre sur le plan politique, les Templiers représentaient, avec l'Ordre des Hospitaliers, le bras armé de la papauté et Philippe Le Bel ne supportait pas l'ingérence des papes successifs dans les affaires de la France.

Nous sommes en 1305, apparaît un délateur, Esquieu de Florian, qui fait part à Philippe Le Bel de certains rites impies qui se pratiquent chez les Templiers. Philippe Le Bel charge aussitôt son conseiller Guillaume de Nogaret d'ouvrir une enquête sur le sujet et celui-ci n'a, apparemment, aucune peine à rassembler des témoignages suffisamment précis, y compris ceux de taupes introduites dans les commanderies templières, pour fournir à son roi un acte d'accusation détaillé. En plus d'une série d'autres délits, les Templiers sont accusés, lors de la cérémonie d'entrée dans l'Ordre, de devoir renier trois fois le Christ et de cracher trois fois sur le Christ en croix, ainsi qu'à se livrer à des « baisers honteux ». Philippe Le Bel fait alors part au pape Clément V (qui devait au roi son élection à la papauté) des rumeurs dont les Templiers sont l'objet, et le prie, puisque l'Ordre du Temple dépend de lui, d'ouvrir un grand procès dans lequel ces pratiques impies pourront recevoir toute la publicité qu'elles méritent.

À la fin de l'été 1307 eut lieu une rencontre secrète entre le pape et Hugues de Péraud, un haut dignitaire du Temple en France, qui « admit en présence du pontife qu'effectivement avait cours dans l'Ordre du Temple un usage imposant aux nouveaux membres de renier le Christ et de cracher sur la croix ».[1] Le pape avait des raisons de se méfier des déclarations de Hugues de Péraud, mais après avoir reçu de l'un de ses proches qui était Templier des aveux similaires[2], il écrit une lettre au roi de France datée du 24 août 1307, où il reconnaît qu'il y a bien des « choses inouïes » qui se passent chez les Templiers. Toutefois le pape dit aussi qu'il va ouvrir une enquête lui-même et donc que cette affaire, légalement, le concerne seul et ne regarde pas le roi.

Craignant que le grand procès qu'il espérait ne lui échappe, Philippe Le Bel décide alors de prendre les devants et fait rédiger un ordre d'arrestation qui décrit les pratiques scandaleuses auxquelles se livrent les Templiers. C'est ainsi que le vendredi 13 octobre 1307 au matin, pratiquement tous les Templiers de France sont arrêtés et, en peu de jours, avouent sous la torture ou la menace de la torture, l'existence de rites correspondant assez bien à ce que décrit l'ordre d'arrestation. Les dépositions, dont celles du Grand Maître et des dignitaires de l'Ordre, sont signées, contresignées, confirmées devant témoins dans une forme juridiquement parfaite.

Mis devant ce coup de force du roi de France, le pape informe les autres souverains européens et les prie d'ouvrir des enquêtes dans leur propre pays. Commence alors la valse des dénégations et des confirmations de ces aveux. En décembre 1307 des envoyés du pape obtiennent d'interroger les dignitaires de l'Ordre qui nient tout ce dont on les accuse en rendant compte des sévices qu'on leur avait fait subir. Après plusieurs mois d'une bataille aux accents juridiques entre le roi et le pape, ce dernier obtient d'interroger lui-même à Poitiers les dignitaires de l'Ordre ainsi que 72 Templiers. L'historienne Barbara Frale a consacré plusieurs années à étudier en détail toutes les archives du Vatican sur le procès des Templiers. Selon cet auteur, les interrogatoires de Poitiers en juin 1308 constituent un tournant dans l'affaire des Templiers :

> [...] entre le 28 juin et le 2 juillet 1308, Clément V présida une Commission de cardinaux qui put enfin mener l'enquête de la curie romaine sur les Templiers : les documents originaux qui nous sont presque tous parvenus, permettent de constater qu'il s'agit d'un procès honnête [...], sans aucune forme de pression sur les accusés. [...] Au terme de son enquête, le pape avait compris : il existait un étrange usage perpétué par l'Ordre comme une épreuve obligatoire, qu'une sorte de loi non écrite rendait inévitable : le nouveau membre de l'Ordre devait renier le Christ et cracher sur la croix. [...] Au terme de l'enquête, le pape exigea que les Templiers implorent le

---

[1] Barbara Frale, *Les Templiers*, p. 173.
[2] Georges Bordonove, *La Tragédie des Templiers*, p. 121.

pardon, puis il leva l'excommunication qu'eux-mêmes s'étaient infligée [...].[3]

Le pape, profondément troublé par ces aveux, tente alors d'interroger les dignitaires de l'Ordre, une entrevue que Philippe Le Bel voulait empêcher par tous les moyens. Parvenant à déjouer l'attention des hommes du roi, trois cardinaux en qui Clément V avait toute confiance accèdent aux dignitaires de l'Ordre à Chinon en août 1308. Ils recueillent leur témoignage et ce, chose importante relevée par Barbara Frale, à l'insu des représentants du roi. Jacques de Molay, Grand Maître de l'Ordre, revient alors sur ses dénégations de décembre 1307 et reconnaît avoir été reçu selon le rite du crachat. Il nie cependant toute hérésie liée à ce rite ou toute autre hérésie dans l'Ordre, ce qui lui valut selon le *parchemin de Chinon* récemment mis à jour, la « miséricorde de l'absolution » de la part du pape.[4]

Le pape décide alors de reprendre les choses en main. Il crée des commissions diocésaines chargées de (re)juger les individus, et des commissions pontificales chargées d'enquêter sur l'Ordre lui-même. Les commissions diocésaines dépendaient des évêques locaux et donc indirectement du roi de France. Par contre les commissions pontificales dépendaient directement du pape. Puisqu'il ne s'agissait plus de juger des individus, la torture n'avait pas lieu d'y être pratiquée. Dès lors, à côté de certaines dépositions à charge, un grand nombre de Templiers déclarèrent vouloir défendre l'innocence de l'Ordre. Apparaît ici une certaine confusion dans les termes : aucun Templier ne considérait qu'en s'étant soumis à ce rite obligatoire il s'était rendu coupable d'hérésie, ou que l'Ordre lui-même était hérétique. En effet, aux yeux de l'Église cet aveu n'entraînait pas nécessairement une accusation d'hérésie : « il est clair que les Templiers n'étaient pas hérétiques, dit Barbara Frale, puisque ces gestes de reniement de la foi ont été commis par respect d'une tradition ».[5] Ainsi le Grand Maître Jacques de Molay reçut l'absolution du pape à Chinon alors qu'il venait d'avouer avoir craché sur la croix.

---

[3] Barbara Frale, *op. cit.*, pp. 199 à 201.
[4] Retrouvé dans les archives du Vatican par Barbara Frale, ce document a été publié en 2007. Un extrait en est donné par Michael Haag dans *Les Templiers, de la légende à l'histoire*, p. 248 : Jacques De Molay avoue avoir craché sur (ou plutôt à côté de) la croix, et dit ne pas avoir été soumis à la question ou à la torture. Dans le même document le pape l'absout car « il a dénoncé, en notre présence, l'hérésie susmentionnée et toute autre hérésie, [...] puis a humblement demandé la miséricorde de l'absolution ».
[5] Barbara Frale, *op. cit.*, p. 204. L'auteur ajoute : « Selon le droit canon, celui qui accomplit un acte de déni de sa foi, même s'il n'exprime pas là sa conviction, se met de lui-même hors de la communion catholique et devient de fait un excommunié, qui peut être absous de sa faute, mais certainement pas acquitté. »

Ayant appris ces déclarations d'innocence devant les commissions pontificales, Philippe Le Bel décida de frapper un grand coup. Le 12 mai 1310 il donna l'ordre à ses évêques d'envoyer au bûcher les Templiers considérés comme relaps car, après avoir avoué le rite impie devant les commissions diocésaines, ils avaient défendu l'innocence de l'Ordre devant les commissions pontificales. C'est ainsi que 59 Templiers furent envoyés au bûcher à Paris, et d'autres encore en province, ce qui déclencha une panique générale chez les accusés. Très peu nombreux furent ceux qui désormais osèrent encore témoigner devant les commissions pontificales.

En 1311 se tint le concile de Vienne qui devait décider de la condamnation de l'Ordre. Le concile hésitait et tergiversait, estimant que le résultat des enquêtes des commissions pontificales ne lui permettait pas de prendre une décision, et ce fut finalement le pape qui, de sa propre autorité comme il en avait le droit, décida de supprimer l'Ordre du Temple, sans pourtant le condamner.

Restaient les hauts dignitaires dont le pape s'était réservé de définir le sort. Malade, il délègue à Paris deux cardinaux pour le représenter au tribunal qui devait juger Jacques de Molay, le Grand Maître de l'Ordre, et ses trois principaux lieutenants en France. Ayant docilement avoué tout ce dont on l'accusait, protégé juridiquement par l'absolution reçue du pape à Chinon et vu son titre de prince de l'Église, Jacques de Molay s'attendait certainement à une peine légère, mais le tribunal condamne au contraire les quatre dignitaires à l'emmurement perpétuel. Surpris et outrés de cette condamnation, comprenant que le pape avait désormais abandonné l'Ordre à son sort[6], Jacques de Molay et le Grand Maître de Normandie créent la surprise en revenant sur leurs déclarations antérieures : ils proclament leur innocence, et du coup celle de l'Ordre, ce qui crée la confusion et la levée de séance jusqu'au lendemain.

Apprenant cet éclat, Philippe Le Bel ne laisse pas le temps aux prélats de décider du sort des deux relaps et les livre le jour même aux flammes, avant donc que le tribunal ait pu statuer définitivement sur leur sort, c'était le 18 mars 1314.[7] Le rideau tombait sur la tragédie des Templiers. Que faut-il en conclure ?

---

[6] Le pape voulait obtenir de Philippe Le Bel l'abandon de son projet d'accusation posthume du pape Boniface VIII pour hérésie. En échange il s'abstint désormais de défendre l'Ordre du Temple. (Barbara Frale, *op. cit.*, p. 215)

[7] La mort du pape Clément V le 20 avril 2014 soit un mois seulement après la mort dans les flammes du Grand Maître Jacques de Molay, et celle du roi Philippe le Bel 6 mois plus tard, sont à l'origine de la légende de la *malédiction* qui aurait été lancée depuis son bûcher par le dernier Grand Maître des Templiers, envers ceux qui avaient conduit l'Ordre du Temple à sa perte.

11.2 Les Templiers ont-ils craché sur Jésus-Christ en croix ?

S'impose a priori l'impossibilité que des moines-soldats, dont la vocation était de défendre les acquis de la chrétienté en Orient souvent au prix de leur vie (faits prisonniers, il leur était interdit de se faire racheter), aient pu pratiquer des rites qui allaient à l'encontre des fondements mêmes de la foi chrétienne qu'ils défendaient. La manière scélérate dont Philippe Le Bel avait construit son acte d'accusation, et le fait que des aveux avaient été obtenus sous la torture ou la menace de torture, ont longtemps convaincu bon nombre d'auteurs du 20e siècle de la fausseté des accusations.

Pourtant, dans les dernières décennies, la grande majorité des historiens ont adopté la position inverse. Il apparaît en effet très peu probable que l'acte d'accusation ait été une pure invention des délateurs et des conseillers du roi. Le roi de France ne pouvait pas prendre le risque de perdre la face devant l'Europe entière par le fait d'accusations inventées reconnues manifestement fallacieuses. D'après Georges Bordonove[8] et Barbara Frale[9], c'est le roi lui-même qui réclama des preuves toujours plus précises, et qui obligea ses conseillers à introduire des taupes dans les commanderies, courant ainsi le risque que ces taupes soient découvertes ce qui aurait ruiné le projet. Et pour les délateurs, il aurait été très risqué de lancer des accusations fausses et d'une telle gravité contre un Ordre aussi puissant qui n'avait pas la réputation d'être tendre avec ceux qui le trahissaient.

Il apparaît en outre qu'il y a plusieurs cas où les aveux ont été obtenus en dehors de toute pression physique ou morale. Georges Bordonove cite ainsi l'interrogatoire par la commission pontificale du frère Jean de Saint-Benoît, Maître d'une importante commanderie. Celui-ci se mourait et les enquêteurs pensaient qu'à l'article de la mort il déchargerait son cœur en toute liberté. Dans une déclaration très complète le moribond avoua que lors de sa réception au Temple de La Rochelle, il avait été obligé de renier le Christ, de bouche mais non de cœur dit-il, et de cracher trois fois sur la croix.[10]

Un autre cas est celui de ces « choses inouïes » que le pape Clément V dit avoir appris sur les Templiers dans sa lettre du 24 août 1307 à Philippe Le Bel. Après l'entretien avec Hugues de Péraud qui avait averti le pape de l'existence de rites incompatibles avec la foi chrétienne, il est logique de penser que le pape ait cherché des informations dans son entourage

---

[8] Georges Bordonove, *op. cit*, p. 95.
[9] Barbara Frale, *op. cit*, p. 169 : « Au moins dix espions avaient été chargés d'infiltrer l'Ordre ».
[10] Georges Bordonove, *op. cit.*, p. 277.

immédiat. Or, d'après Georges Bordonove qui cite l'historien du 17ᵉ siècle Pierre Dupuy, dans l'entourage immédiat du pape était son camérier[11] Guillaume de Chanteloup, qui était Templier. Il est donc très probable que le pape l'ait interrogé et que les choses inouïes dont il parle lui aient été dites par son camérier :

> Donc ce Guillaume de Chanteloup […] lui aurait spontanément révélé tout le mal qu'il avait reconnu dans l'Ordre […]. La question se pose de savoir s'il était sincère ou s'il avait pactisé avec les agents du roi.[12]

Ignorant a priori les conséquences de ses paroles, Guillaume de Chanteloup courait un grand risque en ne disant pas la vérité au pape avec lequel il avait des rapports quotidiens. Accuser à tort les Templiers, même pour plaire à Philippe Le Bel, pouvait lui être fatal. Or, d'après Pierre Dupuy cité par Georges Bordonove, il les a dénoncés sans détours.

On cite aussi la déposition de Gérard de Causse le 12 janvier 1311 devant la commission pontificale, en dehors de toute menace de torture : il raconte en détail la cérémonie de son admission dans l'Ordre qui eut lieu 12 ans plus tôt. Alain Demurger donne le récit complet de cette déposition qui se termine par le fameux rite impie.[13]

Alain Demurger cite également le cas de la ville de Clermont-Ferrand où « ces instructions [de torture] furent, semble-t-il, ignorées […]. La torture ne semble pas avoir été employée ».[14] Or, sur les 69 Templiers interrogés à Clermont-Ferrand, une majorité de 40 frères reconnurent les charges. Il n'est donc pas exact de dire que les aveux de pratiques impies n'ont pu être obtenus que sous la torture.

En ce qui concerne les autres pays que la France, la torture fut très inégalement appliquée mais les documents sont aussi plus rares et plus difficiles d'accès, de sorte qu'il est difficile d'en tirer des conclusions, les avis divergent. Pour Alain Demurger et Georges Bordonove, le comportement des Templiers hors de France aurait été le même qu'en France : la

---

[11] Le camérier du pape était un homme important. Membre de la curie romaine, il était chargé du service personnel du pape depuis le jour de son élection jusqu'à sa mort.

[12] Georges Bordonove, *op. cit.*, p. 121.

[13] Le maître sort de la pièce, et c'est alors que deux sergents de l'Ordre entraînent Gérard et ses deux compagnons derrière l'autel de la chapelle pour leur commander de renier Dieu [c'est-à-dire Jésus-Christ] et de cracher sur la croix selon les usages de l'Ordre ; c'est le fameux rituel bis, le « codice ombra », pour reprendre l'expression de Barbara Frale, qui, dans la déposition de Gérard de Causse (comme dans la plupart des autres), est nettement ajouté au rituel d'admission réglementaire. » (Alain Demurger, *Les Templiers, une chevalerie chrétienne au Moyen Âge*, p. 137, citant Barbara Frale, *L'ultima battaglia dei Templari*, Rome, Viella, 2001)

[14] Il s'agit d'un extrait d'une étude sur *Le Procès des Templiers d'Auvergne* par R. Sève et A.-M. Chagny-Sève, cités par Alain Demurger dans *Les Templiers*, p. 456.

plupart des aveux auraient été obtenus sous la torture. Pour Michel Lamy au contraire, « des frères qui ne furent pas torturés et n'eurent pas de raison d'avoir peur de l'être, avouèrent ».[15]

Devant les difficultés d'appréhender la vérité, on doit se tourner vers les dépositions dans le texte même, telles qu'elles ont été consignées lors des interrogatoires. Dans son livre *Les Templiers, les archives secrètes du Vatican*, Jacques Rolland a publié les dépositions originales extraites *dal Registro Avignonese 48* conservé à la bibliothèque du Vatican. On y trouve les photocopies des dépositions de 26 Templiers français, telles qu'elles ont été rédigées à l'époque à la main et en latin, avec leur traduction française. Les circonstances dans lesquelles ces dépositions ont été obtenues ne sont pas indiquées mais certaines déclarations, qui mentionnent des menaces de torture passées, font penser qu'il n'y avait pas de menace physique lors des dépositions présentes. Il est probable que ces dépositions fassent partie de celles obtenues par le pape lui-même en juin 1308 à Poitiers.

On est d'emblée surpris par la précision de ces aveux. Les dépositions comportent un tel nombre de détails qui varient d'un frère à l'autre, qu'on ne peut imaginer que ces récits aient été construits au moment même, encore moins sous la torture, ou soufflés par les enquêteurs. Même si les cérémonies respectent à peu près toujours le même schéma, la manière dont le fameux rite du crachat est imposé au nouveau Templier varie énormément, de même d'ailleurs que le déroulement de l'épisode dramatique qui s'en suit.[16] Le plus souvent le Commandeur en charge de la réception

---

[15] « Ce fut le cas à Florence où les commissaires procédèrent sans contrainte directement au nom du pape, ou pour d'autres en Angleterre, en Sicile, à Pise, à Ravenne où nulle violence ne fut exercée. » (Michel Lamy, *Les Templiers*, p. 108). Une étude sur les interrogatoires conduits hors de France est donnée par Malcolm Barber dans *Le procès des Templiers* (1778) pp. 313 à 357. En l'absence de pressions physiques, la plupart des frères nièrent l'existence du rite du crachat, mais un certain nombre avouèrent en donnant de cette partie de leur réception une description très détaillée.

[16] Voici quelques exemples de dépositions.
Frère Jean de Blana : le dit commandeur dit à ce témoin : « Crois-tu en ce que représente cette image? [...] Il convient que tu le renies », à quoi il brailla qu'il ne le ferait certainement pas. Et ce commandeur lui dit « Tu renieras cette image ou nous t'enverrons dans un lieu tel que tu ne verras ni tes pieds ni tes mains ».
Frère Deodat Jafet : Il le conduisit dans une quelconque chambre, et lui dit « Ne crois pas que ce Jésus que les Juifs ont crucifié au-delà des mers soit Dieu et qu'il puisse te sauver. Et pour cette raison tu dois le renier et cracher sur la croix comme preuve de ton mépris ». Et le témoin brailla « Maître comment ferais-je cela? ». Et alors le maître brailla « Nous l'honorons, car autrement les autres chrétiens nous pourchasseraient ».
Maître Jean de Folbiato : Tu es à nous ! Tu dois répéter après moi « Toi qu'on appelle Dieu, je te renie » [...] et alors celui qui le recevait le saisit à la gorge [...], l'impétrant brailla qu'il reniait le dieu des païens. Et à nouveau celui qui le recevait le saisit à la gorge, par le vêtement, et le menaça de prison s'il ne reniait pas. Alors l'impétrant cria « Je te renie », tout en dirigeant ces mots vers celui qui le recevait seulement, et pas vers

confiait l'exécution du rite à un frère d'un rang inférieur qui conduisait le nouveau Templier à l'écart, comme si le rite du crachat avait un côté gênant et malpropre auquel on préférait ne pas assister. En outre certains aveux ne présentaient aucun intérêt pour les enquêteurs, il en va ainsi du *reniement de Saint Pierre* : lors de la cérémonie on disait au néophyte qu'il ne devait pas craindre de renier Jésus-Christ puisque Saint Pierre l'avait fait avant lui.[17] Certains frères avouent ne pas avoir été se confesser, un autre avoue que son crachat pourrait bien avoir atteint la croix, etc., toutes paroles qui allaient à l'encontre de leur intérêt. Tous les frères rejettent l'accusation de sodomie, alors que le reniement du Christ, le crachat sur le Christ en croix et les *baisers honteux* font toujours partie des aveux, bien que sous des formes qui varient fortement d'un récit à l'autre. Il en va de même de l'adoration d'une tête, rapportée dans 4 des 26 confessions, mais dans chaque cas de manière très différente.

Ainsi, à la lecture de ces aveux, on doit admettre que les rites qu'ils décrivent étaient bien réels. Comme dit plus haut, il est tout à fait impossible qu'ils aient été dictés par les bourreaux à leurs victimes ou qu'ils aient été inventés par celles-ci au moment même de l'interrogatoire. L'accès complet aux archives du Vatican dans les premières années du 21e siècle a conduit pratiquement tous les historiens à reconnaître la réalité du rite. Un résumé de leurs conclusions est donné en appendice 3. Reste la tâche plus difficile encore, de trouver l'origine de ce rite scandaleux et incompréhensible.

11.3 Quelle origine pour ce rite impie ?

Il est pratiquement certain que ce rite était très ancien :

> Au cours de son enquête le pape put aussi constater que le cérémonial litigieux était en usage au Temple depuis au moins cent ans. Mais quelle était sa signification ? […] Les Précepteurs déploraient la pratique du rituel d'entrée, mais le considéraient comme une espèce d'obligation à maintenir malgré tout […].[18]

Il est aussi généralement admis que la grande majorité des Templiers ne pratiquaient aucune hérésie.

Dieu. Mais il ne sait pas si celui qui le recevait comprit que ces paroles s'adressaient à lui.
(Jacques Rolland, Les Archives secrètes du Vatican, pp. 158, 165, 169)

[17] Ce reniement de Saint Pierre était déjà cité par Jules Michelet en 1837.
[18] Barbara Frale, *op. cit.*, pp. 184 et 185.

Aucune hérésie ne fut manifeste et prouvée. D'ailleurs, les Templiers n'entendaient strictement rien aux doctrines hérétiques. Ils ne connaissaient que la foi catholique, dans sa forme la plus élémentaire et la plus naïve.[19]

Cette affirmation doit sans doute être quelque peu nuancée : parmi les 26 dépositions relatées par Jacques Rolland, il est fréquent que le nouveau Templier doive entendre que le reniement du Christ fait partie des règles de l'Ordre, de plus certaines injonctions sont particulièrement peu orthodoxes :

« Ne croyez pas en lui [Jésus-Christ], car il ne peut nous aider ni vous nuire, et que ce n'est pas une tradition des Templiers de croire en lui. »

« Ne crois pas que ce Jésus que les Juifs ont crucifié au-delà des mers soit Dieu et qu'il puisse te sauver [...]. Nous l'honorons, car autrement les autres chrétiens nous pourchasseraient. »

« De même le Commandeur lui a dit que renier Dieu [c'est-à-dire le Christ divin] et cracher sur la croix faisaient partie des règles de l'Ordre. »

Dans les quelques cas où une tête est montrée au nouveau Templier, celui-ci est prié, ou forcé, d'honorer cette tête plutôt que le Christ :

« Il lui dit qu'il ne devait pas le vénérer ni l'adorer, lui [c'est-à-dire le Christ], mais cette tête qui était leur sauveur ».

« Le Maître sortit d'une caisse une certaine tête, ou idole, et lui dit « tu dois l'adorer comme ton Sauveur et celui de l'Ordre du Temple ». Et tous deux s'agenouillèrent, et il dit alors par trois fois « Béni soit-il, lui qui sauvera mon âme ». Et il l'adora ».

« Le Maître lui exhiba une tête [...] et lui dit : « Adore-le, car il peut te venir en aide ! ». Et alors, [...] à genoux, il adora la dite tête ou idole ».

« Au sujet de l'idole, il dit que la nuit où il fut reçu, celui qui le recevait lui présenta une tête et lui dit qu'il devait l'adorer ».[20]

Devant de telles dépositions il est difficile de croire que tous les Templiers étaient de parfaits catholiques !

Les tentatives d'explication sur l'origine du rite impie s'articulent autour de trois grands thèmes. Certains Templiers ont avancé l'explication qu'un *mauvais frère* aurait introduit cette règle à la suite d'une promesse faite à un sultan musulman en échange de la vie sauve. Il est vrai, par exemple, que le Grand Maître Gérard de Ridefort (élu en 1184, mort en 1189) fut fort critiqué pour avoir été à deux reprises l'un des seuls, voire

---

[19] Georges Bordonove, *op. cit.*, p. 368.
[20] Jacques Rolland, *op. cit.*, pp. 151 à 179.

le seul prisonnier, à avoir été épargné par Saladin en 1187 lors des défaites successives qui conduisirent à la reprise de Jérusalem par les Musulmans.

Mais même dans ce cas, il n'aurait pas été du pouvoir d'un Grand Maître d'introduire un tel rite sans en avoir débattu et avoir reçu l'accord des instances supérieures de l'Ordre. Celles-ci étaient constituées du groupe des *compagnons du Maître*, du groupe des *anciens*, et surtout du *couvent*, sorte d'assemblée dont le Grand Maître était tenu de suivre les décisions.[21] Dans ces conditions il n'est pas possible qu'un Grand Maître, Gérard de Ridefort ou un autre, puisse de sa seule autorité faire accepter un tel rite au sein de l'Ordre. Il faut donc abandonner cette explication.

Le deuxième thème est celui d'un rite de type *bizutage* qui aurait eu pour but de préparer ou de tester le nouveau Templier devant les épreuves qui l'attendaient, en particulier dans le cas où, prisonnier, il lui serait enjoint de renier sa foi. Cette explication a les faveurs de Barbara Frale. La règle 55 de l'Ordre, imposée par Saint Bernard, stipule en effet :

> Si un chevalier séculier [...] veut choisir la vie commune du Temple, ne vous pressez pas trop de le recevoir. Car ainsi le dit messire Saint Paul : « Probate spiritus si ex Deo sunt », c'est à-dire « Éprouvez l'esprit pour voir s'il vient de Dieu [...].[22]

D'après Barbara Frale Saint Bernard voulait ainsi « soumettre les candidats à une épreuve pour tester leur caractère et intentions ». On doit comprendre toutefois que l'intention de Saint Bernard était d'éviter que l'Ordre du Temple ne devienne un ramassis de chevaliers guerroyeurs de bas étage et de semi-brigands comme les campagnes en regorgeaient à l'époque, et non de tester la capacité des candidats à résister aux pressions des Musulmans pour leur faire abandonner leur foi.

Dans le même ordre d'idées, certains avancent que ce rite pourrait avoir eu pour but de « créer un très fort impact, un choc, sur le novice pour vérifier sa réaction, [...]. La tension, la surprise et même la peur mettaient à nu le vrai caractère de l'homme ».[23]

Pour autant, s'il s'agissait de tester la capacité du nouveau candidat à résister aux pressions des Musulmans pour le faire abjurer sa foi, fallait-il vraiment pousser le jeu jusqu'à la lui faire réellement abjurer. À lire les discours menaçants et parfois les pressions physiques auxquelles se livraient les précepteurs, il apparaît évident que ceux-ci dépassaient largement le

---

[21] L'article 98 mentionne que tous les frères du Temple doivent obéir au Maître alors que celui-ci doit obéir à son « couvent » [...] une sorte de conseil que le chef devait consulter sur les questions les plus importantes [...]. (Barbara Frale, *op. cit.*, pp. 89 et 90)

[22] Marie Delclos et Jean-Luc Caradeau, *Histoire de l'Ordre du Temple*, p. 132.

[23] Barbara Frale, *op. cit.*, p. 185.

stade d'une simple mise à l'épreuve du candidat : le précepteur se devait d'obtenir du nouveau Templier que, d'une manière ou d'une autre, il renie le Christ et crache sur la croix. Dès lors les explications de type *bizutage* ne paraissent pas non plus satisfaisantes.

Le troisième thème aborde une possible contamination de l'Ordre par des contacts avec la religion islamique ou avec certaines églises orientales dissidentes, notamment les églises nestoriennes. Cette explication est plausible mais sa mise en œuvre se serait heurtée à des difficultés pratiques quasi insurmontables. Comme pour les autres hypothèses ci-dessus, elle impliquerait que l'introduction de ce rite se fasse depuis l'Orient.

À supposer que l'accord, improbable, des instances de l'Ordre ait pu être acquis, il aurait fallu que ce nouveau rite soit expliqué et imposé en Occident, là où se faisaient la grande majorité des cérémonies de réception, et qu'il descende ensuite l'échelle de l'organisation jusqu'à la plus petite des commanderies. En effet, parmi les 26 Templiers dont le texte des aveux a été rapporté par Jacques Rolland, et mis à part trois frères reçus dans la maison de Paris, les 23 autres réceptions dans l'Ordre se sont toutes faites dans des maisons différentes, souvent dans des lieux si peu connus que les rapports d'audience précisent la région dont il s'agit.[24] De plus les rapports indiquent que le nombre de frères qui assistaient à la cérémonie était le plus souvent compris entre 5 et 10, il s'agissait donc de cérémonies relativement modestes conduites à un niveau très local, même si le *rite infâme* était apparemment imposé partout et de manière très énergique.

Dès lors, vu le malaise que ce rite suscitait pour celui qui l'administrait, l'introduction de ce rite aurait sans aucun doute nécessité l'autorité et la présence du Grand Maître en personne, en France en province, et aussi dans toute l'Europe, et qu'il apporte des instructions et des explications suffisamment précises pour que les commandeurs l'appliquent jusqu'à la plus petite des commanderies avec toute la conviction et la rudesse décrites dans les dépositions. Il n'est pas imaginable qu'un Grand Maître ait pris le temps et se soit donné la peine d'accomplir une telle mission, qui risquait en outre de compliquer le recrutement et de peser sur l'image de l'Ordre alors que celui-ci était déjà confronté à de graves difficultés en Orient. On en arrive à devoir considérer que ce rite serait apparu en Occident même, et tout au début de l'existence de l'Ordre. Tout autre processus d'introduction aurait conduit à des difficultés pratiques rédhibitoires.

---

[24] Il s'agit des maisons suivantes : les maisons du Temple de Rupella, de Noyvilla, de Palais (près de Limoges), de Marcosanha, de Peyroyers, de Monteplerano, de Arelato, de Colors à Aurora, de Savinhiacum, de Malrepast, de Gransilva, de Chambarel, de Paulhiaco, de Pedenato, de Capelle, de Pereus (diocèse de Narbonne), de Soissons, de Mont en Pontin, de Pedenas (diocèse de Limoges), de Sognes (diocèse d'Amiens) de Marseille, de Fontaine en Picardie, et de Brizinas près de Béziers, soit 23 maisons différentes. (Jacques Rolland, *op. cit.*, pp. 151 à 179)

Dès lors, la moins mauvaise des explications, si pas la seule, serait que les fondateurs de l'Ordre eux-mêmes auraient introduit ce rite. Il est vrai que les séjours répétés de Hugues de Payens en Orient posent question, une première fois de 1104 jusque 1107, puis à partir de 1114 pendant quatre années jusqu'à la création de la première *Milice des Pauvres Chevaliers du Christ et du Temple de Salomon*, puis encore pendant dix années jusqu'à la création officielle de l'Ordre au concile de Troyes.

Que faisait Hugues de Payens pendant ces longs séjours, et que faisait sa milice ? Logée à proximité de l'emplacement de l'ancien Temple, l'antique Temple de Salomon, cette première mouture de l'Ordre du Temple ne procéda semble-t-il, pendant les huit ou dix années qui la séparent de la création de l'Ordre proprement dit, à aucun recrutement ni ne laissa aucune trace d'activité militaire.

« De là à conclure qu'ils se livrèrent à de mystérieuses activités il n'y a qu'un pas que franchissent d'ailleurs beaucoup d'auteurs. […] De fait ces neufs ans sont le point de départ de tous les mystères du Temple. »[25] Les longs séjours de Hugues de Payens en terre sainte depuis 1104, logé avec ses amis à proximité de l'emplacement de l'ancien Temple de Salomon, ont conduit certains auteurs à leur attribuer des activités secrètes : on a cité la recherche d'un trésor dans les restes du Temple, peut-être l'Arche d'Alliance qui était réputée y avoir été cachée. Cette idée peut paraître saugrenue, mais que se passerait-il à notre époque si les séjours sur la planète Mars devenaient soudain facilement accessibles ? On peut imaginer que cette planète verrait débarquer un afflux de curieux persuadés qu'en cherchant bien ils finiraient par trouver des traces de vie, voire des Martiens en chair et en os.

Peut-être faut-il voir en Hugues de Payens et ses compagnons des passionnés de l'Orient et de ses mystères. Jacques Rolland cite l'hypothèse qu'ils auraient découvert en Orient un christianisme bien différent du christianisme qui existait en Europe : « Il n'est pas interdit de penser que la lente maturation de cet Ordre, s'effectuant entre 1099 et 1118 lui ait précisément permis d'étudier en détail la doctrine chrétienne Orientale. »[26] Et parmi ces « chrétientés orientales » Jacques Rolland cite les ariens ou les nestoriens qui pouvaient abriter des chrétiens dont la foi était incompatible avec celle définie à Nicée.

Cette hypothèse est certes plausible, mais fallait-il aller jusqu'en Orient pour trouver une telle foi. Tout devient plus simple si l'on accepte l'hypothèse proposée dans ce livre, que serait réapparu en France dans le monde bénédictin dès le début du 2e millénaire, un christianisme directement

---

[25] Marie Delclos et Jean-Luc Caradeau, *op. cit.*, p. 84.
[26] Jacques Rolland, *op. cit.*, p. 185.

inspiré de celui pratiqué par la première communauté des apôtres et par le frère du Christ.

La création de la première Milice du Temple, assimilée à un Ordre de chanoines[27], pourrait avoir eu au départ un but essentiellement spirituel, à savoir celui de retrouver et de pratiquer la foi des premiers chrétiens de Jérusalem, ceux-là même qui, selon le Livre des Actes des Apôtres, « se rendaient chaque jour assidûment au Temple ».[28] Mais après une petite dizaine d'années de relative inactivité, et devant le manque évident de moyens en Orient pour la défense des positions acquises par les Latins, il est plausible que Hugues de Payens et ses amis aient décidé de donner une orientation plus militaire à leur activité, et de créer un véritable Ordre de moines-soldats.

La publicité donnée par le concile de Troyes, et l'appui du grand Saint Bernard, apportèrent à leur entreprise un succès qui dépassa sans doute leurs attentes. L'arrivée en masse des nouveaux engagés ne pouvait cependant pas éloigner l'Ordre de son objectif spirituel initial : il fallait que ces hommes reçoivent une instruction qui, sous le prétexte de les préparer à aborder l'Orient chrétien, les initiait à la foi des premiers chrétiens de Jérusalem. Et pour accompagner cet enseignement il fallait que les nouvelles recrues accomplissent ce rite impie qui les marquerait pour la vie. Ce rite scellerait à la fois leur fidélité à l'Ordre et, sur le plan spirituel, une conversion à la foi chrétienne des origines, qui niait la divinité du Christ ainsi que le miracle de sa résurrection sur la croix.

Mais comme cela se passe souvent, les enseignements ont la vie courte, tandis que les rites qui les accompagnent peuvent se perpétuer pendant des siècles avec très peu d'altération. Comme dit Michel Lamy, sans doute avec une certaine raison :

> [...] dans les temps terminaux de l'Ordre, le sens de ces rites n'était plus connu, plus expliqué, et peut-être même perverti. Ce qu'ils avaient pu contenir d'initiatique n'avait laissé la place qu'à une pratique sans signification réelle.[29]

Mais, dira-t-on, cette hypothèse n'est-elle pas incompatible avec le soutien décisif apporté à la création de l'Ordre du Temple par Saint Bernard de Clervaux, une des plus hautes autorités du christianisme de l'époque. Il est vrai que ce point fait difficulté : l'appui de Saint Bernard fut sollicité par les fondateurs de l'Ordre, on dit même qu'Hugues de Payens aurait eu des liens familiaux avec le grand Saint. Cet appui de Saint Bernard ne

---

[27] Les chanoines étaient des hommes vivant en communauté religieuse mais qui n'étaient pas nécessairement reliés à un Ordre, certains pouvaient même être mariés.
[28] Voir le chapitre 2.3.
[29] Michel Lamy, *Les Templiers*, p. 108.

constitue toutefois pas un obstacle rédhibitoire à l'hypothèse d'un enseignement contraire à l'orthodoxie donné aux impétrants, car celui-ci était évidemment tenu rigoureusement secret.

Par ailleurs, les bonnes relations entre l'Ordre du Temple et l'Écosse méritent d'être mentionnées. À partir de 1127 Hugues de Payens revint en Occident pour présenter et faire accepter ses idées en vue de la consécration officielle de l'Ordre. De ce que nous savons, ce voyage eut lieu essentiellement en France, mais il est établi qu'Hugues de Payens se rendit en Angleterre et qu'il rencontra le roi d'Écosse David Ier qui, selon Marie Delclos et Jean-Luc Caradeau, citant les *Chronica gentes scottorum* de Johannes de Fortun (14e siècle),

> « [Le roi David Ier] s'entourant lui-même de frères très honorables de l'illustre chevalerie du Temple de Jérusalem, en fit les gardiens de sa foi, de jour comme de nuit. » Le sens de cette phrase élogieuse nous échappe quelque peu, mais on peut au moins comprendre que David Ier accorda une place importante aux Templiers.[30]

Et deux siècles plus tard, Robert Ier d'Écosse, Robert Bruce (1274-1329), fut l'un des seuls souverains d'Europe à apporter aux Templiers sa protection sans aucune restriction.

11.4 Une postérité pour l'Ordre du Temple ?

Certains francs-maçons se plaisent à imaginer que l'Ordre des Templiers serait à l'origine de la franc-maçonnerie. Rien ne permet de dire une chose pareille, mais on peut néanmoins penser que les deux Ordres sont peut-être de très lointains arrière-cousins. C'est ainsi qu'est apparu, quelques années après les événements tragiques qui ont marqué la fin de l'Ordre du Temple, un très curieux décret papal, le « décret d'Avignon », dont le texte complet est donné par Guy Chassagnard dans son livre *Maçons opératifs & maçons acceptés – Les Anciens Devoirs*.

Dans ce décret qui fut promulgué en 1326 – soit 12 années après la disparition de l'Ordre du Temple – par Jean XXII, le successeur de Clément V, le pape juge nécessaire de tancer très sévèrement,

> « [...] des nobles, parfois des roturiers, qui organisent des ligues, des sociétés, des coalitions interdites [...] ; sous le nom de confréries [...] ils prononcent un serment aux termes duquel ils doivent se soutenir [...], se prêter secours l'un à l'autre [...]. Parfois, après s'être revêtus d'un costume uniforme, et faisant usage de marques et de signes distinctifs, ils élisent l'un d'entre eux

---

[30] Marie Delclos et Jean-Luc Caradeau, *op. cit.*, p. 89.

comme supérieur, auquel ils jurent d'obéir en tout ; [...] Les églises et les gens d'église, que ces individus considèrent, *bien entendu* [*sic*], comme leurs ennemis, ont à subir [...] des injustices de toutes sortes avec mille préjudices. [...] Nous prononçons la nullité, la dissolution [...] des dites fraternités et confréries, fondées par des clercs ou des laïcs, à quelque [...] condition qu'ils appartiennent. [...] Nous leur défendons, cela sous peine d'excommunication, [...] qu'ils se soumettent à de telles obédiences [...] et qu'entre eux, ils se donnent des noms de frères, de prieurs, d'abbés de la susdite Société »[31]

Ce décret est à beaucoup d'égards surprenant. Les confréries visées sont formées de nobles aussi bien que de roturiers ou même de clercs, on y retrouve donc toutes les couches de la société, une grande nouveauté pour l'époque. Ils s'appellent frères, se lient par serment, se doivent secours et assistance, élisent leurs supérieurs, font usage de marques et de signes qui leur sont particuliers ...

Ces sociétés pratiquaient-elles des rites initiatiques ? Le pape n'en parle pas explicitement mais il est facile de l'imaginer. Quant au texte même, on croirait y lire les termes de la bulle In Eminenti dans laquelle, quatre siècles plus tard, le pape Clément XII excommuniait tous les francs-maçons.

Rien n'indique, sauf peut-être la proximité des dates, que ces confréries étaient, d'une manière ou d'une autre, les héritières de l'Ordre du Temple. On est néanmoins surpris par le ton, presque résigné, du pape quand il dénonce que les membres de ces confréries considèrent « bien entendu » les églises et gens d'église comme leurs ennemis.

À lire ce texte on comprend qu'il reste sans doute un long chemin à parcourir pour comprendre, au-delà des apparences, les rapports réels de la société du 14ᵉ siècle avec l'Église.

---

[31] Guy Chassagnard, *Maçons Opératifs & Maçons Acceptés – Les Anciens Devoirs*, p. 47.

Chapitre 12

Saint Servais, un évêque de Maastricht bien peu catholique

12.1 Le labyrinthe de Saint Servais, un curieux portail

Ce fut lors d'une visite au labyrinthe du portail royal de la cathédrale Saint Servais de Maastricht, que je fis la connaissance de Servais, évêque de Tongres et de Maastricht au 4e siècle. Au centre du labyrinthe on voit une représentation de Jérusalem et aux quatre coins des représentations des grands centres d'autorité du christianisme qu'étaient au Moyen Âge, Rome, Constantinople ou, plus près de Maastricht, Cologne et Aix-La Chapelle. Ces quatre villes sont reliées par un chemin unique en pourtour, qui se prolonge par un cheminement long et compliqué dans le labyrinthe... qui revient pratiquement à son point de départ, tout à côté de Saint Servais, représenté au milieu de l'un des côtés. Un autre chemin est issu de Saint Servais lui-même, qui mène très directement à Jérusalem au centre du labyrinthe. On en déduit que les centres d'autorité du christianisme ne mènent nulle part, et que seul Saint Servais mène ... à Jérusalem, ... ou à la vérité ?

Voilà un curieux message, mais c'est en levant les yeux que vint la surprise : j'avais devant moi la représentation dans la pierre d'un homme qui tenait dans les bras la croix et l'agneau, des symboles qui sont attachés à la personne de Jésus-Christ. Qui est cet homme ? Ce portail *royal* a été rénové au 19e siècle et est protégé par une grande verrière, de sorte que les statues du porche, polychromes, sont très reconnaissables.

À gauche (voir illustration 10) figurent les chefs emblématiques du peuple juif : Abraham, Moïse, David, ...et cet inconnu qui, selon la brochure distribuée aux visiteurs de la cathédrale, serait Saint Jean-Baptiste, car en effet Jean-Baptiste est parfois représenté portant l'agneau Jésus.

Illustration 10. *Le portail royal de la cathédrale de Maastricht, les rois et guides du peuple juif. De droite à gauche : Abraham, Moïse, David, … et le personnage inconnu.*

Illustration 11. *Le portail royal de la cathédrale de Maastricht, des saints de l'ère chrétienne. De droite à gauche : Saint Servais, Saint Jean l'Évangéliste, Jean-Baptiste, et Saint Siméon remplacé malencontreusement par la mère de Jésus.*

À droite (voir illustration 11) figurent Saint Servais ainsi que des personnages du Nouveau Testament : Saint Jean l'Évangéliste, Saint Siméon (remplacé malencontreusement dit la brochure par la mère de Jésus) et, très curieusement toujours selon la brochure, à nouveau Saint Jean-Baptiste. Il y aurait donc dans ce porche deux représentations du même Jean-Baptiste, c'est peu crédible, mais alors lequel est le bon ? Comme le montre l'illustration 11, ce deuxième Jean-Baptiste est, sans erreur possible, représenté en train de baptiser : les pieds dans l'eau, on voit l'eau couler de ses mains. Quant à l'homme qui porte la croix et l'agneau, contrairement au Baptiste que la tradition présente souvent revêtu d'oripeaux ou de peaux de bête, il est assez somptueusement habillé, de couleur rouge et or. Il y a donc peu de doute, le vrai Jean-Baptiste est celui représenté dans l'illustration 11 en train de baptiser, et le personnage qui porte la croix et l'agneau n'est pas Jean-Baptiste.

Dès lors, ce mystérieux personnage ne peut être … que Jésus-Christ lui-même. Représenté aux côtés d'Abraham, Moïse et David, ce Jésus-là apparaît comme prolongeant la série des grands guides et rois du peuple juif. Cette représentation royale et tout humaine de Jésus-Christ est bien évidemment incompatible avec le dogme central de l'Église catholique. Sans doute eut-il mieux valu ne donner aux visiteurs aucune explication ; quelques années plus tard cette brochure quelque peu maladroite n'était plus disponible. Mais comment a-t-on osé associer le souvenir de Saint Servais à une telle hérésie ? Qui était Saint Servais ?

Servais vivait au 4e siècle, époque particulièrement troublée, on l'a vu, par les conflits liés à la divinité de Jésus-Christ. Or il se fait que cet évêque prit part à ces conflits. L'Encyclopédie Larousse dit de Servais, évêque de Tongres et de Maastricht, qu'il assista en 359 au concile de Rimini où « il signa une profession de foi ambiguë, trompé par les arguties des évêques Ursace et Valens, et par sa connaissance imparfaite de la langue grecque ».[1] Il apparaît donc que Servais, quelle que soit sa motivation, apposa sa signature sur le document *renégat* de Rimini !

Comme vu plus haut[2], le concile de Rimini fut convoqué par l'empereur Constance II, l'un des successeurs de Constantin, confronté au rejet par une grande partie de l'Orient, du *credo* adopté au concile de Nicée 25 ans plus tôt. Constance avait conçu le projet de réunir toute la chrétienté autour d'une formule adoucie par rapport à celle de Nicée, où *l'identité de substance* entre Dieu et Jésus-Christ (homoousios), absente du Nouveau Testament et inacceptable par l'Orient, serait remplacée par le terme beaucoup moins précis d'une simple *similitude* (homoios) entre Dieu et Jésus-Christ, un terme qui pouvait être interprété de manière très large,

---

[1] *Grand Larousse encyclopédique* (en dix volumes), édition de 1960.
[2] Voir le chapitre 4.6.

et donc être accepté par les ariens modérés. Cette formule fut présentée à Rimini aux évêques d'Occident, mais Rome s'accrocha à la formule de Nicée, de sorte que l'initiative de Constance n'eut pas de lendemain. Et tous ceux qui avaient donné leur approbation à cette formule qui rendait Jésus-Christ simplement *semblable à Dieu*, c'est-à-dire un peu n'importe quoi, se trouvèrent aux yeux de l'orthodoxie être des hérétiques au même titre que les ariens et autres judéo-chrétiens. Nous ignorons quelle était la véritable motivation de Servais lorsqu'il apposa sa signature au bas du document de Rimini, mais cet événement fut rapporté par l'historien Sulpice Sévère (363-429) et la tradition s'en empara. On pourrait y voir l'origine du symbolisme judéo-chrétien qui accompagne le culte rendu à ce saint évêque.

12.2 Saint Servais, un évêque initié ?

Restait à visiter les librairies de Maastricht. On y trouve une traduction en néerlandais moderne par L. Jongen et C. Schotel de la *Servaas Legende*, l'un des plus anciens textes en vieux néerlandais, écrit par Hendrik Van Veldeke dans la 2e moitié du 12e siècle d'après les *Actes de Saint Servais* (Gesta sci Servatii), un texte en latin rédigé entre 1066 et 1088 par un moine français, Jocundus.

Le récit s'ouvre sur un vibrant hommage à Dieu qui nous dispense ses bienfaits en échange de notre part d'une vie exempte de péché, à l'instar de Saint Servais, homme parfait s'il en est et, comme il se doit, pourfendeur de toutes les hérésies. Le texte nous apprend en effet qu'à l'époque de Servais, l'hérésie arienne était partout présente dans la région, au point que, d'après la légende, l'évêque de Cologne lui-même soutenait « que Jésus-Christ n'était ni Dieu ni notre Sauveur » (noch God noch onze Verlosser)[3]. Vient alors une surprenante généalogie dans laquelle Servais apparaît comme quasi contemporain de Jésus. Selon cette généalogie, l'arrière grand-mère de Servais était la sœur de Sainte Anne, la grand-mère de Jésus. On en déduit, chose importante, que le Saint Servais de la légende était d'une génération plus jeune que Jésus. Né en Arménie (il s'agit sans doute de la petite Arménie située à proximité d'Antioche), Servais fut appelé par Dieu à se rendre à Jérusalem. Son comportement exemplaire impressionna le patriarche des chrétiens de cette ville au point que celui-ci fit de Servais un prêtre.

Qui est ce patriarche de Jérusalem qui fut en quelque sorte le père spirituel du Servais de la légende ? La généalogie mythique de Servais

---

[3] L. Jongen et C. Schotel, « Servaas Legende », p. 54.

fait apparaître ce dernier comme étant d'une génération plus jeune que Jésus. Dans ces conditions, le patriarche de Jérusalem qui, selon le récit, le consacra prêtre, ne pouvait être, pour ceux capables de le comprendre, que Jacques Le Juste, le frère de Jésus, qui dirigea la première communauté chrétienne de Jérusalem pendant les trente deux années qui suivirent la mort de Jésus. Apparaît ainsi la raison d'être de cette rocambolesque généalogie de Servais : en apposant sa signature au bas de la profession de foi de Rimini qui désavouait le credo de Nicée, on pouvait dire, à tort ou à raison, que Servais avait adopté à Rimini la foi judéo-chrétienne du frère de Jésus, d'où cette représentation impie de Jésus-Christ, apparaissant comme roi d'Israël, aux côtés de son célèbre aïeul, le roi David.

12.3 Saint Servais invoque Saint Jacques à Compostelle

La même légende nous apprend ensuite que Saint Servais, appelé par Dieu à quitter Jérusalem pour se rendre à Tongres et à Maastricht, est conduit par l'ange à faire, très curieusement, un bref détour par Saint Jacques de Compostelle en Galice où, en quelques mots on nous dit « qu'il demanda l'aide de Saint Jacques »[4]. Pourquoi ce nouvel anachronisme ? La légende du tombeau de Saint Jacques à Compostelle n'apparut qu'au début du 9ᵉ siècle, cinq siècles après Servais.

D'après l'Église catholique le *Jacques* de Compostelle serait l'apôtre Jacques Le Majeur, assassiné 12 ans après la mort du Christ par le roi Hérode Agrippa[5], et dont le corps aurait été miraculeusement transporté à Compostelle. Mais Servais n'avait aucune raison de demander son aide, sans doute doit-on penser que le Jacques dont Servais demande l'aide est bien plutôt Jacques, le frère de Jésus, son père spirituel qui l'avait fait prêtre à Jérusalem peu de temps auparavant. Ce passage de la légende de Saint Servais, pour ceux capables de le comprendre, serait donc en quelque sorte une réfutation de l'attribution par l'Église à l'apôtre Jacques Le Majeur, du tombeau miraculeusement trouvé à Compostelle. Que peut-on dire du Saint Jacques de Compostelle ?

---

[4] L. Jongen et C. Schotel, *op. cit.*, p. 40.

[5] Pour rappel, trois *Jacques* apparaissent dans le Nouveau Testament : Jacques Le Juste, le frère du Christ, qui dirigea l'Église Primitive de Jérusalem pendant une trentaine d'années, et deux Jacques parmi les apôtres, Jacques dit Le Majeur, fils de Zébédée (et frère de Jean), qui fut assassiné à Jérusalem en l'an 42, et Jacques Le Mineur, fils d'Alphée, en qui l'Église a longtemps vu le Jacques qui dirigeait l'Église Primitive, ce qui lui permettait d'ignorer le frère de Jésus dont elle ne voulait pas entendre parler (voir le chapitre 2).

Pour comprendre ce qui s'est passé à Compostelle, il est nécessaire de retracer rapidement l'histoire de la Galice et de l'Espagne wisigothique. Lors de l'invasion de l'Empire romain en 408 par les peuples du Danube, les Suèves venus du nord de la Germanie s'installèrent en Galice. Les Suèves étaient païens mais leurs voisins les Wisigoths avaient été christianisés par Ulfila au 4ᵉ siècle dans la foi d'Arius[6]. En 584 la Galice fut conquise par les Wisigoths et les Suèves adoptèrent la foi des vainqueurs, de sorte que la Galice devint chrétienne, mais de foi arienne. En 589 la conversion de Récarède, le roi des Wisigoths d'Hispanie, permit à Rome de reprendre pied chez les Wisigoths et donc en Galice. Toutefois les relations entre l'Espagne, en principe catholique, et Rome restèrent très lâches du fait d'une volonté d'indépendance vis à vis de l'Église de Rome de la part de la noblesse, restée en partie de foi arienne et toujours nostalgique de l'ancienne puissance wisigothique. À partir de 711 les arabes firent la conquête de la péninsule ibérique (sauf le pied des Pyrénées et les Asturies), mais en Galice leur présence ne dura qu'une dizaine d'années.

Quelques décennies plus tard apparaît un conflit avec Rome sur l'interprétation à donner à la double nature du Christ.[7] Pour Rome la nature divine était prédominante et Jésus était le fils de Dieu dans toute l'acception du terme, tandis que pour les Espagnols Wisigoths la nature humaine du Christ était plus importante que la nature divine : ils disaient que Jésus-Christ, né homme, fut *adopté* par Dieu sur la croix. L'historien-théologien E. Amann dit ainsi :

> Plus importantes encore à l'estimation de nos Espagnols étaient les expressions que fournissait la liturgie wisigothique encore en usage chez eux ; en certaines prières il était bien question non seulement de l'adoption de la chair par le Verbe, mais de la passion de *cet homme adopté par Dieu*.[8]

Cette hérésie des Wisigoths, de nature arienne et donc judéo-chrétienne, fut portée au départ par l'évêque Félix d'Urgel[9], ensuite par l'archevêque de Tolède Elipand et par de nombreux autres évêques espagnols. Comme déjà dit, elle fut dénoncée par plusieurs conciles et synodes réunis par Charlemagne en 792, 794 et 799.

Il est donc permis de penser qu'en cette fin de 8ᵉ siècle, une partie de la population espagnole, particulièrement la noblesse d'origine wisigothique, était encore imprégnée de croyances d'origine arienne ou judéo-

---

[6] Voir le chapitre 4.8.
[7] Voir le chapitre 4.7. En 451 le concile de Chalcédoine avait donné au Christ une double nature, à la fois divine et humaine.
[8] E. Amann, *L'adoptianisme espagnol du VIIIᵉ siècle*, article paru dans la Revue des Sciences Religieuses, année 1936, Vol. 16, Numéro 3, p. 295.
[9] Urgel se situe au pied des Pyrénées, à 10 km au sud d'Andorre.

chrétienne. Or, c'est précisément à cette époque, qu'apparût le mythe de la découverte à Compostelle du tombeau de *Jacques*. L'Église de Rome s'empressa de marquer ce lieu de son empreinte en déclarant que ce Jacques était l'apôtre Jacques Le Majeur. Cette prétention de l'Église est toutefois suspecte.

La longue tradition arienne de l'Espagne wisigothique, ravivée par l'arrivée des Musulmans et, en cette fin de 8ᵉ siècle, par la foi hérétique adoptianiste de plusieurs évêques, rendrait tout à fait plausible que les instigateurs du mythe de ce tombeau miraculeusement découvert à Compostelle, aient plutôt voulu célébrer la personne de Jacques Le Juste, le frère de Jésus, et même, qu'ils aient peut-être voulu faire de Compostelle une sorte de contre poids au siège pontifical de Rome.

On en conclut que ce passage de Servais à Compostelle et son invocation à Saint Jacques auraient un sens bien précis, qui est d'indiquer au lecteur initié que le Jacques de Compostelle n'est pas Jacques Le Majeur comme le prétend l'Église mais plutôt Jacques Le Juste.

Quant au *Chemin de Compostelle*, chemin initiatique s'il en est, on peut penser que la vraie identité de Saint Jacques, dont l'Église ne disait mot, était distillée par les pèlerins descendants aux pèlerins montants, de sorte que la route de Compostelle représentait effectivement un cheminement initiatique dont le message colportait le souvenir du frère de Jésus. De là sans doute la remarquable renommée de ce pèlerinage au fil des siècles.

Il reste à signaler l'existence en Espagne d'autres indices révélateurs d'un lointain passé de tradition judéo-chrétienne. L'on trouve ainsi en plusieurs endroits d'Espagne, de l'Andalousie aux Baléares, au début du mois de mai, une fête qui, n'étant pas reconnue par l'Église, a pris des formes diverses. Du nom de « romería », il s'agit le plus souvent d'une procession vers un ermitage (ou à défaut une chapelle ou une église), qui doit se trouver en un lieu élevé, si possible en montagne, d'où la présence dans la procession d'hommes à cheval ou de charriots. Selon Julian Rathbone, cette fête était dédiée à l'apôtre Jacques Le Mineur.

> Le trois mai, fête […] de Saint Jacques Le Mineur, marque le début de la bonne saison et est dans ce pays [ici, Salamanque] comme ailleurs en Espagne, célébré par une grande « romería » ou pèlerinage vers un ermitage.[10]

Or Jacques Le Mineur est le nom donné par l'Église au premier patriarche de Jérusalem, en place de celui du frère de Jésus, dont elle a toujours voulu nier l'existence. Il est dès lors logique que le nom de Jacques Le Mineur ait été utilisé pour évoquer le frère de Jésus car, à défaut de procéder ainsi, cette célébration n'aurait pas été tolérée par l'Église. Il est

---

[10] Julian Rathbone, *Joseph*, p. 76.

donc permis de penser que cette festivité espagnole du début du mois de mai était à l'origine dédiée à Jacques Le Juste, le frère de Jésus, et le fait qu'un ermitage soit le but de la procession prend alors tout son sens car Jacques Le Juste était considéré comme le premier des moines.

Une autre marque d'anciennes traditions judéo-chrétiennes en Espagne est l'importance particulière que revêt dans ce pays la fête des Rois, le 6 janvier, aussi importante que la fête de Noël. Or la légende des Rois, venus à Jérusalem pour honorer « le roi des juifs qui vient de naître », n'a de sens que dans la tradition judéo-chrétienne.

Ainsi, plusieurs indices pointent vers l'existence en Espagne d'une très ancienne, et persistante, tradition judéo-chrétienne liée à la personne de Jacques Le Juste, ce qui viendrait confirmer que le « vrai » Jacques de Compostelle est en réalité le frère de Jésus.

12.4 Quelle raison pour cette résurgence de la tradition judéo-chrétienne au 12ᵉ siècle à Maastricht ?

Resterait enfin à comprendre la motivation de ceux qui au 12ᵉ siècle à travers le culte de Saint Servais, auraient eu l'intention de redonner vie à une tradition judéo-chrétienne certainement très mal perçue par l'Église de Rome.

L. Jongen et C. Schotel nous apprennent que dans la querelle des investitures qui dura une bonne centaine d'années, entre la fin du 11ᵉ siècle (Canossa en 1076-1077) et la fin du 12ᵉ siècle (l'empereur Frédéric Barberousse), les chanoines de Maastricht avaient choisi le camp de l'empereur contre celui du pape, craignant que les velléités réformatrices de ce dernier ne conduisent à une diminution de leurs privilèges.[11] On pourrait trouver dans cet *antipapisme* des chanoines de Maastricht l'origine du culte de ce Saint Servais bien peu catholique.

Mais en tout état de cause, ce qui importe ici est de reconnaître qu'une recherche attentive peut conduire de diverse manière à retrouver des traces de l'existence en Europe au début du 2ᵉ millénaire d'un christianisme dissident qui se reconnaissait dans l'Église Primitive de Jérusalem et dans son chef, Jacques Le Juste, le frère de Jésus-Christ.

---

[11] L. Jongen et C. Schotel, *op. cit.*, Introduction, p. XIX.

CHAPITRE 13

À propos des cathédrales dites « gothiques »

13.1 Pourquoi deux tours à nos cathédrales ?

Il m'avait été donné d'assister à une conférence sur les cathédrales gothiques du Moyen Âge. L'orateur montra les progrès apportés par les nouvelles techniques architecturales, qui conduisirent à des hauteurs de voûtes jamais atteintes auparavant, avec des structures toujours plus légères permettant de ménager des entrées de lumière toujours plus grandes. Vint le moment des questions. Je demandai à l'orateur s'il connaissait la raison d'être des deux tours de ces cathédrales, mais il apparut immédiatement que je le mettais en difficulté, il me fit comprendre que ma question n'avait pas lieu d'être.

Pourtant ces deux tours posent question : une seule tour suffisait largement pour y loger les cloches, pour être vue de loin et donc pour assurer le rayonnement de l'église aux alentours. Et cette deuxième tour coûtait cher à construire et prolongeait fort la durée des travaux, beaucoup ne furent d'ailleurs pas terminées. En outre, dans la symbolique chrétienne, si le nombre Trois a un sens, le nombre Deux n'en a aucun. Au contraire même, le nombre Deux est caractéristique des symbolismes orientaux, en particulier des symbolismes judéo-chrétien et gnostique, et a toujours été repoussé par l'Église qui fit le choix du nombre Trois. Ce plan à deux tours est donc tout à fait surprenant, tant d'un point de vue fonctionnel que symbolique, et il est légitime de se poser des questions sur sa raison d'être.

Dans l'antiquité et au début du Moyen Âge, le modèle sur lequel étaient construites les grandes églises était celui du dôme, porté à son apogée par l'empereur Justinien (483-565) dans la construction de la basilique Sainte Sophie à Constantinople et de la basilique Saint-Vital à Ravenne. C'est aussi sur ce modèle que fut construite à la fin du 8e siècle la Chapelle Palatine de Charlemagne à Aix-La Chapelle. Le modèle du dôme évolua vers le dôme pyramidal, puis vers le clocher pyramidal.

Au 8e siècle apparut cependant un plan architectural tout à fait nouveau, qui s'articulait le plus souvent autour de deux tours occidentales placées de part et d'autre de l'entrée principale de l'église, à l'opposé du chœur tourné vers l'Orient. C'est en Allemagne que ce plan apparut pour la première fois, ce pays est parsemé d'anciennes églises munies de deux tours occidentales (le *Westwerk*), dont plusieurs antérieures à l'an mil, souvent reconstruites à partir d'une première édification construite en bois. C'est donc plutôt vers l'Allemagne que doivent s'orienter les recherches.

Or, parmi les plus anciennes églises à deux tours figure l'antique cathédrale de Würzburg déjà mentionnée[1], construite au début du 8e siècle en l'honneur des trois saints irlandais Kilian, Kolonat et Totnan qui subirent le martyre à Würzburg à cette époque. Comme dit plus haut, cette église présente une particularité unique en Europe : s'y trouvent en effet deux colonnes taillées dans la pierre d'une hauteur de 2 m environ, dont les chapiteaux sont gravés des noms de IACHIM pour l'une et de BOOZ pour l'autre (voir les illustrations 1, 2, 3 et 4), ce qui permet de les identifier sans risque d'erreur, avec les deux colonnes JAKIN et BOAZ qui, selon le chapitre 7 du premier Livre des Rois dans l'Ancien Testament, ornaient le vestibule à l'entrée du Temple de Salomon.

Bien qu'elles soient aujourd'hui reléguées dans un recoin de l'église, il est indiqué dans la brochure distribuée aux visiteurs que ces colonnes emblématiques ornaient anciennement le porche de la cathédrale, l'une à gauche l'autre à droite. Cette situation originelle de ces deux colonnes, chacune au droit d'une tour, pourrait conduire à donner à ces tours une fonction symbolique bien précise, qui serait d'évoquer, précisément, les deux colonnes JAKIN et BOAZ qui marquaient l'entrée du Temple de Salomon. Cette idée viendrait confirmer ce qu'ont déjà dit certains auteurs comme Patrick Négrier : « [...] les deux colonnes Jakin et Boaz du Temple de Salomon, modèles directs des deux tours occidentales des cathédrales gothiques ».[2]

Cette assimilation des deux tours de nos cathédrales gothiques aux deux colonnes qui marquaient l'entrée du Temple de Salomon, ferait en quelque sorte de ces cathédrales des modèles du Temple de Jérusalem, avec la conséquence que ceux qui entrent dans ces cathédrales en passant entre les deux tours, se trouveraient symboliquement apparentés aux premiers chrétiens de l'Église Primitive de Jérusalem qui, comme on l'a vu[3], « se rendaient chaque jour assidûment au Temple ». (Ac 2.46)

Le Temple de Jérusalem est longtemps apparu à l'Église comme un symbole juif, ou pire, judéo-chrétien. Il apparaît toutefois qu'au tournant du 2e millénaire, l'Église ait décidé de faire sien le symbole du Temple juif, selon un procédé qui lui a si souvent réussi dans sa lutte contre le paganisme. Elle donna à ce Temple une petite place dans l'imaginaire chrétien :

---

[1] Voir le chapitre 6.4.
[2] Patrick Négrier, *op. cit.*, p. 58.
[3] Voir le chapitre 2.3.

il fut gratifié d'une sorte d'aura de perfection architecturale qui en fit le symbole du monde parfait vers lequel veut tendre l'humanité. L'Église en fit une évocation de la Jérusalem céleste qui, selon l'Apocalypse de Jean, descendra sur terre lors de l'avènement du règne de Dieu :

> Il me montra la cité sainte, Jérusalem,
> Qui descendait du ciel, d'auprès de Dieu.
> Elle brillait de la gloire même de Dieu.
> Son éclat rappelait une pierre précieuse (Ap 21.10)

Les deux tours de nos cathédrales ouvriraient ainsi aux chrétiens l'accès symbolique au monde idéal qui viendrait à la fin des temps. Toutefois, au grand dam de l'interprétation donnée par l'Église, l'auteur de l'Apocalypse prit soin de préciser que, dans la nouvelle Jérusalem, le Temple avait disparu :

> Mais de Temple, je n'en vis point dans la cité,
> Car son Temple, c'est le Seigneur, le Dieu Tout-puissant, ainsi que l'agneau.
> (Ap 21.22)

Le Temple de la Jérusalem des Juifs n'avait plus sa place dans la nouvelle Jérusalem des chrétiens, et l'interprétation donnée par l'Église se trouve donc contredite par le texte même de l'Apocalypse.

Pourtant cette interprétation est très répandue, on en trouve un échantillon dans les très beaux livres sur les arts roman et gothique publiés par Könemann : on lit que les façades à deux tours jumelles sont « une allusion symbolique à la porte [du Temple] de la Jérusalem céleste »[4].

En tout état de cause, cette interprétation donnée par l'Église, vient à l'appui de l'hypothèse que le symbolisme des deux tours occidentales des cathédrales gothiques est bien à mettre en relation avec les deux colonnes du Temple de Jérusalem.

En France, contrairement à l'Allemagne, il y eut très peu d'églises à deux tours avant le début du deuxième millénaire.[5] Ce n'est qu'à partir du 11e siècle et surtout au 12e siècle que le modèle des églises à deux tours s'installa en France, les premières étant l'église Saint Étienne de Caen (construite vers 1070), l'abbatiale de Cluny III (commencée en 1080), la basilique de Vézelay (commencée en 1120), la cathédrale de Chartres (1134), celle de Saint-Denis (1135)[6], etc. Ce plan à deux tours devint en France, comme il l'avait été en Allemagne, une mode architecturale sur laquelle furent ensuite bâties la plupart des cathédrales de l'époque.

---

[4] Könemann, *L'Art Roman*, p. 22.

[5] Une notable exception est l'église de l'abbaye de Saint Riquier en Picardie qui, datant du règne de Charlemagne à la fin du 8e siècle et incendiée à plusieurs reprises, était à l'origine munie de deux tours occidentales.

[6] Il faut noter que la tour nord de Vézelay ne fut pas terminée, celle de Chartres ne fut terminée qu'au 15e siècle et que celle de Saint Denis fut détruite au 19e siècle.

La question se pose de la motivation des premiers maîtres d'œuvre qui introduisirent en France au 11ᵉ siècle ce plan architectural des deux tours. On pourrait y voir la confirmation d'un regain d'intérêt à cette époque pour le Temple de Jérusalem et pour la foi des premiers chrétiens, encore proches de la religion juive.

13.2 À propos du nom de « gothique »

Tout aussi surprenant est le qualificatif de « gothique » qu'ont reçu nos cathédrales. Les Goths n'ont laissé aucun héritage particulier en matière d'art de la construction. Par contre, comme vu plus haut, ils furent christianisés dans la foi d'Arius.[7] On se souvient que la conquête de l'Empire d'Occident par les Goths en 410 fit que l'Église de Rome dut apprendre à vivre dans un monde dominé par les hérétiques ariens. Ces temps difficiles pour l'Église durèrent près de deux siècles et laissèrent des traces dans le vocabulaire des théologiens : dans les matières touchant à la religion, ceux-ci firent du mot « gothique » un synonyme du mot « arien ». Or les ariens, qui niaient ou minimisaient la divinité du Christ, se considéraient comme les héritiers de l'Église Primitive, ceux-là mêmes qui, précisément, avaient donné une valeur emblématique au Temple de Jérusalem.[8] Dès lors ce qualificatif de *gothique* interpelle. Il viendrait confirmer l'hypothèse que le symbolisme des deux tours de nos cathédrales est d'origine judéo-chrétienne.

À notre époque le mot *gothique* évoque la technique constructive de l'arc brisé ou de la voûte sur croisée d'ogives, apparue en France aux 11ᵉ et 12ᵉ siècles, précisément à l'époque du développement du plan architectural à deux tours occidentales. Pourtant cette technique de l'arc brisé avait déjà reçu dès le 12ᵉ siècle le nom de « Francigenum Opus », soit « art venu de France ». Le nom de « gotico » a été utilisé pour la première fois par le peintre Raphaël en 1518 dans un rapport au pape Léon X sur la conservation des monuments. Selon Raphaël, ce nom faisait allusion « à la courbure des arbres formant les cabanes primitives des habitants des forêts germaniques » et, fait important, n'était porteur chez lui d'aucune connotation péjorative.

Devant une justification aussi peu convaincante, les historiens de l'art ont préféré expliquer ce terme en évoquant le mépris des hommes de la Renaissance pour les réalisations du Moyen Âge, dans ce cas attribuées aux Goths. Cette explication est toutefois contredite par le fait que ce

---

[7] Voir le chapitre 4.8.
[8] Voir les chapitres 4.2 et 4.5.

mot n'avait chez Raphaël aucun sens péjoratif. La connotation péjorative du mot « gothique » a été introduite plus tardivement par le critique d'art Giorgio Vasari en 1530 environ.[9] L'explication par une connotation péjorative liée au souvenir des Goths doit donc être abandonnée. Resterait à envisager que ce mot « gothique », synonyme de « arien », aurait été utilisé par Raphaël en pleine connaissance de cause, dans le but d'évoquer discrètement le symbolisme judéo-chrétien attaché aux églises construites selon ce modèle architectural des deux tours occidentales. Raphaël était-il conscient du petit scandale que représentait l'utilisation de ce qualificatif ? Qui était Raphaël ?

Raphaël (1483-1520) fut moine, canonisé à 23 ans en récompense de son art. À Florence il rencontra Léonard de Vinci (1452-1519) qui le reçut dans son atelier, et à Rome il eut comme commanditaire le pape Léon X (1475-1521) qui pendant 7 années, à partir de 1513 et jusqu'à la mort de Raphaël en 1520, lui confia de grands chantiers. Raphaël fit son portrait.

Le pape Léon X, de son vrai nom Jean de Médicis, fils de Laurent de Médicis, était un bon vivant et un ami de tous les arts, il aimait les fêtes fastueuses. Il avait des idées très libres, « il manquait totalement d'intérêt pour les dogmes [de l'Église] », il était favorable aux idées nouvelles, il soutenait les humanistes de l'époque, et les protégeait dans leurs démêlés avec l'inquisition.

Une phrase qu'il aurait dite à son secrétaire et ami Pietro Bembo (1470-1547) est devenue célèbre : « On sait depuis des siècles combien cette fable du Christ a été profitable à nous et aux autres ».[10] Que signifie cette phrase ? On pourrait l'interpréter comme une moquerie des mythes construits par l'orthodoxie chrétienne autour de « l'homme Jésus-Christ ». Ces paroles sont en tout cas révélatrices du peu de respect de la part de Léon X pour l'orthodoxie chrétienne.

---

[9] « [Le terme de] Gotico est ensuite repris dans un sens péjoratif par le critique d'art Giorgio Vasari [1511-1574] en 1530, faisant, lui, référence au sac de Rome par les barbares Goths. L'art gothique était donc l'œuvre de barbares pour les Italiens de la Renaissance, car il aurait résulté de l'oubli des techniques et des canons esthétiques gréco-romains ». (*History of Architecture*, Research & Education Association, 2001, p. 215, cité dans Wikipedia à l'article « Architecture gothique »).

[10] Cette phrase du futur Léon X gêne considérablement l'Église. Elle est connue de longue date comme ayant été rapportée par Pic de la Mirandole, un philosophe humaniste quelque peu sulfureux et proche du jeune futur pape (il est mort en 1494 lorsque Jean de Médicis avait 19 ans), et, plus tard, par John Bale (1495-1563), un polémiste anglais anticatholique. De manière surprenante, la référence à Pic de la Mirandole qui, en 2006 était citée dans l'article de Wikipedia sur Léon X, a récemment disparu de ce site. Seule la référence à John Bale a été conservée, qui n'a évidemment pas le même poids vu qu'il s'agit d'un polémiste anticatholique et qu'il n'est jamais allé en Italie.

Dès lors Raphaël aurait-il été initié par ses maîtres, ou par leur entourage, à la symbolique « gothique » des deux tours des cathédrales du Moyen Âge ?

On doit reconnaître qu'il n'y a pas d'explication simple qui justifie l'utilisation par Raphaël de ce qualificatif on ne peut plus malheureux. Mais pour la tranquillité des chrétiens d'aujourd'hui et pour le bien de nos belles cathédrales, peut-être vaut-il mieux ne pas tenter de trouver des réponses à tous les mystères qui les entourent.

Appendice 1

Le christianisme celte : les vues de l'Église catholique

Le livre de l'auteur irlandais Anne Hugues, *The Celtic Church, Origins and Growth*[1], paraît assez bien refléter la thèse de l'Église catholique irlandaise sur le christianisme celte, thèse que l'on retrouve chez nombre d'auteurs dont, par exemple, Olivier Loyer, Français d'origine bretonne, dans *Les Chrétientés celtiques*.[2] Ces auteurs considèrent que l'Irlande n'a jamais, et d'aucune manière, été touchée par l'hérésie, ni du temps de Pélage, ni après.

Anne Hugues apporte une documentation très importante sur la christianisation de l'Irlande, mais qui reste essentiellement centrée sur l'action de Patrick. Cet auteur reconnaît néanmoins que l'Irlande était déjà en partie christianisée avant l'arrivée de Patrick, mais cette christianisation serait venue de la Bretagne catholique sans aucune contamination hérétique. L'auteur reconnaît que « les historiens sont divisés sur l'étendue des différences entre les deux Églises [celte et romaine], et sur l'existence d'un schisme fondamental entre elles »[3], mais soutient néanmoins que les Irlandais, et les Celtes en général, étaient « doctrinally orthodox » et « exceptionnaly devout ».

Quant aux « nombreux points de conflit » avec l'Église de Rome tels que rapportés par Bède Le Vénérable[4], Anne Hugues les attribue à l'arrogance maladroite (citée par Bède) des évêques Augustin et Laurence, de sorte que, d'après cet auteur, ces désaccords ne seraient aucunement de nature doctrinale.

Le livre de Anne Hugues apparaît cependant très sommaire sur certains points importants.

Cet auteur ne consacre que quelques lignes à Pélage. Tout en citant les paroles de Jérôme qui donne à Pélage une origine irlandaise, Anne Hugues le présente pourtant comme originaire de Bretagne. Son hérésie venue

---

[1] Anne Hugues est Assistant Head of Department in Our Lady and Saint Patrick's College, Belfast.
[2] Olivier Loyer est agrégé à l'Université et docteur ès Lettres.
[3] Anne Hugues, *The Celtic Church, Origins and Growth*, p. 314.
[4] Voir le chapitre 6.2.

d'Orient aurait touché la Bretagne mais pas l'Irlande qui, selon elle, en aurait été protégée précisément grâce à l'action de Patrick. Pourtant l'hérésie de Pélage n'est signalée en Bretagne qu'en 429-430, soit 30 ans après la venue à Rome de Pélage, et bien plus encore si l'on prend en compte la période de l'enseignement doctrinal qu'il a reçu pendant sa jeunesse. L'explication donnée est donc peu compatible avec la chronologie de la vie de Pélage.

Par ailleurs et mise à part la fixation de la date de Pâques selon le calendrier juif (citée par Bède et donc difficilement contestable), les auteurs catholiques ne font aucune mention des autres pratiques judaïsantes des Celtes telles qu'elles sont rapportées par Leslie Hardinge. On ne trouve aucune allusion non plus chez Anne Hugues aux autres documents cités par Leslie Hardinge : ni la lettre de Aldhelm sur la situation au Pays de Galles, ni les textes qui traitent les chrétiens irlandais de hérétiques et de schismatiques ou même de Juifs.

Quant à Olivier Loyer, s'appuyant sur la lettre de Colomban au pape citée plus haut[5], il balaie ces dénonciations d'un mot : « on ne saurait retenir leur accusation » dit-il[6], ce qui semble un peu rapide compte tenu du refus de Colomban, dans les faits, de reconnaître l'autorité de Rome.

La lettre, en 640, du pape Jean IV aux *doctors and abbots of the Scots* est mentionnée, mais uniquement l'extrait où le pape s'insurge contre la fixation de la date de Pâque selon le calendrier juif. Ces auteurs ne disent mot de la suite de cette lettre, pourtant citée par Bède, où le Pape réprimande les Scots irlandais de ce que « la pernicieuse hérésie pélagienne soit une fois encore réapparue en leur sein ».[7]

Ces omissions sont révélatrices de la part des auteurs catholiques d'une certaine propension à éluder les problèmes gênants pour l'Église. Certes ces auteurs reconnaissent l'existence chez les Celtes de quelques différences avec les pratiques de l'Église de Rome, mais considèrent que ces écarts sont sans importance et qu'ils auraient disparu dès la fin du 7e siècle. Tous accordent une grande importance au synode de Whitby en 664.

Citant Gough Meissner[8], Anne Hugues reconnaît toutefois que « le parti celte conserva sa force et son influence en Northumbrie jusque *certainement la fin du 8e siècle* », mais ne fait aucune mention des éléments qui montrent que les pratiques du christianisme celte ont subsisté au moins jusqu'au 12e siècle, tant en Bretagne qu'en Irlande. Jean Scot est tout à fait ignoré par Anne Hugues et a droit chez Olivier Loyer à une courte

---

[5] « Nous sommes soumis à la chaire de Saint Pierre », voir le chapitre 6.2.
[6] Olivier Loyer, *Les Chrétientés celtiques*, p. 27.
[7] Bède, *op. cit.*, II.19, p. 138, voir aussi le chapitre 6.2.
[8] Gough Meissner JL, *The Celtic Church of England after the Synod of Whitby*, London, 1929, pp. 134-181.

phrase selon laquelle « il ne représente que lui-même »[9], ce qui est pour le moins un peu léger.

Quant aux nombreuses similitudes entre le monachisme irlandais et le monachisme en Égypte, Anne Hugues n'en dit rien et Olivier Loyer en dit très peu de chose.

Sur ce point il est intéressant de lire l'homélie du prêtre Fr. Dwight Longenecker, *St Patrick and the Coptic Celtic Weirdness*[10], ainsi que les commentaires qui s'y rapportent. Le père Longenecker considère que le christianisme a pénétré en Irlande depuis la Bretagne voisine, ou avec la prédication de Patrick, et rejette absolument une possible origine égyptienne, mais les commentaires faisant suite à cette homélie sont intéressants : l'un d'eux fait remarquer que « les similitudes entre les deux formes de monachisme (celtique et égyptien) sont fascinantes », mais un autre va plus loin : « on ignore comment le monachisme égyptien influença le christianisme celte, mais il est certain qu'il l'influença ».

Ce commentaire reprend l'hypothèse de la possible venue en Irlande de moines égyptiens en chair et en os, en citant la litanie d'Oengus le Culdee (sept moines venus d'Égypte) ainsi que l'antiphonaire de Bangor (…la vraie vigne transplantée depuis l'Égypte …), mais introduit ensuite un doute sur l'orthodoxie de Patrick : ce pourrait être Patrick lui-même qui aurait introduit en Irlande certains usages et croyances venus des monastères égyptiens, qu'il aurait acquis lors de son séjour au monastère de Lérins qui venait d'être créé sur le modèle égyptien.

En conclusion, les auteurs d'obédience catholique apparaissent surtout concernés par l'apologie de Patrick, sans beaucoup d'égards pour les grandes questions de nature théologique et historique que pose le christianisme celte. Il reste néanmoins que, mise à part l'œuvre de Jean Scot, l'absence de document de nature doctrinale et d'origine à proprement parler celtique, datant de l'époque « pré-catholique », facilite l'argumentation des auteurs qui nient toute différence doctrinale entre la religion celtique et l'orthodoxie chrétienne. Il en va du christianisme celte comme des autres « zones grises » de l'histoire du christianisme : la victoire finale durement gagnée par l'Église de Rome, eut pour conséquence que tous les écrits significatifs venant de ses adversaires ont été détruits.

---

[9] Olivier Loyer, *op. cit.*, p. 56.
[10] « Saint Patrick et l'affabulation celtique égyptienne », sur le site www.patheos.com.

Illustration 12. *Cathédrale des Saints Michel et Gudule à Bruxelles, clé de voûte dans la salle supérieure de la tour sud – la lettre A (photographies Michel Muñoz)*

APPENDICE 2

Une clé de voûte compagnonnique dans la cathédrale des Saints Michel et Gudule à Bruxelles

La cathédrale de Bruxelles, dédiée aux Saints Michel et Gudule, fut construite aux 14e et 15e siècles. De style gothique, elle comporte deux tours occidentales suivant en cela le plan de l'église romane du 11e siècle qui la précéda au même endroit. Les différents étages à l'intérieur des tours sont des espaces vides jonchés de débris et ne présentent aucun intérêt architectural. Il n'en va pas de même de la salle la plus élevée de la tour sud : cette grande et belle salle, située juste sous les cloches, est éclairée par une fenêtre et son plafond est constitué de deux hautes et belles ogives.

Au croisement de ces ogives la clé de voûte attire immédiatement l'attention : on y voit une étoile à 5 branches entourée des quatre lettres A, G, H et I (voir illustration 12), une représentation à caractère sans doute ésotérique dont le sens nous échappe. Mais il y a plus, prise en photographie et agrandie, la lettre A change d'aspect : la barre du A prend la forme d'une sorte de petite équerre dont les branches s'entrecroisent, fort curieusement, dessus dessous avec les jambes du A semblables aux branches d'un compas. Cet entrecroisement est caractéristique du symbole de l'équerre et du compas dans sa version compagnonnique. Ce serait l'une des plus anciennes représentations de ce symbole.

Appendice 3

Le crachat sur la croix chez les Templiers, ce qu'en pensent les historiens

En 1837 Jules Michelet, dans son Histoire de France, consacre plusieurs chapitres aux Templiers. Il conclut à la réalité du reniement mais considère que celui-ci « reposait sur une équivoque [...], qu'il était symbolique [...] » et que, en définitive, « l'ordre mourut d'un symbole non compris ».[1] Cette vue de Michelet, qui va plutôt dans le sens de la réalité du rite, n'est pas partagée par les historiens du 20e siècle.

En 1914 Victor Carrère, d'après Alain Demurger l'un des meilleurs historiens de l'Ordre du Temple à l'époque, concluait à la totale innocence de l'Ordre : « C'est aujourd'hui un fait définitivement acquis, le Temple, en tant qu'Ordre, est innocent des crimes dont on l'a si longtemps accusé ».[2] En 1978 Malcolm Barber, dans son livre *Le Procès des Templiers*, va dans le même sens :

> Il serait aujourd'hui difficile de prétendre, à l'instar de quelques historiens du XIXe siècle, que les Templiers étaient coupables de ce dont le régime de Philippe le Bel les avait accusés, ou que leurs aveux prouvent autre chose que le pouvoir de la torture sur la résistance morale et physique du commun des mortels.[3]

Au 20e siècle les études sur le procès des Templiers portent sur les raisons qu'avait Philippe Le Bel d'en finir avec l'Ordre du Temple et sur les procédés qu'il a utilisés pour mener son projet à sa fin. La réalité du rite du crachat sur la croix est une fable laissée aux auteurs de romans historiques à sensation.

Toutefois, à la fin du 20e siècle, les documents deviennent disponibles en plus grand nombre, et les idées commencent à évoluer. En 1985 Alain Demurger, dans son premier livre *Vie et mort de l'Ordre du Temple*, conclut par une citation qui va dans le sens du doute.[4] Quelques années après

---

[1] Jules Michelet, *Histoire de France*, tome III, livre V, chapitres 3 et 4, reproduits par Arnaud de la Croix dans *L'Ordre du Temple et le reniement du Christ*, pp. 163-164.
[2] Alain Demurger, *Vie et mort de l'Ordre du Temple*, p. 329.
[3] Malcolm Barber, *Le Procès des Templiers*, p. 395.
[4] « [...] ce très beau texte écrit pendant le concile de Vienne par le cistercien Jacques de Thérines sur lequel je veux conclure ce livre : *Jacques de Thérines doute.* » (Alain Demurger, *Vie et mort de l'Ordre du Temple*, p. 351)

lui Georges Bordonove dans *La Tragédie des Templiers* conclut, presque à contre cœur, à une certaine réalité des aveux :

> Pour autant, on ne saurait affirmer que tous les aveux soient insincères. Certains détails tendent à prouver que le rite était effectif dans certaines maisons. [...] Il apparaît donc probable que certains pieux butors de commandeurs, se référant stupidement à une tradition dont ils ignoraient le sens, infligeaient cette épreuve aux nouveaux Templiers. [...] Des accusations [...] que restait-il en définitive ? Ce rite abracadabrant, incompréhensible, incompris par ceux qui l'infligeaient, et par ceux qui s'y soumettaient, appliqué dans quelques maisons, non dans toutes [...]. Une coutume bizarre, sporadique, ne venant de nulle part et ne débouchant sur rien, [...] Un symbole tombé en désuétude.[5]

Au début des années 2000 l'historienne Barbara Frale, attachée au Service des Archives Secrètes du Vatican, étudie pendant quatre années tous les documents relatifs au procès des Templiers, et apporte de nombreux et nouveaux éléments en faveur de la réalité du rite[6]. Dès lors plusieurs auteurs comme Arnaud de la Croix, Michel Lamy, Jacques Rolland, Marie Delclos, Jean-Luc Caradeau, sont très directs : tous considèrent que le *rite impie* et les *baisers honteux* ont bien existé. Apparaît aussi la confusion qui touche le caractère hérétique, ou non, du rite incriminé : on ne pouvait accuser l'Ordre d'hérésie car il était apparu de manière évidente que le sens de ces rites avait été depuis longtemps perdu.

En 2005, apparaît une nouvelle édition du livre de Alain Demurger *Vie et mort de l'Ordre du Temple* originellement publié en 1985 qui, considérablement modifiée et complétée, reçoit un nouveau titre : *Les Templiers, une chevalerie chrétienne au Moyen Âge*. Plusieurs ajoutes à l'édition de 1985 vont dans le sens de la réalité du rite impie. On trouve ainsi le récit circonstancié, devant la commission pontificale, de sa réception dans l'Ordre par le frère Gérard de Causse déjà cité, mais alors que dans l'édition de 1985 le reniement et le crachat sur la croix étaient absents du récit, ces rites apparaissent bien présents dans la nouvelle édition de 2005[7]. Est

---

[5] Georges Bordonove, *La Tragédie des Templiers*, pp. 366, 367, 368.

[6] Ainsi, en ce qui concerne l'entrevue cruciale entre Jacques de Molay et les trois cardinaux, à Chinon en août 1308, Barbara Frale est en mesure d'affirmer , à l'encontre de ce qu'on croyait jusque là, que cette entrevue s'est déroulée complètement à l'insu des gens du roi de France. Dans ces conditions, les aveux recueillis par les cardinaux deviennent un élément important en faveur de la réalité du rite.

[7] « Le maître sort de la pièce, et c'est alors que deux sergents de l'ordre entraînent Gérard et ses deux compagnons derrière l'autel de la chapelle pour leur commander de renier Dieu [c'est-à-dire Jésus-Christ] et de cracher sur la croix selon les usages de l'ordre ; c'est le fameux rituel *bis* [...] qui, dans la déposition de Gérard de Causse (comme dans la plupart des autres), est nettement ajouté au rituel d'admission réglementaire ». (Alain Demurger, *Les Templiers, une chevalerie chrétienne au Moyen Âge*, p. 137, s'appuyant sur Barbara Frale, *L'ultima battaglia dei Templari*, Rome, Viella, 2001)

également cité le cas de la ville de Clermont-Ferrand où « [...] la torture ne semble pas avoir été employée » et où, néanmoins, sur les 69 Templiers interrogés une majorité de 40 frères reconnurent les charges.[8] Demurger cite aussi le cas du maître de France Gérard de Villiers,

> mis en cause par de nombreux témoins en raison de son goût pour une telle cérémonie. [...] S'il apprenait au cours d'une de ses visites que le *rituel bis* n'avait pas été appliqué à tel ou tel frère entré récemment dans l'Ordre, il faisait reprendre la cérémonie pour la compléter.

Mais en dépit des nouveaux témoignages, la conclusion de cette édition de 2005 est la même qu'en 1985 : « Jacques de Thérines doute. Et c'est par ce doute que je voudrais conclure ce livre ».

Toutefois, dans une nouvelle édition de 2014, Alain Demurger ajoute une postface où, dit-il,

> Contrairement à ce que j'ai pu penser ou écrire en effet, il n'y a rien de vrai dans ces dépositions ; tout a été fabriqué, le roi saisissant l'occasion (les rumeurs) pour monter de toutes pièces cette affaire [...].

Demurger justifie sa position en se référant à Alan J. Forey qui, dit-il,

> a bien démontré combien il était invraisemblable que les pratiques illicites dénoncées soient restées inconnues pendant une période de deux ou trois décennies alors que de nombreux Templiers avaient déserté l'Ordre, que le Temple employait de nombreux serviteurs non Templiers et que le roi et ses agents avaient leurs entrées au Temple de Paris.[9]

Que les pratiques des Templiers étaient connues de l'Église ou tout au moins de ceux de ses membres qui avaient recueilli les confessions des nouveaux Templiers, c'est certain : pratiquement tous les frères allaient se confesser après la cérémonie, et souvent chez des prêtres extérieurs à l'Ordre. Que le scandale n'ait pas éclaté plus tôt est dû à la réputation de l'Ordre considéré comme intouchable, voire à la crainte qu'il suscitait. Par ailleurs l'Ordre dépendait directement du pape, il est dès lors tout à fait compréhensible que ceux qui avaient connaissance de l'existence de ces rites préféraient ne pas en parler. Alain Demurger lui-même cite ainsi une anecdote :

> « [...] que depuis vingt à trente ans, sinon plus, les petites manies du Temple sont connues de tous. [...] Un franciscain, Etienne de Néry, raconte qu'en

---

[8] Voir le chapitre 11.2.
[9] Alain Demurger, *Les Templiers, une chevalerie chrétienne au Moyen Âge*, pp. 516 et 517, citant Alan J. Forey, Could Alleged Templar Malpractices Have Remained Undetected for Decades? in *The debate on the Trial of the Templars* (2011).

1291 un de ses parents se préparait à entrer au Temple ; ses parents et amis le moquent : « Alors demain, tu vas baiser l'anus du commandeur ! ».[10]

Il fallut tout le poids politique, l'autorité, la ruse et jusqu'à la cruauté du roi de France pour que la *rumeur* qui existait sans doute de longue date, apparaisse au grand jour et que le scandale éclate. Vu les difficultés qu'il a lui-même rencontrées, il est évident que tout autre détracteur n'aurait eu aucune chance d'être cru. Avant de se diriger vers Philippe Le Bel, le délateur Esquieu de Floyran s'était adressé au roi d'Aragon Jacques II, mais celui-ci ne l'a pas cru. Ce premier argument avancé par Alain Demurger semble donc de peu de poids.

Le deuxième argument est,

> [que] ce sont des aveux extorqués par la torture et qui doivent correspondre au schéma d'accusation préétabli par le Conseil Royal. Peu importe les variantes ou les anecdotes relevées par les notaires « pour faire plus vrai ».

Il est vrai que des chercheurs anglo-saxons ont montré que les dépositions recueillies par les gens dépendant du roi de France, paraissent souvent avoir été rédigées à l'avance, que la transcription des aveux n'a pas toujours été correcte, et que des pressions de tous ordres, physiques et psychologiques ont été utilisées : il fallait obtenir des aveux mais il fallait aussi aller vite.

Cependant, les aveux qui ont convaincu le pape Clément V de la réalité des faits ne sont pas ceux recueillis par les hommes du roi mais ceux qu'il a obtenus lui-même des 72 frères à Poitiers, ceux qu'ont obtenus ses cardinaux de Jacques de Molay à Chinon en août 1308, ainsi que ceux obtenus par les commissions pontificales, toutes circonstances où aucune pression physique ou psychologique n'était exercée. D'autre part, si l'on en juge par les 26 dépositions reproduites par Jacques Rolland, aucune similitude suspecte ne peut être détectée. Bien au contraire ce sont précisément les grandes différences dans les témoignages qui montrent la sincérité des frères interrogés. Les notaires ne pouvaient en aucun cas avoir l'imagination nécessaire pour produire la remarquable diversité des récits.

Il reste que l'historienne la mieux placée pour juger de la réalité du rite secret des Templiers est Barbara Frale, docteur de l'université de Venise, qui a étudié pendant plusieurs années les archives du Vatican sur le procès des Templiers. Cet auteur ne doute pas de la réalité du rite impie :

> Quatre années de recherche ont permis de constituer un catalogue de toutes les dépositions des Templiers pendant toute la durée du procès. […] On a pu accéder ainsi à des milliers d'informations jusqu'alors dispersées. […]

---

[10] Alain Demurger, *Vie et mort de l'ordre du Temple*, op. cit., p. 337.

Après la remise du manteau, le nouveau Templier était conduit dans un lieu isolé (derrière l'autel ou dans une autre pièce) et là le Précepteur [...] sans fournir aucune explication lui ordonnait de renier le Christ et de cracher sur la croix. [...] L'analyse systématique des dépositions montre qu'à ce moment la majorité des frères se résignait à faire ce qu'on leur commandait [...].[11]

Ainsi, de toutes les enquêtes conduites dans les dernières années par les historiens qui ont étudié le procès des Templiers, il faut conclure que, même s'il n'a peut-être pas été appliqué partout et toujours, le rite du reniement du Christ et du crachat sur la croix a bel et bien existé. C'était là un véritable et a priori incompréhensible scandale.

---

[11] Barbara Frale, *op. cit.*, pp. 178 et 181.

Liste des références citées

Aux origines du christianisme, Paris, Éditions Gallimard, 2000.

Baigent Michael, Leigh Richard et Lincoln Henry, *Le Message* (The Messian Legacy), Paris, Éditions Pygmalion, 1987.

Barber Malcolm, Le Procès des Templiers, traduction de Sylvie Deshayes, Paris, Éditions Tallandier, 2007 (1978).

Bède Le Vénérable, *Ecclesiastical History of the English People*, Penguin Books, 1990.

Bernheim Pierre-Antoine, *Jacques, frère de Jésus*, Paris, Éditions Albin Michel, 2003.

Bordonove Georges, *La Tragédie des Templiers*, Paris, Éditions Tallandier, 2011 (1993).

Brosse Jacques, *Histoire de la chrétienté d'Orient et d'Occident 406-1204*, Paris, Éditions Albin Michel, 1995.

Chassagnard Guy, *Maçons opératifs & Maçons acceptés – Les anciens devoirs*, Éditions Pascal Galodé, 2014.

de la Croix, Arnaud, *L'Ordre du Temple et le reniement du Christ*, Éditions du Rocher, 2004.

Delclos Marie et Caradeau Jean-Luc, *Histoire de l'Ordre du Temple*, Paris, Éditions Trajectoires, 2011.

de Monfreid Henry, *Lettres d'Abyssinie*, Paris, Éditions Flammarion, 1999.

Demurger Alain,
  Vie et mort de l'Ordre du Temple, Éditions du Seuil, 1985.
  Les Templiers, une chevalerie chrétienne au Moyen-Âge, Éditions du Seuil, 2014.

Drobner R. Hubertus, *Les Pères de l'Église*, Desclée, 1999.

Eusèbe de Césarée,
  Histoire Ecclésiastique, traduction par Gustave Bardy, Paris, Éditions du Cerf, 2003.
  Questions Évangéliques, traduction par Claudio Zamagni, Paris, Éditions du Cerf, 2008.

Ferré Jean, *Histoire de la franc-maçonnerie par les textes (1248-1782)*, Éditions du Rocher, 2001.

Frale Barbara, *Les Templiers*, traduit de l'italien par Geneviève Bouffartigue, Paris, Éditions Belin, 2015.

Ghyka Matila C., *Le Nombre d'Or*, Éditions Gallimard, 1931.

Gould Robert-Freke, *Histoire abrégée de la franc-maçonnerie* (1903), traduction par Louis Lartigue, Paris, Éditions Guy Trédaniel, 1989.

Gray Henri, *Les Origines Compagnonniques de la Franc-Maçonnerie*, Paris, Éditions Guy Trédaniel, 1988 (1926).

Haag Michel, *Les Templiers, de la légende à l'histoire*, traduction de l'anglais par Christophe Billon, Ixelles éditions, 2013.

Hardinge Leslie, *The Celtic Church in Britain*, New York, Teach Services, 2005 (1972).

Herren Michael W. et Brown Shirley Ann, *Christ in Celtic Christianity*, Woodbridge, The Boydell Press, 2002.

Histoire des religions II, Paris, Gallimard, 1972.

Hugues Anne, *The Celtic Church, Origins and Growth*, Northern Ireland, Colourpoint Educational, 2014.

Irénée de Lyon, *Contre les Hérésies*, traduction par Adelin Rousseau, Paris, Éditions du Cerf, 2001.

Könemann, *L'Art roman, L'Art gothique*, traduction française par Joëlle Ribas, Cologne, Könemann Verlagsgesellschaft mbH, 1997.

L'Herne – La franc-maçonnerie : documents fondateurs, Paris, Éditions de l'Herne, 2007.

Lamy Michel, *Les Templiers*, Éditions Aubéron, 2005.

Langlet Philippe, *Le Regius*, Éditions de la Hutte, 2009.

Leloup Jean-Yves, *Évangile selon Thomas*, Paris, Éditions Albin Michel, 1986.

Lenoir Frédéric, *Comment Jésus est devenu Dieu*, Paris, Éditions Fayard, 2010.

Les Homélies Clémentines, traduit du grec par André Siouville, Lagrasse, Éditions Verdier, 1991.

Loyer Olivier, *Les chrétientés celtiques*, Rennes, Éditions Terre de Brume, 1993.

Maraval Pierre, *Le Christianisme de Constantin à la conquête arabe*, Paris, Presses Universitaires de France, 1997.

Messadié Gerald, *L'homme qui devint Dieu*, Éditions Robert Laffont, 1988.

Mimouni Simon Claude, *Le judéo-christianisme ancien*, Paris, Éditions du Cerf, 1998.

Naudon Paul, *Les Origines de la franc-maçonnerie – Le Sacré et le Métier*, Paris, Éditions Dervy, 1991.

Négrier Patrick, *Textes fondateurs de la tradition maçonnique 1390-1760*, Paris, Éditions Grasset, 1995.

Paine Thomas, œuvre posthume, *De l'origine de la franc-maçonnerie*, traduit en 1812 par Nicolas de Bonneville, Éditions À l'Orient, 2007.

Perdiguier Agricol, *Questions vitales sur le Compagnonnage et la classe ouvrière*, Paris, 1863.

Rathbone Julian, *Joseph*, Éditions Abacus, 1979.

Revel Jean-François, *Penseurs grecs et latins*, Paris, Éditions Stock, 1968.

Riche Denyse, *L'Ordre de Cluny à la fin du Moyen Âge*, Publications de l'Université de Saint Etienne, 2000.

Rolland Jacques, *Les Templiers, les archives secrètes du Vatican*, Paris, Éditions Trajectoires, 2008.

Simon Marcel et Benoit André, *Le Judaïsme et le Christianisme antique d'Antiochus Épiphane à Constantin*, Paris, Presses Universitaires de France, 1968.

Socrate de Constantinople, *Histoire Ecclésiastique*, traduction par Pierre Périchon et Pierre Maraval, Paris, Éditions du Cerf, 2005.

Somers Jean, *Le rêve du philosophe*, Bruxelles, Éditions Logos, 2011.

Stevenson David, *Les Premiers Francs-Maçons*, traduction Patrick Sautrot, Paris, Éditions Ivoire-Clair, 2000 (1988).

Van Veldeke Hendrik, *Servaas Legende*, vertaald door L. Jongen en C. Schotel, Maastricht, Stichting Historische Reeks Maastricht, 1993.

Verhoeven Paul, *Jésus de Nazareth*, traduit du néerlandais par Anne-Laure Vignaux, Paris, Éditions Aux Forges de Vulcain, 2015.

Zeiller Jacques, *Les origines chrétiennes dans les provinces danubiennes de l'Empire romain*, Rome, Éditions L'Erma di Bretschneider, 1967 (1918).

Liste des illustrations

Illustration de couverture.	Image extraite de la bible moralisée de Saint Louis – vers 1250 – cathédrale Sainte Marie à Tolède.	
Illustration 1.	La cathédrale de Würzburg, l'une des plus anciennes cathédrales à deux tours	90
Illustration 2.	Würzburg, les deux colonnes	91
Illustration 3.	Würzburg, la colonne JAKIN (IACHIM)	92
Illustration 4.	Würzburg, la colonne BOAZ (BOOZ)	93
Illustration 5.	Les entrelacs des bijoux celtiques irlandais : un motif que l'on retrouve dans l'Éthiopie chrétienne.	101
Illustration 6.	La ville de Kilwinning, lieu de débarquement sur la route maritime de l'Irlande vers l'Écosse.	109
Illustration 7.	Image extraite d'une bible moralisée, bibliothèque nationale de Vienne, codex 2554	150
Illustration 8.	Image extraite d'une bible moralisée (Oxford-Paris-Londres)	151
Illustration 9.	Image extraite d'une bible moralisée, bibliothèque nationale de Vienne, codex 1179	152
Illustration 10.	Le portail royal de la cathédrale de Maastricht, les rois et guides du peuple juif. De droite à gauche : Abraham, Moïse, David, … et le personnage inconnu	188
Illustration 11.	Le portail royal de la cathédrale de Maastricht, des saints de l'ère chrétienne. De droite à gauche : Saint Servais, Saint Jean l'Évangéliste, Jean-Baptiste, et Saint Siméon remplacé malencontreusement par la mère de Jésus	189
Illustration 12.	Cathédrale des Saints Michel et Gudule à Bruxelles, clé de voûte dans la salle supérieure de la tour sud – la lettre A (photographies Michel Muñoz)	206

DIEUX, HOMMES ET RELIGIONS

Tandis que les principales religions traditionnelles du monde semblent confrontées à une crise identitaire et culturelle fondamentale, on voit partout se manifester une renaissance des besoins de spiritualité et de nouvelles pratiques religieuses. Quelles sont les motivations des hommes et des femmes qui soutiennent ces nouvelles tendances ? Assistons-nous à la naissance d'une nouvelle religiosité humaine ?

Cette collection a pour but de rassembler les travaux de témoins, penseurs, croyants et incroyants, historiens, spécialistes des religions, théologiens, psychologues, sociologues, philosophes et écrivains, tous issus de différentes cultures et différentes langues, pour offrir une perspective plus large sur l'un des problèmes clés de la civilisation universelle que nous sommes en train de construire.

Collection fondée par : *Gabriel* FRAGNIÈRE,
Ancien recteur du Collège d'Europe (Bruges)

Dans la collection

N° 21 – Dibudi WAY-WAY, *Mission en retour, réciproque et interculturelle. Étude sur la présence chrétienne africaine en Belgique*, 2014, ISBN 978-2-87574-188-2

N° 20 – Alexis B. TENGAN (ed.), *Christianity and Cultural History in Northern Ghana. A Portrait of Cardinal Peter Poreku Dery (1918-2008)*, 2013, ISBN 978-2-87574-114-1

N° 19 – Rik PINXTEN, *The Creation of God*, 2010, ISBN 978-90-5201-644-3

N° 18 – Christiane TIMMERMAN, Johan LEMAN, Hannelore ROOS & Barbara SEGAERT (eds.), *In-Between Spaces. Christian and Muslim Minorities in Transition in Europe and the Middle East*, 2009, ISBN 978-90-5201-565-1

N° 17 – Hans GEYBELS, Sara MELS & Michel WALRAVE (eds.), *Faith and Media. Analysis of Faith and Media: Representation and Communication*, 2009, ISBN 978-90-5201-534-7

N° 16 – André GERRITS, *The Myth of Jewish Communism. A Historical Interpretation*, 2009, ISBN 978-90-5201-465-4

N° 15 – Semih VANER, Daniel HERADSTVEIT & Ali KAZANCIGIL (dir.), *Sécularisation et démocratisation dans les sociétés musulmanes*, 2008, ISBN 978-90-5201-451-7

N° 14 – Dinorah B. MÉNDEZ, *Evangelicals in Mexico. Their Hymnody and Its Theology*, 2008, ISBN 978-90-5201-433-3

N° 13 – Édouard Flory KABONGO, *Le rite zaïrois. Son impact sur l'inculturation du catholicisme en Afrique*, 2008, ISBN 978-90-5201-385-5

N° 12 – Astrid DE HONTHEIM, *Chasseurs de diable et collecteurs d'art. Tentatives de conversion des Asmat par les missionnaires pionniers protestants et catholiques*, 2008, ISBN 978-90-5201-380-0

N° 11 – Alice DERMIENCE, *La « Question féminine » et l'Église catholique. Approches biblique, historique et théologique*, 2008, ISBN 978-90-5201-378-7

N° 10 – Christiane TIMMERMAN, Dirk HUTSEBAUT, Sara MELS, Walter NONNEMAN & Walter VAN HERCK (eds.), *Faith-based Radicalism. Christianity, Islam and Judaism between Constructive Activism and Destructive Fanaticism*, 2007, ISBN 978-90-5201-050-2

N° 9 – Pauline CÔTÉ & T. Jeremy GUNN (eds.), *La nouvelle question religieuse. Régulation ou ingérence de l'État ? / The New Religious Question. State Regulation or State Interference?*, 2006, ISBN 978-90-5201-034-2

N° 8 – Wilhelm DUPRÉ, *Experience and Religion. Configurations and Perspectives*, 2005, ISBN 978-90-5201-279-7

N° 7 – Adam POSSAMAI, *Religion and Popular Culture. A Hyper-Real Testament*, 2005 (2nd printing 2007), ISBN 978-90-5201-272-8

N° 6 – Gabriel FRAGNIÈRE, *La religion et le pouvoir. La chrétienté, l'Occident et la démocratie*, 2005 (2nd printing 2006), ISBN 978-90-5201-268-1

N° 5 – Christiane TIMMERMAN & Barbara SEGAERT (eds.), *How to Conquer the Barriers to Intercultural Dialogue. Christianity, Islam and Judaism*, 2005 (3rd printing 2007), ISBN 978-90-5201-373-2

N° 4 – Elizabeth CHALIER-VISUVALINGAM, *Bhairava: terreur et protection. Mythes, rites et fêtes à Bénarès et à Katmandou*, 2003, ISBN 978-90-5201-173-8

N° 3 – John Bosco EKANEM, *Clashing Cultures. Annang Not(with)standing Christianity – An Ethnography*, 2002, ISBN 978-90-5201-983-3

N° 2 – Peter Chidi OKUMA, *Towards an African Theology. The Igbo Context in Nigeria*, 2002, ISBN 978-90-5201-975-8

N° 1 – Karel DOBBELAERE, *Secularization: An Analysis at Three Levels*, 2002 (2nd printing 2004), ISBN 978-90-5201-985-7

www.peterlang.com

www.ingramcontent.com/pod-product-compliance
Ingram Content Group UK Ltd.
Pitfield, Milton Keynes, MK11 3LW, UK
UKHW021828140426
5217IPUK00017B/1262